LIEUTENANT DE VAISSEAU

G. JAIME

DE

KOULIKORO A TOMBOUCTOU

SUR

LA CANONNIÈRE *LE MAGE*

OUVRAGE ORNÉ DE NOMBREUSES ILLUSTRATIONS

Par A. GÉRARDIN, G. PROFIT et P. VIGNAL

Et d'un portrait à l'eau-forte par Albert Duvivier

PARIS

E. DENTU, ÉDITEUR

LIBRAIRE DE LA SOCIÉTÉ DES GENS DE LETTRES

3, place de Valois (Palais-Royal)

DE

KOULIKORO A TOMBOUCTOU

CORBEIL. — IMPRIMERIE CRÉTÉ.

Imp. A. Salmon & Ardail, Paris.

DE

KOULIKORO A TOMBOUCTOU

A BORD DU "MAGE"

1889-1890

PAR

Le Lieutenant de vaisseau JAIME

Ouvrage contenant 31 gravures par Gérardin, Profit et Vignal
Un portrait à l'eau-forte par Duvivier
et 4 cartes

PARIS
E. DENTU, ÉDITEUR
LIBRAIRE DE LA SOCIÉTÉ DES GENS DE LETTRES
3, place de Valois (Palais-Royal)

A

MONSIEUR L'AMIRAL AMET

QUI VOULUT BIEN ME PROPOSER AU CHOIX
DE M. LE MINISTRE DE LA MARINE
POUR COMMANDER LE " MAGE "
TRÈS RESPECTUEUSEMENT
JE DÉDIE CE LIVRE

G. J.

DE
KOULIKORO A TOMBOUCTOU

INTRODUCTION

Les questions coloniales, en raison de leur importance au point de vue des débouchés commerciaux et de notre extension politique au dehors, passionnent plus que jamais l'opinion publique. Les Français, aujourd'hui, ne se contentent plus d'avoir les yeux fixés sur leurs frontières, ou du moins, si c'est là leur préoccupation principale, ils n'oublient pas que la patrie s'étend bien loin au-delà des mers, dans les régions où nous avons des possessions à défendre, à développer, et où nous pouvons, sans imprudence et sans danger pour l'avenir, planter notre drapeau.

Depuis quelques années, il n'est pour ainsi dire pas de contrées, dans le monde entier, que les nations européennes n'aient explorées; mais, de toutes les parties du globe, l'Afrique est celle qui attire le plus particulièrement l'attention et sur laquelle les divers gouvernements ont essayé d'établir leur influence prépondérante.

Au point de vue politique, il est facile de dégager l'idée maîtresse de ces projets, l'Afrique étant un pays neuf, inconnu dans beaucoup de ses parties, dont les richesses ont été vantées jusqu'à l'excès et de plus ayant l'avantage considérable de se trouver aux portes de l'Europe aussi bien par la Méditerranée que par l'Océan.

Le gouvernement français, qui ne peut pas être en retard sur ses voisins dans ce mouvement d'exploration, à cause de ses possessions de l'Algérie, de la Tunisie et du Sénégal, a cru depuis longtemps, qu'il lui fallait rechercher les moyens d'expansion naturelle de son empire africain.

Tout près du Sénégal, dans le Soudan, s'étendent de vastes pays qu'arrose le Niger et qui nous sont à peu près inconnus, personne n'ayant jamais descendu ni remonté en entier le cours de ce fleuve dont les embouchures seules appartiennent aux Anglais.

Voilà pourquoi le gouvernement confia, dès 1887, au lieutenant de vaisseau Caron la mission de descendre jusqu'à Tombouctou, à l'aide d'une canonnière démontable, qui avait été transportée à Bammako.

Parti le 1ᵉʳ juillet, il était de retour le 6 octobre ; les instructions ministérielles dont il était muni l'avaient chargé d'explorer le cours du Niger Moyen et d'en dresser la carte hydrographique : travail considérable qu'il accomplit d'une façon remarquable, malgré les moyens insuffisants dont il disposait.

Cette carte, exacte, très précise, peut permettre à des navigateurs de marcher jour et nuit avec toute la sécurité désirable ; elle nous a été, à nous-même, d'un précieux secours lorsque nous avons été chargé par le gouvernement de refaire le voyage de Caron, dans un but tout différent du sien.

Dans l'expédition qui nous a été confiée, nous n'avions pas pour mission d'étudier au point de vue géographique cette partie du fleuve, que les notes de notre prédécesseur avaient déjà fait connaître ; sans nous désintéresser de cette question, qu'il était de notre devoir de reprendre pour la compléter au besoin de nos renseignements personnels, notre objectif principal était d'entrer en relations amicales avec les peuplades qui habitent les contrées voisines du Niger.

Nous devions essayer, après nous être fait connaître d'elles et leur avoir donné la certitude que nous ne venions pas les trouver avec des intentions hostiles, de les attirer à nous et affirmer, par ce nouveau

voyage, la réalité de notre protectorat dans ces régions.

C'était là, on le voit, une mission plutôt politique que scientifique.

La preuve qu'elle avait son importance et qu'elle n'a pas été sans résultat, c'est que les Anglais eux-mêmes, reconnaissant la légitimité de nos droits sur la partie supérieure du fleuve, ont abandonné, comme soumis à notre influence, tous les territoires situés au-dessus de Saï et compris dans la boucle du Niger (1).

Cette dernière ville presque aussi importante que Tombouctou, mais bien moins connue, attendu que personne à l'exception de Barth n'y est encore allé, se trouve à près de 1000 kilomètres en aval de Tombouctou, dans le Moshi, non loin de Sokoto.

En admettant que le gouvernement français veuille profiter de la clause du traité franco-anglais et s'annexer, dans un but commercial ou politique, les régions qui avoisinent le fleuve, il faudrait de toute nécessité entreprendre une expédition chargée d'étudier le pays et dont Saï serait le point terminus.

Mais cette expédition, comment la mener à bonne fin?

Par voie de terre, en partant des postes du Soudan et en

(1) La convention franco-anglaise, du 5 août 1890, fixe à Saï la limite

traversant en ligne droite le pays de Tiéba et celui des Moshis afin d'arriver directement à Saï?

Sans doute, c'est là un plan qui a sa valeur et qui peut donner de bons résultats; nous savons, d'ailleurs, qu'il a déjà reçu un commencement d'exécution, et qu'à l'heure actuelle le capitaine Monteil est chargé de le réaliser de point en point.

Nous croyons toutefois qu'il est insuffisant.

En effet, quand bien même une mission arriverait à connaître et à traverser les tribus qui habitent l'intérieur des terres, si nous voulons nous implanter dans le pays, il nous resterait encore à explorer le fleuve de Tombouctou à Saï. Cela, parce qu'une fois le fleuve connu, avec l'aide de nos canonnières, nous pouvons toujours, s'il est navigable, en rester les maîtres, éviter toute attaque des indigènes, nous imposer, sans courir de grands risques, à ces peuplades astucieuses contre lesquelles il est toujours prudent de se tenir en garde.

En réalité, l'unique et le plus sûr moyen de pénétration et de communication, si nous devons un jour occuper Saï et Tombouctou, c'est de suivre le cours du Niger; ce qui n'empêcherait pas, d'ailleurs, l'action parallèle d'une mission par terre, dont la présence au milieu de ces contrées produirait une impression favorable, mais bien moins forte et bien moins imposante que celle de nos canonnières que les indigènes verraient chaque année parcourir le Niger, sans y pouvoir mettre aucun obstacle.

D'autre part, nos lecteurs le savent sans doute, plusieurs projets de chemin de fer transsaharien ont été soumis aux Chambres. Nous ignorons le sort qui leur sera réservé et, sans vouloir discuter si cette entreprise est nécessaire, possible même, nous posons en principe qu'elle ne peut être mise en train avant qu'on ne se soit assuré si les pays lointains et encore inconnus, que cette ligne doit relier à l'Algérie, valent la peine d'exécuter des travaux de cette importance.

Il est incontestable qu'avant de créer une voie ferrée qui parcourra plus de 2000 kilomètres à travers les sables du Sahara, et dont l'établissement coûtera des centaines de millions, il faut se rendre compte si le pays est riche, si le fleuve peut nous servir de moyen de communication, s'il est navigable, pour amener jusqu'à la tête de ligne les produits peut-être hypothétiques de ces pays.

Pour nous renseigner à ce sujet, les canonnières en service sur le Niger sont tout indiquées.

Les officiers qui les commandent sont seuls à même de pouvoir juger si le fleuve remplit les conditions dont nous avons parlé plus haut; à eux de voir si les rives offrent le combustible nécessaire aux machines, si la navigation est plus ou moins aisée, en quelle saison elle est pratique, et s'il n'y a pas des obstacles infranchissables, tels que rapides ou chutes, etc., etc.

Précisément pour cela et surtout pour devancer certaines nations étrangères, au mois de mars 1890, c'est-à-dire au retour de notre première expédition à Tombouctou, nous avons reçu du gouvernement l'ordre de pousser nos reconnaissances aussi loin que nous le pourrions au delà de cette ville.

Nos préparatifs de départ étaient en grande partie faits lorsqu'un contre-ordre nous est arrivé.

Et nous n'avons, par suite, pu explorer le Niger que de Koulikoro à Tombouctou.

Cette expédition nous l'avons entreprise avec une véritable passion. Nous n'avons pas échappé plus que les autres à l'attrait spécial, particulier, que fait toujours naître la découverte de l'inconnu. Comme nos devanciers, nous nous sentions attiré vers les profondeurs de ce continent noir sur lequel on a écrit tant de récits fantastiques.

Le Niger ! Tombouctou ! ce fleuve immense, un des plus grands de l'Afrique, aux bords mystérieux ; cette ville, cette capitale des sauvages Touaregs, sur laquelle tant de légendes ont cours, tout cela était bien de nature à piquer au vif notre curiosité de marin ! Aussi, ce voyage, malgré les souffrances que nous avons endurées, a-t-il laissé dans notre esprit et notre imagination une impression forte que rien ne pourra détruire et dont nous aimons, de temps en temps, à évoquer le souvenir.

Nous avons observé chaque chose avec un soin minutieux, ne voulant rien laisser échapper de ce que nous croyions devoir être utile et intéressant tant au point de vue ethnologique qu'au point de vue militaire.

Ces quelques notes sont la relation exacte, sincère, fidèle, de ce qui nous a frappé et des événements auxquels nous avons été mêlé pendant près de dix-huit mois.

Les personnes, qui ont le goût des récits aventureux et plus ou moins fantaisistes, ne trouveront pas leur compte à la lecture de ces pages, car nous nous sommes fait un scrupuleux devoir de ne jamais agrémenter la vérité, même pour la rendre plus poignante et plus dramatique; celles, au contraire, qui n'aiment que la réalité des choses et des faits, rencontreront peut-être dans cet ouvrage des indications qui complèteront leurs connaissances antérieurement acquises.

Nous croyons surtout faire œuvre utile en ce qui concerne nos camarades de la marine, pour lesquels nous livrons à la publicité cette relation de voyage; nous pensons, sans aucune prétention d'ailleurs, que si quelqu'un d'entre eux est nommé un jour au commandement du *Mage*, notre récit, lui indiquant à l'avance les difficultés de l'entreprise, lui facilitera la tâche d'arriver jusqu'à Saï, bien loin au-delà de Tombouctou.

Puisse notre désir se réaliser !

CHAPITRE PREMIER

Nomination au commandement du *Mage*. — Préparatifs de départ en France et à Saint-Louis. — Composition des équipages. — Le lieutenant de vaisseau Davoust. — Construction du *Mage*. — Mort de Davoust.

En octobre 1888, je sollicitais le commandement d'une des deux canonnières *Mage* et *Niger*, en service sur le Niger; le 15 janvier 1889, j'étais nommé au commandement du *Mage*, en remplacement du lieutenant de vaisseau Davoust, mort à Kita.

Dès le mois d'octobre, j'avais prié mon camarade Caron de me donner des indications sur le choix de tout ce qui est indispensable pour une telle expédition ; mes préparatifs furent faits en conséquence.

Ses indications sont résumées par ces quelques lignes :

« Songez que là-bas il n'y a rien, que vous devrez tout emporter pour y vivre. A Saint-Louis, procurez-vous des rechanges de toute nature pour vos canonnières; plus vous en aurez, mieux cela vaudra, car vous serez rarement ravitaillé. »

Il me fallut donc, à mon départ de France, emporter, pour mon usage personnel, des approvisionnements de toute espèce. Le matériel de l'État devait être pris à Saint-Louis. Mon bagage fut réparti par lots de 25 kilos, charge ordinaire des porteurs, dans des caisses en zinc,

Le lieutenant de vaisseau Davoust.

longues de 50 centimètres, larges de 35. Elles avaient un couvercle à charnières fermé par un cadenas. Soudée sous le couvercle, une plaque de tôle facile à enlever, quand le moment était venu d'avoir recours aux réserves, assurait une étanchéité absolue.

Nous n'étions pas certain, en partant le 5 février, d'arriver avant les pluies à Koulikoro, poste de station du *Mage*, et ainsi construites, ces caisses pouvaient être posées directement à terre, dans les haltes, même sur un terrain humide, sans avoir plus à craindre les termites que l'humidité.

On sait que partout, au Soudan, il y a des termites qui, en une nuit, rongent ou détériorent tout ce qu'ils peuvent entamer.

Tout avait été arrimé aussi, de telle façon que la perte d'un colis n'entraînât pas la privation complète d'un objet, qu'il eût été impossible de se procurer au Soudan.

Des armes de guerre et de chasse sont indispensables pour une expédition de cette nature. Nous emportions deux *choke-bored*, calibre 12, et une carabine *express-rifle* de gros calibre (1).

---

(1) Nous recommandons d'une façon toute particulière cette arme, qui tue net un bœuf à 200 mètres, et si précise, qu'il est possible de tirer presque sûrement à toute distance.

Nous indiquons deux *choke-bored*, calibre 12, parce qu'il peut arriver un accident à l'un des deux fusils et parce que le gibier est un sérieux appoint à la nourriture, quand on est en route.

Il vaut mieux se servir de très gros plomb que de plomb moyen ou petit, parce que le gros gibier part fréquemment dans les jambes, quand on ne s'attend à trouver que des perdrix. On manquera quelques pièces en chargeant ainsi, mais on ne sera pas exposé à laisser échapper une bête de quelque importance.

On doit donc charger, côté gauche 5/o, côté droit 3/o; de plus,

Le 5 février 1889, tous les marins destinés aux canonnières, dont l'équipage européen allait être renouvelé, furent embarqués avec nous à Bordeaux, sur le paquebot l'*Équateur*.

C'étaient, pour le *Mage* :

Frémy, 2ᵉ maître de timonerie ;

Allain, 2ᵉ maître mécanicien ;

Lorgan, quartier-maître mécanicien ;

Le Brun, fourrier ordinaire.

Pour le *Niger* :

Le Roux, 2ᵉ maître de manœuvre ;

Mathéis, 2ᵉ maître mécanicien ;

Gander, quartier-maître mécanicien ;

Veillat, fourrier ordinaire.

A Saint-Louis, le gouverneur autorisa un matelot voi-

avoir à sa portée un indigène dévoué et courageux, porteur de la carabine express. En chasse, on est de cette façon prêt à tout événement.

Les provisions nécessaires pour une campagne de dix-huit mois, pendant lesquels on supporte deux hivernages, sont, de préférence aux pâtés et viandes conservées, des légumes, des confitures et autres aliments légers ; puis, des condiments, de l'huile, du vinaigre, du thé et du sucre.

Il est nécessaire d'emporter : 1° une tente pour se mettre à l'abri des tornades ; elle doit être assez large pour contenir un lit démontable ; 2° un lit démontable ; 3° une table en X ; 4° deux pliants ; 5° une ou deux couvertures ; 6° toute une batterie de cuisine ; 7° un harnachement complet ; 8° beaucoup de vêtements blancs, très peu en flanelle ; de fortes chaussures clouées pour la marche ; des guêtres, et aussi des souliers légers pour le repos dans les haltes.

lier, Villegente, à se joindre à nous ; il fut embarqué sur le *Mage*.

Ces hommes partaient tous sur leur demande.

Pour aller, de Saint-Louis à Koulikoro, sur les bords du Niger, rejoindre es canonnières, il faut remonter d'abord le Sénégal jusqu'à Kayes. On quitte alors le fleuve, et l'on franchit par étapes les 600 kilomètres qui séparent Kayes de Koulikoro.

En toute saison, des chalands plats peuvent remonter ou descendre le Sénégal, mais avec des chaloupes à vapeur la navigation n'est possible que de juillet à décembre, lorsque le fleuve a été grossi par des pluies abondantes. Les routes, au contraire, sont impraticables de juillet à octobre à cause de nombreux marigots (1) qu'il faut franchir et sur lesquels il n'existe pas de ponts.

Il était donc indispensable de faire la route de terre avant la période des pluies; les instructions du ministre prescrivaient heureusement de donner toutes facilités, pour hâter notre départ de Saint-Louis.

En février, les eaux du Sénégal sont déjà assez basses pour que les plus petites chaloupes à vapeur ne puissent pas dépasser Djouldé-Diabé, à peine au tiers de la dis-

(1) Au Sénégal, bras de fleuve qui se perd dans les terres. Lieu bas, sujet à être inondé par les eaux pluviales.

tance de Saint-Louis à Kayes ; l'administration du Soudan n'ayant pas, comme d'habitude, d'embarcations disponibles pour les envoyer à notre rencontre, le commandant de la marine fit mettre en état, pour nous, un chaland en fer de la direction du port.

On y installa un mât, une voile, une cuisine, des fanaux ; les ateliers fabriquèrent des caisses pour loger le matériel que les magasins de l'État nous délivraient ; nous pûmes partir de Saint-Louis, après un séjour très court, le 22 février 1889.

En quittant cette ville, nous emportions des rechanges et des outils de toute sorte ; du fer et de l'acier, en barre, rond et carré ; des vis, des boulons, des clous, des pointes et des rivets ; du cuivre, du plomb, de l'étain, des robinets et des tuyaux ; du fil de fer, de laiton, d'acier ; des plaques de tôle, de cuivre ; enfin, des barreaux de grille, dont manquent souvent les canonnières, obligées de chauffer au bois faute de charbon. Avec le bois, les barreaux de grille se brûlent très vite ; il faut en avoir de rechange, pour ne pas être obligé de chauffer sur les cendriers, ce qui rend le tirage impossible.

Nous avions choisi des poulies de toutes grosseurs, du filin et des grelins, pour nous remettre à flot au besoin.

Nous pensions que, sur le Niger, on devait s'échouer

souvent comme au Tonkin dans les arroyos (1), où les bancs changent en quelques heures.

Le Niger est tout différent; son courant est beaucoup moins violent que celui du fleuve Rouge; les bancs ne changent pas, ou très peu.

Nous ne nous sommes pas échoué; nous n'avons jamais touché, en suivant le chenal indiqué par une carte dressée depuis trois ans.

Nous fîmes provision de munitions de guerre, d'obus de Hotchkiss, de boîtes à mitraille, de cartouches à balles, de munitions de chasse (2), de tabac et de savon.

Nous eûmes également soin de nous munir d'étoffes, de guinée et de cotonnades, de verroteries et d'ambre, pour les achats et les échanges.

L'argent n'a pas cours au delà de Koulikoro, où la petite monnaie commence à peine à être connue; chaque poste possède un approvisionnement d'étoffes, guinée ou calicot blanc, servant à payer les manœuvres et à faire des achats de mil, de riz, de bœufs, pour la nourriture des hommes.

Sur le Sénégal, à quelques jours de Saint-Louis, des Maures offrent souvent aux voyageurs du lait, du beurre,

---

(1) On désigne sous ce nom, au Tonkin, des bras qui font communiquer les fleuves entre eux, formant ainsi des espèces de canaux naturels.

(2) La poudre superfine est vendue à Saint-Louis 8 francs, le plomb 0^{fr},85 le kilo.

des moutons, qu'ils ne veulent pas vendre, mais échanger contre du sel, du tabac, des étoffes, dont ils ont besoin.

Il est bon, pour ne pas être privé de vivres frais, de pouvoir les satisfaire avec des objets d'échange, quand ils refusent l'argent. De même sur le Niger.

Notre matériel, bagages compris, formait deux cent quatre-vingts colis, dont deux cents étaient des colis légers ne dépassant pas 25 kilos, que pouvaient transporter des porteurs.

Nos mécaniciens fabriquèrent, dans l'arsenal, des coffres en zinc, pour y loger les vêtements neufs de rechange et tout ce qui craignait l'humidité.

Ces caisses soudées furent protégées contre les chocs par un placage en bois. Chacun s'ingénia et s'employa de son mieux pour étiqueter, numéroter et emballer chaque chose.

Les mécaniciens étaient chargés des outils, des munitions et de tout le matériel de la machine; les seconds maîtres de manœuvre et de timonerie, du matériel dépendant de leur spécialité.

A notre arrivée à Koulikoro, après un voyage de trois mois, en chaland et à terre, par étapes, le recensement du matériel fut fait; tout était au complet.

Quelques kilos de chanvre pour la machine avaient été

rongés par des termites; un peu d'émeri en poudre s'était répandu pendant la route. Ce furent là nos seules pertes.

Il est vrai que, durant ce voyage, chaque Européen, aidé de marins indigènes (laptots), avait la surveillance spéciale d'une partie du matériel; qu'à chaque halte, par crainte d'une avarie survenue dans l'enveloppe étanche, toutes les caisses étaient placées sur des bois, qui les isolaient du sol, pour les préserver de l'humidité et des termites.

Tous comprenaient que le succès de l'expédition dépendait non seulement de son organisation, mais aussi du moindre petit objet utile.

Nous n'avions pas besoin de recommander au second maître mécanicien, qui en avait charge, les colis contenant les pièces de rechange des machines, nous étions certain que, toujours, il les avait près de lui pendant la marche, et qu'il les surveillait avec un soin jaloux. Il en était de même pour tous.

Nous avons trouvé en tout temps le même zèle chez ces braves gens; ils étaient heureux de faire cette campagne à cause de sa nouveauté; l'imprévu leur plaisait et ils supportaient gaiement des fatigues auxquelles leur métier ne les avait pas habitués. Mais, pour des marins, n'est-ce pas un plaisir que d'aller, à travers terres, par petites étapes, à califourchon sur un cheval ou un mulet, rejoindre leur bâtiment?

A l'hôpital de Saint-Louis, se trouvait le docteur Lota qui revenait très malade de Koulikoro. Il débarquait du *Mage* et rentrait en France avec quelques marins rapatriés pour cause de santé.

Il nous donna sur la situation des canonnières et sur les besoins des équipages de précieuses indications.

Les matelots qu'il ramenait étaient hâves, amaigris, profondément anémiés; cette campagne avait été désastreuse pour la flottille : dix hommes de l'équipage sur quatorze étaient morts en un an; de ce nombre était le commandant du *Mage*, le lieutenant de vaisseau Davoust, qui avait déjà commandé le *Niger* en 1885-86.

Une première fois, il était rentré en France très malade, n'ayant pu explorer le fleuve qu'un peu au delà de Sansanding, jusqu'à l'entrée du marigot qui conduit à Djénné dans le Macina, car les instructions ministérielles prescrivaient de ne pas dépasser le point qui venait d'être atteint (1).

Après le départ en France de Davoust, juin 86, le lieutenant de vaisseau Caron fut chargé de construire, avec des bois du pays, une coque de canonnière à laquelle on devait adapter une machine que l'on ferait venir de France.

(1) Colonel Frey, *Campagne dans le Haut-Sénégal*, p. 195.

On croyait faire ainsi des économies.

Mais cette idée fut abandonnée plus tard, et l'on préféra transporter, sur le Niger, un deuxième bâtiment en fer, coque et machine, que réclamait le colonel Gallieni. La coque en bois du premier projet, qui a coûté tant de peine et de soins pour sa construction, gît échouée à Bammako; elle n'a jamais été utilisée.

A Paris, les essais de la nouvelle canonnière donnèrent, sur la Seine, de piteux résultats; elle ne filait que 5 nœuds au lieu de 7 ou 8 sur lesquels on comptait.

A cette époque, juillet 87, Davoust se trouvait dans l'escadre du Nord; on lui demanda si une canonnière d'aussi petite vitesse pouvait rendre des services, et si le courant n'était pas trop violent pour elle sur le Niger.

Il répondit qu'excepté dans les rapides, au moment même des plus hautes eaux, une vitesse de 5 nœuds était suffisante, en profitant des berges près desquelles le courant est moins violent, ou bien en cherchant des contre-courants; puis, malgré ses imperfections, il accepta de commander ce bâtiment qui devait être le *Mage* (1).

Parti en novembre de France, il emportait sa canonnière, démontée et arrimée tant bien que mal, dans des

---

(1) Les dimensions du *Mage* étaient : longueur 18 mètres ; largeur 2^m,70; poids total des colis composant la canonnière 22 750 kilogrammes.

caisses; il eut des déceptions et des ennuis inimaginables, car il n'avait pu surveiller lui-même, en France, l'emballage de toutes les pièces.

Son voyage par terre, de Kayes à Manambougou sur le Niger, fut désastreux pour son équipage.

Ses hommes furent décimés par les maladies.

A Manambougou, où ils arrivèrent au commencement de 1888, ils durent tous travailler sans relâche au bord du fleuve, longtemps après les premières pluies de l'hivernage, souvent dans l'eau et la vase, pour monter la canonnière et achever, suivant les plans de Davoust, d'adapter une double coque en bois, distante de la coque en fer d'environ 80 centimètres.

La largeur du *Mage* s'en trouvait augmentée d'autant; cette double coque permettait, en outre, de loger à bord des provisions et des rechanges pour six mois, tandis que le *Mage* primitif n'en pouvait prendre que pour trente jours, c'est-à-dire trop peu pour une longue expédition.

Les logements des hommes et des officiers se trouvaient agrandis; et, chose bizarre, le *Mage* ainsi modifié filait cinq nœuds cinq dixièmes (1), c'est-à-dire, malgré son déplacement considérablement augmenté, un demi-nœud de plus qu'aux essais en France.

A Paris, la machine avait été mal montée pour les

---

(1) Un peu plus de dix kilomètres à l'heure.

Le *Mage*.

essais ; un des arbres de l'hélice était cisaillé et entaillé. Davoust remit tout au point et, à force d'énergie, de science et de volonté, il mena non seulement à bien une entreprise difficile, en transportant une canonnière jusqu'au Niger, mais il fit du *Mage*, qu'on lui avait confié, un bâtiment plus stable, plus marin et un peu plus confortable que le premier.

Il n'a joui, comme à sa première campagne, ni de son travail ni de ses efforts.

Les essais du *Mage* terminés, il était déjà trop tard pour entreprendre, dans la direction de Tombouctou, un voyage d'exploration ; d'ailleurs le colonel Gallieni était remplacé ; avec lui changea la politique du Soudan.

Davoust était cependant prêt à partir pour commencer son expédition ; il camperait au besoin en route, disait-il, pendant toute une saison sèche, sur un banc de sable, pour y attendre, avec son bâtiment et son équipage, les pluies d'un nouvel hivernage, qui eussent grossi le fleuve et permis d'aller plus loin (1).

Il eut, il est vrai, la satisfaction de voir évoluer et de sentir marcher son *Mage*, mais son carnet de notes, trouvé

(1) Cette idée, émise par Davoust et traitée par certains de folie, est mise à l'heure actuelle en pratique par M. le lieutenant de vaisseau Mizon, qui, à l'amorce du Niger et de la Benuë, attend une nouvelle crue pour remonter cette rivière, de façon à se rapprocher du lac Tchad.

par hasard dans les archives de la flottille, garde encore l'empreinte douloureuse des souffrances morales qu'a ressenties cet officier, quand il se vit obligé de rentrer en France après un brusque et dur rappel, motivé par une confusion d'instructions dont il n'était en aucune façon responsable.

Davoust ne s'était jamais laissé abattre par la maladie; on le cite parmi le petit nombre de ceux qui ont supporté les attaques dix fois répétées de fièvres bilieuses, quelquefois hématuriques; il dut cependant rentrer : rentrer après s'être donné tout entier et avoir tant souffert, en laissant le *Mage* achevé, il est vrai, mais sans avoir pu explorer avec lui et à son tour ce Niger qui l'avait attiré deux fois. Il ne devait pas revoir la France; il succomba à la peine, nous pourrions dire qu'il mourut au champ d'honneur : sa dépouille mortelle repose à Kita (1).

Nous n'avons pas connu Davoust, on nous en a parlé, au Soudan, comme d'un officier exalté et rêveur.

On ne trouve aucune trace de rêveries dans ses pro-

---

(1) Kita, ville au milieu des terres, dans la région située entre le Sénégal et le Haut-Niger, où il a été construit un poste.

Pour tous ces noms propres de contrées et de villes, consulter, chapitre II, p. 30, la carte géographique que nous avons spécialement dressée à cet effet et qui permettra au lecteur de nous suivre plus facilement dans notre marche : Carte n° 2, Traversée du Soudan français.

jets personnels de campagne; tout, au contraire, y est bien étudié, coordonné et pondéré.

Son projet d'exploration vers Tombouctou, qui a reçu l'approbation ministérielle, est parfait ; il y indique, comme il le faut, la façon de traiter les peuplades indigènes disséminées sur la route : douceur, patience, et à un certain moment, fermeté et énergie, rigueur même, si cela est nécessaire.

Nous avons trouvé fort à propos ce document dans les archives de la flottille et nous avons suivi, sans y avoir été invité, tout ce que Davoust lui-même avait tracé et qu'il voulait, sans doute, exécuter.

L'étude approfondie que nous avons faite de ce précieux rapport nous permet d'affirmer, et c'est un hommage que nous sommes heureux de rendre à la mémoire de cet officier de marine aussi intelligent que brave, que le lieutenant de vaisseau Davoust n'a pas été, peut-être, apprécié par tout le monde à sa juste valeur. C'était un indépendant sans doute, mais un indépendant discipliné, que rien ne liait à la fortune du Soudan, qui connaissait toute l'étendue de ses devoirs et qui ne se serait jamais permis d'aller contre la volonté de ses chefs.

Il avait, en connaissance de cause, sur le Soudan et sur le but qu'il devait et pouvait atteindre, ses idées personnelles, très nettement arrêtées, qu'il ne craignait pas d'exposer, comme ceux qui ont la foi; mais fallait-il lui faire un crime de ce courage et était-ce une raison pour ne voir en lui qu'une sorte d'officier rêveur et mystique jusqu'à l'exaltation?

Nous ne le croyons pas.

Ne sont-ce pas là, au contraire, des qualités indispensables à un chef de mission, surtout de mission de ce genre, nécessitant, au même degré, du coup d'œil, de l'énergie et de la décision?

Vue de Podor. — Chaland de traitant.

CHAPITRE II

Départ de Saint-Louis en chaland. — Vie en chaland. — Gibier des bords du Sénégal. — Pêche et pêcheurs. — Bakel. — Abdoul-Boubakar.

Le 22 février, tout étant prêt, nous partions de Saint-Louis pour Kayes ; personnel et matériel étaient embarqués dans

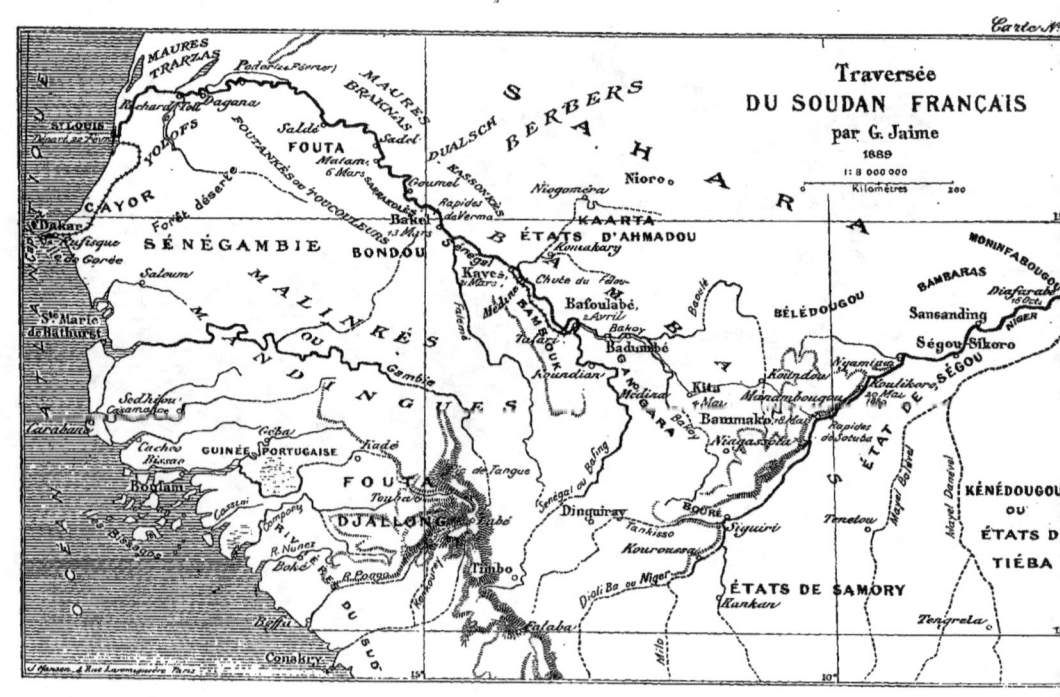

le chaland n° 4 dont la *Salamandre* (1) prit la remorque.

Outre les Européens mentionnés plus haut, nous emmenions avec nous une dizaine de laptots, marins indigènes, destinés au *Mage* et au *Niger*; quelques pilotes et élèves pilotes du Sénégal, que le commandant de la marine nous avait donnés pour nous venir en aide pendant cette partie du voyage, et qui auraient ainsi l'occasion de voir le fleuve et ses dangers aux plus basses eaux; vingt noirs engagés à Saint-Louis étaient affectés à la manœuvre du chaland.

Enfin, un interprète de première classe, Sory Konaré, fut mis à notre disposition par le gouverneur du Sénégal, car depuis la mort de Davoust il n'y en avait plus de titulaire à bord du *Mage*.

Sory Konaré nous était recommandé comme étant très honnête, très dévoué et infatigable.

C'est un homme d'un certain âge, d'origine bambara (2), connaissant bien le Soudan et aussi le Niger, car il avait été attaché à plusieurs missions topographiques.

Il parle le Toucouleur (3), le Yolof, le Malinkè, le

---

(1) Aviso de flottille appartenant à la station du Sénégal, placé sous les ordres du commandant de la Marine, à Saint-Louis.

(2) Bambaras, peuplade vivant entre le Sénégal et le Niger, entre 12° et 13° de latitude nord et 8° et 10° de longitude ouest.

(3) Toucouleurs, Yolofs, Malinkès, Sarrakolès : peuplades de la Sénégambie habitant les bords du Sénégal, sur la rive gauche.

Sarrakolé, le Bambara, un peu l'Arabe, mais il ne l'écrit pas, et c'était là un point faible pour nous.

On ne peut, en effet, compter sur les marabouts que l'on rencontre à Koulikoro (1), Nyamina et Ségou ; ils sont ou très ignorants ou tellement fanatiques qu'il serait imprudent de se fier à leur dire.

Ainsi, à Koulikoro, un marabout (2) nommé Ko était chargé d'instruire les enfants du village. C'était un bambara : il leur apprenait à lire et à chanter les versets du Coran que lui-même savait par cœur.

Plusieurs fois nous eûmes besoin de ses services pour lire des lettres arabes qui nous étaient apportées : nous n'avons jamais pu les lui faire traduire même imparfaitement.

Il chantonnait, à haute voix, tous les mots ou signes du papier qu'il avait sous les yeux ; chaque mot avait pour lui une signification qu'il cherchait, de mémoire, dans les versets connus du Coran, mais il lui était impossible, après de longues heures de travail, de nous dire même le sens général de la lettre que nous lui avions confiée ; cependant il était très aimé, très respecté là-bas à cause de sa science.

---

(1) Koulikoro, Nyamina, Ségou, villes situées sur le Niger. — Voir notre carte, à la fin du volume.

(2) Chez les Mahométans, a le même sens que religieux chez nous.

Elle lui rapportait gros : il vendait des amulettes, des gris-gris (1) pour préserver de tous les dangers. Enfin il faisait les dernières prières avant d'ensevelir les morts de sa religion. La cérémonie lui était payée 20 francs.

De toute nécessité, il faut donc emmener pour les missions sérieuses quelqu'un sachant écrire l'arabe, mais choisir de préférence un interprète âgé, au courant de toutes les rouerie, de tous les usages et de toutes les coutumes.

Il est bon de lui donner, en le surveillant et en le faisant surveiller de très près, une certaine autorité qu'il sera, d'ailleurs, toujours disposé à prendre, mais qui ne doit pas lui faire oublier qu'il a un chef.

Les interprètes en général, mais surtout ceux qui nous connaissent de longue date, cherchent sans cesse à deviner la pensée de celui qui les emploie.

Il est un peu dans la nature du noir de ne pas contrarier le maître ; au contraire, il est plutôt porté à prévenir ses désirs.

Quand, d'après vos demandes, en interrogeant quelque indigène, les interprètes croient deviner le fond de votre

---

(1) Espèce d'amulette ou de talisman des nègres. Morceau de papier sur lequel les Arabes ou les Maures écrivent des versets du Coran et qui leur sert de talisman contre toute espèce de dangers ; les gris-gris jouent un très grand rôle dans la vie du nègre pour la chasse, la pêche, la guerre.

pensée et ce que vous désirez connaître, ils forcent presque toujours les réponses de celui qu'ils interrogent dans le sens qu'ils pensent devoir vous plaire.

C'est un écueil à éviter.

D'ailleurs, très vite, ils se forment à votre façon d'agir et à votre manière de conduire un palabre (1).

Comme ils joignent à leur souplesse naturelle une grande finesse, il faut se tenir en garde contre leur flatterie discrète, très habile, qui néanmoins est plus que de la simple prévenance, et dont les effets pourraient rendre partial.

Sory eut l'autorisation d'emmener au Soudan, à bord du chaland n° 4, deux de ses femmes : une yolof, des environs de Saint-Louis, et une bambara qu'il avait achetée à sa première campagne sur les canonnières pour l'épouser (2).

Il en laissait quelques autres à Saint-Louis ; un de ses fils était au lycée en France où il terminait ses études.

Un quartier-maître pilote, Ciré Samba, eut aussi l'autorisation d'emmener sa femme jusqu'à Barkedji (3) sur le Sénégal, où elle devait rester chez ses parents.

Partis le 22 février de Saint-Louis, nous passions le 24

(1) Réunion des intéressés qu'il est d'usage de provoquer toutes les fois qu'il y a une question à régler.
(2) Sory avait été, en 1887, l'interprète du lieutenant de vaisseau Caron.
(3) Barkedji, village du Sénégal entre Matam et Bakel.

à Dagana et nous étions le 25 à Podor. Les eaux du Sénégal étaient si basses qu'il fut impossible à la *Salamandre* de dépasser Mafou, un peu après Podor; de là une petite chaloupe à vapeur nous conduisit jusqu'au passage de Djouldé-Diabé, qu'elle non plus ne put franchir.

A partir de ce point, notre chaland en fer n'avança plus que par des moyens de halage.

Tous les indigènes étaient nécessaires pour cette manœuvre et divisés en deux relais.

Tantôt ils le halaient péniblement à la cordelle, tantôt ils le poussaient avec des perches le long de la rive, contre le courant.

Femme Yolof de Sory.

Des berges à pic ou fortement boisées, un courant de deux ou trois nœuds, des bancs de sable qui en certains points barraient presque le fleuve, augmentaient les difficultés de l'entreprise.

Nous faisions par jour 20 à 25 kilomètres au maximum, souvent beaucoup moins.

Le 28 février, arrivée à Saldé, et le 6 mars à Matam, après beaucoup de fatigues.

Le 9 mars nous atteignions Barkedji.

Trois de nos laptots étaient originaires de ce village et n'avaient pas vu leur famille depuis longtemps; bien que très pressés, nous fîmes halte et ils eurent l'autorisation d'aller à terre avec Ciré Samba et sa femme.

Sur la berge, tout le village était assemblé quand les laptots débarquèrent : la femme de Ciré Samba en grande toilette pour faire honneur aux parents de son mari.

Ses cheveux étaient garnis de boules d'ambre et de verroteries; elle avait des anneaux d'or massif aux oreilles; depuis deux jours elle s'occupait de sa coiffure et faisait ses préparatifs.

Elle avait conservé toute une journée ses mains enveloppées dans une espèce de bouillie faite avec une plante qui croît sur les rives du fleuve et qui a la propriété de rougir la paume des mains et les ongles.

Pourquoi cet usage ou cette mode chez la femme toucouleure?

Est-ce parce que la paume des mains, chez les négresses, est d'un blanc sale qui les choque? Ou bien plutôt parce que, s'imaginant que leurs mains sont blanchies à la paume par l'usage et les travaux domestiques, elles veulent en leur donnant une coloration uniforme indiquer qu'elles ne travaillent pas, qu'au contraire elles ont des esclaves pour les servir?

Ainsi, dans le même ordre d'idées, font les Annamites. Pour indiquer qu'ils ne s'occupent pas de travaux manuels, leurs lettrés ne se coupent jamais les ongles, et les noirs sont encore plus orgueilleux que les hommes de race jaune.

« Mais, en somme, les variations de la coloration cutanée dépendent surtout du nombre des cellules pigmentaires contenues dans un espace donné : c'est ainsi que la couleur est presque aussi claire, malgré la minceur de l'épiderme, sur la face latérale des doigts du nègre qu'à la paume de la main, parce qu'en ces régions les cellules pigmentaires sont plus rares que partout ailleurs » (Broca) (1).

Notre halte à Barkedji ne dura qu'une heure.

Le voyage en chaland de Saint-Louis à Kayes est long, pénible, fatigant par sa monotonie et sa durée; il faut près d'un mois pour arriver au but.

Nous partions le matin au lever du soleil et après le salam (2) des indigènes ; nous cheminions jusqu'au soir,

(1) Hovelacque et Hervé, *Précis d'anthropologie*, p. 317.
(2) Prière que font les indigènes musulmans le matin et le soir, au lever et au coucher du soleil, en se prosternant sur le sol, après avoir enlevé leurs chaussures et en faisant face à l'est, c'est-à-dire à La Mecque.

tantôt sur une berge, tantôt sur une autre, nous échouant souvent, car les eaux devenaient de plus en plus basses et les passes plus difficiles.

En cette saison, la brise souffle presque toujours du nord-nord-est ou de l'est; notre chaland était à chaque instant collé contre la berge ou des troncs d'arbres, par le vent du travers; ou bien la cordelle s'engageait dans des branches, quelquefois aussi elle cassait; nous partions alors en dérive au courant.

Pour tenir les Européens en haleine et les habituer progressivement aux fatigues qui les attendaient, nous les faisions marcher une heure ou deux le matin et le soir.

Dans la journée, pour les occuper, on faisait à tout l'équipage la théorie.

Comme vivres, nous touchions dans les postes du pain, du vin pour plusieurs jours et des viandes de conserve (1).

Le vin était exécrable à Saldé où l'on épuise un vieux stock aigri; dix-huit mois après notre premier passage, il en restait encore, nous a-t-on dit, pour plusieurs années.

Le pain aussi était mauvais, à cause des boulangers indigènes qu'on ne paye pas assez et que l'on prend médiocres.

Sur la route, on trouve à acheter des poulets, du lait frais et caillé, des œufs et des moutons.

---

(1) Les postes français établis sur le Sénégal entre Saint-Louis et Kayes sont : Richard-Toll, Dagana, Podor, Saldé, Matam et Bakel.

La cuisine était faite à bord; quand les hommes étaient trop fatigués, nous faisions halte pour déjeuner, de midi à une heure, mais rarement, puisque nous avions double équipe.

Le soir, avant le coucher du soleil, nous campions, loin des villages, sur des bancs de sable, de peur d'être inquiétés et pour éviter des rixes entre nos hommes et les indigènes.

Les nuits étaient splendides, mais chaudes; d'autant plus agréables que dans cette saison il n'y a pas de moustiques, pas de tornades ni de pluies; on peut dormir en paix.

Les factionnaires entretenaient les feux du campement et veillaient sur le chaland; nous n'avons jamais été attaqués ni molestés.

Les hyènes exceptées, jamais nous n'avons entendu de lions ni d'autres fauves qui, cependant, existent en abondance et qu'on entend, paraît-il, rugir souvent.

Le gibier pullule sur les bords du Sénégal.

On peut tirer sans quitter le chaland des perdrix et des pintades qui viennent en troupe le soir, vers quatre heures, boire au bord du fleuve, ainsi que des sarcelles, des outardes, des pélicans, des grues.

De même, des singes de toutes grosseurs et de toutes dimensions, depuis le petit singe pleureur jusqu'au gros cynocéphale (1). Les canards sont aussi très nombreux.

Le matin, à la pointe du jour, on apercevait souvent des sangliers dans les halliers.

Pour trouver en abondance du gros gibier, biche ou koba (2), il faut s'écarter un peu dans l'intérieur, être toujours bien armé et accompagné, car les naturels du Fouta (3) sont musulmans fanatiques.

Ils n'aiment pas les blancs et leur cherchent volontiers querelle.

Quand le soleil commençait à devenir dangereux, vers sept heures du matin, tous les Européens rentraient à bord et nous étions confinés jusqu'au soir dans notre grand chaland en fer comme dans une prison, n'ayant pour abri qu'une toiture en chaume qui ne préservait pas complètement du soleil, dont l'ardeur nous forçait à conserver toute la journée sur la tête un casque en liège de peur des insolations.

Comme distractions, nous avions alors à tirer des caïmans et des hippopotames, presque à toute heure.

Les caïmans, tout à fait hors de l'eau et béatement

---

(1) Espèce de singe dont la tête a quelque ressemblance avec celle du chien.

(2) Quadrupède qui a beaucoup d'analogie avec le cerf de nos pays.

(3) Contrée de la Sénégambie qui s'étend du marigot de N'Guéréré au comptoir de Dagana. Les villes principales du Fouta sont : Dagana, Gaï, Podor, Mao, Maktar-Salam, Diaô, Saldé, Madinallah.

allongés au soleil sur les bancs de sable ou sur les rives, présentent le nez au fleuve, la gueule entr'ouverte, ou bien ils restent à la surface, endormis, se laissant entraîner par le courant.

Il y en a de toutes les grosseurs; ils ne sont pas très farouches; on les tire à balle à 50 ou 100 mètres.

Nous en avons tué beaucoup, entre autres un mesurant plus de 3 mètres.

Ce jour-là, les laptots et les indigènes, nos manœuvres, firent un grand festin; ils aiment avec passion cette chair musquée du caïman, que nous trouvons mauvaise.

Quelquefois aussi nous pêchions.

Nous avions emporté des lignes, des hameçons, une canne très forte, bonne pour prendre des saumons, car nous savions que le Sénégal et le Niger sont très poissonneux; cependant nos engins n'étaient ni assez forts, ni assez résistants.

De Saint-Louis à Kayes, nous ne pêchions qu'en marche — puisque le chaland était traîné avec une vitesse moyenne de 2 kilomètres à l'heure — et alors avec un spoon-bait (1).

Pour cela on laisse d'abord filer le spoon-bait et se

---

(1) Engin très usité en Angleterre pour la pêche du saumon, de la truite, du brochet, de la perche; se compose de deux hameçons en forme de trident, fixés à une sorte de cuiller dont on aurait coupé le manche, d'où il tire son nom.

dérouler lentement la ligne sur laquelle il est fixé, pour voir si la cuiller qui forme cet engin tourne bien autour de son émerillon.

La ligne dont on se sert pour cette pêche est faite de cordonnet de soie recouvert d'une composition isolante pour l'empêcher de s'enrouler sur elle-même ou de se

Chaland n° 4 halé.

tordre une fois mouillée ; on en file 50 à 60 mètres pour pêcher en dehors des remous de l'embarcation.

La cuiller, en cuivre rouge, argentée seulement dans l'intérieur, tourne comme une hélice par le seul effet de la résistance de l'eau et de la vitesse du bateau ; elle imite alors, à s'y méprendre, quelque chose de vivant qui file entre deux eaux.

Il y a à l'extrémité un hameçon-trident de forte dimension; un autre plus petit à l'avant. Tous les deux, indépendants, sont fixés à la cuiller à l'aide d'un petit anneau.

Le soleil, frappant alternativement de ses rayons les parties argentées et rouges du cuivre, qui se présentent à lui à chaque tour, fait ressembler cet engin à une ablette aux écailles brillantes.

Les poissons sont en telle abondance dans le Sénégal qu'on ne tarde pas à ressentir des « touches »; bientôt il se produit une violente secousse; la canne plie à se rompre, la ligne file avec une rapidité vertigineuse : c'est un animal de forte taille, capitaine ou autre (1). Trompé par le spoon-bait il a cru saisir une proie vivante qui s'offrait à lui; accroché par les tridents, sa résistance est acharnée.

L'animal — un monstre en comparaison du menu fretin de nos rivières — plonge, ou bien il pique droit sur la berge; quelquefois, il saute hors de l'eau, essayant, d'un mouvement brusque, de rompre la ligne qui le retient prisonnier. Il faut conserver en cette circonstance tout son sang-froid, filer sans précipitation, *à retour*, suivant son allure, quelquefois plus de cent cinquante mètres de ligne, puis ensuite l'enrouler progressivement,

(1) Capitaine, nom d'un poisson du Sénégal très estimé à cause de sa chair fine, blanche et ferme.

peu à peu, en la maintenant tendue sans excès. Et bientôt, si la soie est de bonne qualité et les engins solides, quand il est épuisé par sa défense et ramené près du du bord, on a la satisfaction de harponner une superbe pièce.

Au cri de halte! répété par tous quand un poisson avait mordu, les manœuvres cessaient de haler le chaland et suivaient avec stupéfaction, du haut de la berge, cette pêche qu'ils ne connaissaient pas et pour laquelle, au lieu d'amorce, nous nous servions d'un morceau de métal.

Nous avions emporté, par ignorance, des lignes et des hameçons bons pour prendre des saumons de 5 à 6 kilos; ces engins n'étaient pas assez résistants, car les espèces du Sénégal et du Niger sont énormes.

Sur le Niger, il est difficile d'avoir à bord des vivres frais. La chasse et la pêche offrent de précieuses distractions dont il faut savoir user.

Chaque partie de chasse entraîne toujours au loin et fait rentrer quand le soleil est très haut au-dessus de l'horizon : de là des insolations, des accès de fièvre; la pêche, au contraire, ne présente pas ces dangers.

En outre, les indigènes qui s'y adonnent sont peu nombreux, on les nomme Somonos; ils sont d'une race qui vit à part; partout ils s'isolent, et dans la même localité, Koulikoro, Nyamina, Ségou, par exemple, le village des pêcheurs est distinct du village des cultivateurs.

Ils ont leurs chefs particuliers et pêchent la nuit et le jour, soit au filet, soit à la ligne ; ils posent aussi des casiers très ingénieux, mais le poisson qu'ils vendent n'est pas toujours très frais. Les noirs s'en contentent ; il est préférable de ne pas compter sur les Somonos, d'emporter de France tout ce qui est nécessaire et de se faire pêcheur, même si on ne goûte pas ce genre de sport.

Cela, tout aussi bien pour nous-mêmes que pour les Européens de notre équipage qui doivent être l'objet de toute notre sollicitude et dont la nourriture est si peu variée.

Les sennes (1), les carrelets, les trémails pourraient être très utiles, mais ils s'usent vite et sont encombrants.

A bord d'une petite canonnière, où la place est limitée, on ne peut avoir que le strict nécessaire : une ou deux cannes à pêche solides, bien travaillées, des engins légers, de première qualité, de bonne dimension et en très grande quantité feront l'affaire.

On ne doit pas négliger cette ressource.

C'est ainsi que plus tard, à bord du *Mage*, nous avions

(1) Grand filet employé pour la pêche.

des piles Leclanché dont nous faisions quelquefois les essais.

Pour cela, on faisait exploser des pétards de fulmicoton qui tuaient par la commotion cinq ou six cents poissons de toute espèce. Les jeunes gens se jetaient gaiement à l'eau pour ramasser ceux qu'entraînait le courant.

Le village de Koulikoro, prévenu, accourait, chefs et vieillards en tête; ils regardaient avec curiosité nos préparatifs, et poussaient des exclamations d'effroi et d'admiration devant le résultat obtenu.

Quelquefois aussi, au lieu de pile Leclanché, nous nous servions de bikford (1) pour faire partir nos pétards.

Conserver sous l'eau, allumée, une mèche dont ils ne comprenaient pas l'ingéniosité, surprenait beaucoup plus les naturels que de nous voir faire éclater une torpille de très loin, en pressant sur un bouton électrique.

Pendant le temps, assez long, que la mèche immergée brûlait, ils « voyaient » monter à la surface de l'eau une fumée bleuâtre jusqu'au moment de l'explosion; nous avions, à leurs yeux, le pouvoir surnaturel, évident, invraisemblable, de conserver du feu au milieu du fleuve, tandis que l'autre système les laissait froids.

---

(1) Mèche composée d'une traînée de poudre protégée par une matière isolante.

Ce jour-là nous étions réellement pour eux des diables; et le soir, la nuit étant venue, adossés aux grands arbres qui, dans tous les villages nègres, sont le lieu de réunion des notables, ces derniers répétaient toutes les folies qui ont cours sur les blancs et qui font notre force dans cette partie du continent noir :

Que les canonnières, par exemple, peuvent marcher aussi bien à terre que naviguer dans l'eau et se frayer un chemin à travers tous les obstacles ;

Que nous pouvions, la nuit, pendant leur sommeil, brûler vifs les habitants de tout un village, avec l'eau bouillante de nos chaudières, et les anéantir sans en laisser échapper un seul.

Au Macina (1), les chefs, pour exciter les habitants contre nous, pendant notre voyage d'exploration, ont réussi à faire croire, malgré la petitesse du *Mage* (2), que nous venions nous emparer de leurs biens et, à cet effet, construire un fort que nous portions caché dans notre cale avec son armement, ses provisions et sa garnison.

De même à Tombouctou.

(1) État nègre de l'Afrique centrale, au sud-est de Tombouctou, sur la rive droite du Niger et près du lac Déboë; il a pour capitale Bandiagara et non pas Macina comme le disent certains dictionnaires.

(2) Le *Mage* est long de 18 mètres, large de 4 et cale 80 ou 90 centimètres tout au plus.

Notre intérêt, en cette circonstance, était de démentir ces bruits, d'en montrer l'inanité, parce que nous voulions entrer en relations amicales; mais il est bien évident qu'en tout autre cas il eût fallu plutôt les propager, car ces croyances stupides nous donnaient une sécurité relative, dans ces pays où nous étions si peu nombreux.

*
* *

Notre pilote craignait de ne pouvoir passer les rapides de Verma ni d'atteindre Bakel, notre chaland trop chargé calant quarante centimètres; nous avions, de Matam, télégraphié au commandant du Soudan pour le prier d'envoyer de Kayes, à notre rencontre, quelques chalands en bois plus légers, mieux voilés et meilleurs marcheurs.

Il en existe à Kayes une trentaine; on les emploie quand les eaux sont trop basses pour permettre aux chaloupes à vapeur de naviguer. Ils servent de janvier en juillet à évacuer sur Podor les malades ou les rapatriés et à ramener, au retour, du matériel ou du personnel pour le Haut-Fleuve.

Le 10 mars, nous rencontrions précisément à Goumel un convoi de malades dirigés sur Saint-Louis. C'étaient presque tous des soldats d'infanterie de marine qu'une campagne de quelques mois au Soudan avait exténués. Beaucoup étaient atteints de dysenterie et tous avaient eu de violents accès de fièvre. Ils étaient abattus, tristes, très anémiés et rentraient avec joie à Saint-Louis pour y attendre le paquebot qui devait les ramener en France.

Le docteur chargé de leur donner des soins voulut bien accepter de transborder notre personnel dans ses quatre petites embarcations et, de prendre pour lui et ses hommes le chaland n° 4 qui était plus grand et plus confortable.

Après une nuit passée à la belle étoile sur le même banc de sable, nous nous séparâmes.

Quelques jours auparavant, le patron d'un petit chaland de traitant, chargé de marchandises, nous avait demandé l'autorisation de marcher de conserve avec nous.

Il avait peur d'être pillé; n'ayant pour équipage que de tout jeunes gens sans armes, il lui eût été impossible de résister à une attaque.

Or, sur les deux rives du Sénégal les pirates sont nombreux.

Celle de droite appartient aux Maures (1), on la nomme

(1) Maures de la tribu des Braknas, des Dualschs et des Trarzas; branches de la race africaine, dont le territoire s'étend sur la rive droite du Sénégal, depuis la mer jusqu'à la hauteur de Bakel.

la rive des Maures ; la réputation de ces nomades comme pillards n'est pas surfaite.

Les patrons et les laptots ne passent qu'avec défiance sur ce territoire ; ils n'aiment pas y haler leurs embarcations à la cordelle ; cependant, quand la rive gauche est trop boisée, qu'il est impossible aux haleurs de marcher sur cette berge, ils sont obligés, malgré leur répugnance, de passer sur celle de leurs ennemis.

D'une façon générale les Maures considèrent les nègres comme des êtres inférieurs, bons à faire tout au plus des esclaves. Quand, sûrs de l'impunité, l'occasion s'offre à eux de faire une razzia, ils en profitent, pillent, puis s'éloignent dans l'intérieur et vont planter plus loin leurs tentes.

Sur la rive gauche les marchands paisibles ne sont pas mieux protégés ; cette rive appartient en grande partie à des peuplades toucouleures ; là est le Fouta dont le chef se nomme Abdoul-Boubakar (1).

Son fils était installé dans un village au bord du fleuve dont les habitants étaient forcés de le nourrir ainsi qu'une suite très nombreuse.

Il pillait à droite et à gauche, rançonnait les passants,

---

(1) Abdoul-Boubakar s'est allié en 1890 à Ahmadou, sultan de Nioro ; il a voulu intercepter le passage de nos courriers dans ses États ; une colonne partie de Saint-Louis l'a chassé et forcé de quitter le pays. Il vient d'être assassiné par deux Maures au moment où il allait faire sa soumission. (*Dépêche reçue de Saint-Louis le 16 août 1891.*)

et sous prétexte de droit de douane, réclamait des cadeaux, prenant sans scrupule ce qui lui plaisait dans le chargement.

Nous étions nombreux ; les chalands du gouvernement sont reconnaissables à leur forme et à leur voilure, sans doute, parmi nos équipages les pirates avaient des amis pour les prévenir que nous étions très bien armés ; nous n'avons été ni injuriés, ce qui est rare, ni inquiétés.

Un jour, le traitant qui nous suivait fut arrêté par des gens du fils d'Abdoul ; mais lorsqu'il eut dit qu'il faisait partie de notre convoi, on le laissa continuer sa route sans exiger de cadeaux, et sans lui rien prendre.

Le 12 mars, nous partions de Bakel, et le 18 nous arrivions enfin à Kayes, après vingt-quatre jours de traversée, n'ayant eu comme incident sérieux qu'une voie d'eau à une de nos embarcations, occasionnée par un tronc d'arbre flottant entre deux eaux, contre lequel elle avait touché.

L'étoupe d'une couture avait été arrachée, un bordage défoncé ; il fallut la décharger, l'abattre en carène et la calfater.

Nous n'avions pas de brai ; faute de mieux, les mécaniciens appliquèrent sur la voie d'eau une feuille en zinc découpée dans une boîte de conserves.

CHAPITRE III

Arrivée à Kayes. — Chemin de fer entre Kayes et Bafoulabé. — Bafoulabé. — Départ pour Koulikoro sur le Niger. — Porteurs. — Marches de nuit et de jour au Soudan. — Caravanes de captifs. — Gourbis et tentes. — Villages et habitants sur la route. — Badumbé. — Kita-Koundou. — Bammako. — Arrivée à Koulikoro après trois mois de voyage.

A Kayes il régnait une épidémie de typho-malarienne ; les troupes étaient disséminées un peu partout. Les hommes malades étaient enlevés en quelques heures.

La ville n'offre aucune ressource ; elle est sale, établie au bord du fleuve, dans un ancien marécage que l'on a comblé.

La chaleur y est étouffante ; nous étions logés dans des constructions en pierres sans véranda pour protéger du soleil et de la réverbération. Les murs, brûlants toute la journée, restaient encore très chauds une partie de la nuit.

Il était impossible de dormir, et mieux vaut coucher à la belle étoile ou sur un banc de sable, comme nous le faisions depuis Saint-Louis, que dans ces bâtiments surchauffés. Il y fait plus frais.

On sait qu'un chemin de fer relie Kayes à Bafoulabé. Pour nous transporter à Bafoulabé on organisa, le 21 mars, un train composé de deux plates-formes pour notre matériel et d'un fourgon à bagages avec banquettes en bois pour les Européens.

Le fourgon à bagages n'est donné que très rarement et de tout temps les voyageurs, officiers et autres, n'ont que des plates-formes pour faire ce voyage.

Or, la journée se passe ainsi dans une immobilité à peu près complète, sans abri contre le soleil par une température moyenne, en cette saison, de 45 degrés.

Nous étions nombreux, nouveaux au Soudan, en nous donnant le wagon couvert on nous gâtait.

On nous prévint, avant notre départ, que sur la voie de Kayes à Bafoulabé, certains ponts n'étaient pas très solides et l'on nous recommanda de n'y faire passer qu'avec de grandes précautions, d'abord la machine seule pour en essayer la résistance.

On nous disait aussi, un peu partout, que sur le chemin de fer du Soudan personne n'avait jamais fait un seul voyage sans dérailler au moins une fois, et nous savions (ce chemin de fer a été l'objet de tant de critiques), que de temps en temps on devait descendre pour pousser et aider la machine dans certaines rampes. Nous l'avons fait.

La locomotive elle-même ne put nous conduire jusqu'à Bafoulabé, la voie était trop mauvaise ; une équipe de noirs vint à notre aide et poussa notre train à partir de Talari, pendant une trentaine de kilomètres. Les montées étaient pénibles, mais dans les descentes nos ma-

Le chemin de fer du Soudan.

nœuvres grimpaient auprès de nous et nous allions, souvent par suite de l'insuffisance des freins, avec une trop grande rapidité au risque de nous briser.

Néanmoins notre voyage se passa sans accidents ; les ponts douteux furent heureusement franchis.

Le 23 mars, nous étions à Bafoulabé ; nous avions fait

avec notre train, en cinquante heures, à peu près 180 kilomètres. La voie a été depuis améliorée ; quatorze mois après ce premier passage, notre retour s'effectua en douze heures, sans déraillement.

Le chemin de fer s'arrêtant à Bafoulabé, la route pour aller à Koulikoro (environ 450 kilomètres), se fait par étapes. Là les difficultés commencent.

On passe successivement par Badumbé, Kita, Koundou, Bammako où sont établis des postes.

Les marches sont si fatigantes que le dépôt du train des équipages fournit à tous les Européens des montures ; les noirs, sauf l'interprète, font la route à pied.

Il fallait réunir au moins deux cents porteurs, hommes ou femmes, pour le matériel et nos bagages ; nous eûmes à Bafoulabé, huit jours de repos forcé pendant lesquels Frémy et Villegente ressentirent de violents accès de fièvre qui, sans les empêcher de continuer la route, les fatiguèrent beaucoup ; à tel point qu'un médecin fut adjoint à notre convoi. Il nous accompagna jusqu'à Kita.

Au départ pour Badumbé, des précautions étaient nécessaires pour empêcher nos porteurs de nous filer entre les mains en abandonnant leur charge.

Sory-Konaré nous fut très utile pour organiser le convoi et nos hommes furent chargés de surveiller tous ces gens pendant la marche et les haltes.

Nous allions en file indienne avec une avant-garde et une petite arrière-garde d'Européens; les laptots sur les flancs, tous armés, pour empêcher les désertions. Nous partions toujours dans la nuit, vers une heure ou deux du matin, pour faire des étapes variant entre quinze, vingt et trente kilomètres. On se reposait souvent et quand par hasard on trouvait de l'eau.

Les marches de nuit au Soudan à travers des forêts, des ravins, des plateaux inhabités sont fantastiques; on ne s'y habitue qu'à la longue. On les préfère aux marches de jour, car à sept heures du matin le soleil est chaud et déjà dangereux pour les blancs.

Il n'y a pas d'exemple, pendant ces marches, d'attaques de nuit par les indigènes (1) ou les fauves.

On voyage ainsi, souvent seul, sans aucune escorte, en toute sécurité. Mais au début on se garde contre des ennemis imaginaires; on ne peut croire à tant de quiétude dans ces pays où les routes sont à peine tracées, où il serait si facile de tendre des embûches.

Nous arrivions tous les jours au campement entre huit et neuf heures du matin, et nos lieux de halte étaient forcément certains marigots dans lesquels il reste pendant la saison sèche, un peu d'eau potable.

---

(1) Nous croyons que les indigènes, comme tous les peuples primitifs, sont superstitieux et n'aiment ni marcher ni attaquer la nuit.

Là, s'arrêtaient aussi les indigènes, les caravanes de dioulas (marchands) avec leurs bœufs porteurs, leurs ânes et les captifs qu'ils conduisaient à Médine, près de Kayes, pour les y vendre.

Les captifs (on ne dit pas esclaves au Soudan), sont le plus souvent des enfants en bas âge, garçons et fillettes, pris dans les pays de Samory (1), au delà du Niger ou dans celui de Tiéba (2).

Les hommes de leur village ont été massacrés après une razzia ; eux sont vendus car ils ont plus de valeur. Étant jeunes, ils ne connaîtront bientôt plus rien de leurs parents ni de leurs familles ; ils oublieront vite le nom de leur village ; alors ils n'essaieront plus de fuir.

Ceux que nous rencontrions, dans la matinée, marchaient comme nous, en file indienne ; tous avaient des fardeaux variant suivant leur âge et leurs forces ; ils allaient par rang de taille, les plus petits les premiers, complètement nus.

Les hommes portaient les provisions, les nattes sur lesquelles au campement s'étendront les maîtres ; les femmes et les fillettes avaient dans un filet de grandes calebasses emboîtées les unes dans les autres, dont la supé-

---

(1) Roi nègre dont les possessions s'étendent des sources du Niger jusqu'à l'État de Ségou sur la rive droite du fleuve.

(2) Roi nègre du Kénédougou, dont les possessions s'étendent des sources du Mayel-Balével, affluent du Niger, jusqu'au Macina.

rieure seule était pleine, tantôt de vivres et de couscous, restes de la veille, tantôt d'une provision d'eau pour boire entre deux haltes.

Dans notre poste de Médine, sur le Sénégal, un captif est vendu cent à deux cent cinquante francs ; mais près du Niger, et surtout dans son pays d'origine, il vaut beaucoup moins, à peine une ou deux barres de sel (1) de vingt-cinq à trente kilos.

Les femmes jeunes ont plus de valeur que les vieilles; celles qui sont enceintes encore davantage, leur rejeton étant, dès sa naissance, destiné à la captivité.

Les mères ont, pendant la route, sur le dos, à califourchon maintenu par un pagne de mauvaise étoffe, leur marmot dont la tête ballotte tantôt à droite, tantôt à gauche, à chaque pas, et leur enfant ne les dispense pas de porter une charge.

Les boiteux, les éclopés s'aident d'un bâton; tous font ainsi des milliers de kilomètres et, bon gré mal gré, suivent la caravane.

Les surveillants marchent en arrière de la troupe, auprès des plus âgés; ils sont armés de fusils à pierre ou de lances.

Le propriétaire fait la route sur un âne ou sur un

(1) Les barres de sel sont du sel gemme et viennent de Taodeni. Voir chapitre VIII.

bœuf porteur; comme les gardiens de son convoi il a sur l'épaule un fusil, mais un fusil de prix, avec monture d'argent, pour montrer qu'il est riche et non pas pour réprimer une rébellion parmi son troupeau vivant.

Car, pour se révolter, les captifs savent trop bien qu'ils ne peuvent fuir tous ensemble, qu'ils seront pris au premier village quand ils y pénétreront, quelle que soit sa distance et bien que les villages soient rares; ils ne peuvent en effet les éviter.

Dans la brousse il n'y a absolument rien, ni fruits, ni racines, pouvant fournir la nourriture d'un homme. Si un captif s'évade, il lui faut manger et surtout boire.

Après quatre ou cinq jours de souffrances, il sera obligé de rallier un village pour ne pas mourir de faim ou de soif.

Deux cas peuvent alors se présenter : ou bien le fugitif est esclave de naissance ou bien il a été réduit en captivité, après une razzia, bien que né de parents libres.

Sa figure porte toujours l'indication de son pays d'origine, connue de tous les indigènes, variant avec chaque peuplade et chaque pays; il ne peut donc tromper personne.

Sur chaque joue, les Bambaras libres ont trois longues incisions, depuis les tempes jusqu'au maxillaire inférieur.

Les Peuhls du Macina et quelquefois aussi les gens du Bondou (1), se distinguent par trois petites entailles très fines au-dessous des tempes, trois autres sous la lèvre inférieure, un peu au-dessus du menton, trois autres entre les sourcils. Raffenel (2) rapporte que les femmes des Kassonkès sont marquées, au front et au menton, de trois incisions très rapprochées, ayant à peine deux centimètres de longueur. Elles ont les

Femmes Kassonkèses.

cheveux relevés de chaque côté de la tête et réunis en forme de cimier, allant de la nuque au front ; le tout arrosé

---

(1) Royaume de l'Afrique dans la Sénégambie orientale sur la rive gauche du Haut-Sénégal entre 14° 30′ et 19° 30′ latitude nord ; 13° et 14° 10′ longitude ouest. 200 000 habitants, musulmans de la famille des Foulahs. Ce sont des métis de noirs avec des Peuhls ou des Maures.

(2) Raffenel, *Nouveau voyage au pays des Nègres*, t. Ier, p. 164. Paris, 1856.

de beurre et garni de gris-gris, de fétiches et d'amulettes.

Chaque peuple a, comme on le voit, ses signes propres; ce sont des marques presque de famille, mais toujours les indices de la liberté.

Les êtres libres, hommes et femmes, étant ainsi tatoués, il est facile au propriétaire d'un fugitif de savoir que tel jour, à telle heure, un bambara, un toucouleur, un malinkè ou tout autre a passé dans un village et où il est allé. D'autant mieux que si on lui a donné l'hospitalité, le chef l'aura beaucoup fait causer, pour savoir comment il se fait qu'il n'ait ni bagages, ni vivres, ni marchandises. Presque toujours, après cet interrogatoire, il sera retenu prisonnier. Quant aux captifs, mâles et femelles, issus de captifs, les maîtres les marquent en naissant et pour jamais d'un signe qui n'étant pas le tatouage d'une peuplade est l'indice certain de la captivité. Ceux-là ne vont pas loin; ils sont pris par le premier homme libre qu'ils rencontrent et deviennent, jusqu'à ce qu'on les réclame, sa propriété.

Si par hasard le tatouage du pays d'origine d'un homme qui s'est évadé n'est pas connu, ce qui peut arriver à la rigueur quand il vient de très loin, ramené par une caravane ayant passé par Kankan (1), le Kénédou-

---

(1) Pays vers le S.-E. de la Sénégambie, près des limites de la Guinée supérieure dont Kankan est la capitale.

gou (1) ou le pays des Moshis (2), on l'interrogera longuement pour savoir qui il est, d'où il vient, où il va; on lui demandera quelle était sa dernière étape et quels sont ses moyens d'existence.

Il sera retenu jusqu'à ce que son maître vienne le réclamer, en indiquant les signes de race caractéristiques et indélébiles qu'il porte sur la figure, et payer, au chef du village, la prime de dix francs, fixée par la coutume, pour prix d'un captif évadé. On voit donc qu'aucun ne peut échapper.

La question des esclaves est trop intimement liée à celle du Niger, pour la laisser dans l'ombre et la traiter trop brièvement. Nous y reviendrons quand nous rechercherons les ressources qu'offre le pays pour notre commerce, par le fleuve, avec Tombouctou.

Nous montrerons alors combien elle est complexe, et l'obligation où nous sommes de supporter de telles mœurs, au moins pour un temps, à moins de vouloir nous faire jeter dehors, en nous mettant tout le monde à dos, maîtres et esclaves (3).

---

(1) Kénédougou ou pays de Tiéba.
(2) Les Moshis s'étendent sur la rive droite du Niger à l'est de Tombouctou jusqu'à Saï; les Moshis sont essentiellement commerçants et en même temps très courageux.
(3) Sur la question des esclaves, voir chap. XI, où nous traitons plus longuement la question.

L'eau qui séjourne dans les marigots, après la saison des pluies, c'est-à-dire du 15 octobre à la fin de mai, est stagnante, mauvaise et sale.

Les trous qui la retiennent sont remplis de débris, feuilles mortes ou branches d'arbres tombées là depuis des années.

Tous les animaux viennent y boire.

Celle des puits, dans les villages, n'est guère meilleure. On s'en contente, car il n'y en a pas d'autre.

La provision d'eau faite le matin, pour toute la journée, est gardée soigneusement à l'ombre, dans des seaux en toile où elle se rafraîchit.

Quant aux indigènes, ils ont, pour conserver la leur, des peaux de bouc assez étanches, mais donnant un goût désagréable.

En arrivant à l'étape, il est nécessaire de construire, pour les blancs, des abris en paille et en branchages soutenus par des bambous.

Les gourbis ainsi faits sont ronds et ressemblent aux petites meules que les paysans font en France avec les foins secs, après la fenaison.

Un trou, au ras du sol, sert d'entrée; il est petit pour empêcher la réverbération de pénétrer dans l'intérieur et orienté toujours au nord-est ou au sud-est, suivant la brise, jamais à l'ouest, à cause du soleil couchant.

Village indigène de Kayes.

La construction d'un gourbi demande une heure ou deux, et ces abris en paille sont préférables aux tentes, ils sont plus frais.

Les tentes, excellentes pour s'y réfugier quand il pleut, sont inhabitables les autres jours. L'air n'y pénètre pas et le soleil est si ardent que, même doublées, elles protègent insuffisamment. D'un autre côté, les arbres touffus sont si rares qu'il ne peut en être question comme d'un abri.

A l'exception de trois ou quatre beaux arbres existant sur un parcours de 600 kilomètres, entre Kayes et Koulikoro, on ne rencontre pas, dans cette partie de l'Afrique, comme futaies, l'équivalent de nos grands ormes ou chênes d'Europe. A plus forte raison les arbres chétifs, malingres et rabougris, poussant sur le sol aride, brûlé par le soleil du Soudan, ne peuvent-ils entrer en comparaison avec la végétation luxuriante de l'Inde ou des Tropiques.

Il n'y a ni fleurs ni fruits d'aucune sorte.

De loin en loin on rencontre un arbre portant de petites baies jaunâtres, aigrelettes, acides ; quelques chèvrefeuilles, c'est tout.

Dans quelques villages les indigènes cultivent la papaye (1) en toute petite quantité; ils ne connaissent ni

(1) Fruit du papayer.

les cocos, ni les ananas, ni les oranges, ni aucun autre fruit des pays chauds.

Dans les postes, on cultive avec beaucoup de peine et de soins, à Koundou quelques bananiers, à Bammako des goyaviers.

Les villages sont rares, établis dans les vallées et les bas-fonds où l'eau séjourne plus longtemps, et où la couche de terre arable est un peu plus épaisse; les indigènes peuvent, après avoir défriché, cultiver tout juste assez de maïs et de mil pour ne pas mourir de faim.

Le karité (1) leur fournit un peu de beurre végétal, trop peu pour qu'il soit possible d'en faire un article de commerce.

Plus près du Niger, dans les plaines inondées, ils récoltent en plus, une fois l'an, un peu de riz rougeâtre; et à moins d'être au bord du fleuve même, en cultivant alors les berges, au fur et à mesure que les eaux baissent, ils ne peuvent jamais faire, par an, plus d'une récolte à cause de la trop grande sécheresse.

Durant cette longue route de Kayes à Koulikoro, les heures s'écoulent monotones et tristes — car tout le jour est inoccupé — semblables les unes aux autres dans l'accablement produit par une chaleur torride.

---

(1) Arbre à beurre.

On ne sort du gourbi qu'à trois ou quatre heures du soir quand le soleil est très bas.

L'étape du lendemain sera peut-être longue : on partira comme la veille, vers une heure ou deux du matin. Chaque soir les objets qui ont servi pendant la halte sont ramassés dans les caisses, pour éviter des recherches, au moment du départ, et il ne reste au dehors que la bouillotte pour le café.

Les chevaux, les mulets sont rentrés et entravés à côté des hommes ; les armes approvisionnées restent à portée de la main ; le service de nuit est réglé tous les soirs. Quant aux porteurs, ils étaient rassemblés, au milieu du camp, dans un triangle dont trois factionnaires gardaient les côtés.

Et il y avait toute la nuit deux Européens et un indigène en sentinelle ; un autre noir était chargé d'entretenir les feux.

A notre arrivée à Badumbé, le 5 avril, nous avons trouvé, réunis par les soins du commandant de cercle, trois cents porteurs destinés à remplacer ceux que nous amenions de Bafoulabé. Onze tonnes de charbon et huit tonnes de matériel pour les canonnières étaient aussi concentrées dans ce poste ; un convoi de petites voitures devait bientôt venir les prendre pour les transporter à Bammako, sur le Niger.

Le 6 mars nous partions de Badumbé et nous arrivions le 12 à Kita.

Le commandant de la marine, à Saint-Louis, nous avait confié le soin de transporter dans ce poste, pour la tombe de Davoust, une croix en fer et une grille forgées dans l'arsenal.

Voici le texte exact de la dépêche que nous lui fîmes parvenir à ce sujet :

« Le 12 avril arrivé à Kita n'en partirai que le 29 car veux attendre concentration tout matériel canonnières en retard, environ vingt-cinq tonnes. Ai rendu dernier hommage à mémoire commandant Davoust : tombe bien entretenue ayant déjà croix de fer. Commandant poste Kita va, comme pour toute tombe officier, faire établir tout autour mur peu hauteur, dans lequel il pourrait sceller entourage et croix que j'ai de Saint-Louis. Je crois cette solution meilleure que si on les plaçait dans terre simple, malheureusement je ne pourrai en surveiller moi-même l'exécution car serai parti. Veuillez me dire si vous partagez cette opinion. Commandant poste m'assure se charger de ce soin. Tout personnel et matériel très bien. »

Nous ne pûmes partir pour Koulikoro qu'après certaines réparations faites par la compagnie d'ouvriers aux petites voitures, qui servent au Soudan pour le ravitaillement des postes; et, du 12 avril au 5 mai, pendant notre séjour à Kita, au lieu de laisser les hommes inactifs, nous les fîmes s'entraîner en les obligeant tous les jours, à marcher un peu et à monter à cheval ; leur santé fut à peu près bonne. Quant à nous, nous chassions tous les jours, pour ne pas tomber malade d'ennui.

Arrivé à Koundou le 10 mai, nous en partions le 11 ; le 15 nous étions à Bammako.

Ce poste, établi au milieu d'une plaine, à 800 mètres du fleuve, sur la rive gauche, est approximativement à 500 kilomètres des sources du Niger et à 1000 de Tombouctou.

En aval, à 20 kilomètres, se trouvent les rapides de Sotuba, impossibles à franchir, même pour des pirogues, excepté au moment des très hautes eaux (1).

La canonnière *Niger* fut construite à Bammako, en 1884, sous la protection du fort ; mais quand une fois achevée on voulut la faire naviguer pour explorer le fleuve vers Tombouctou, il fallut bien descendre les rapides.

---

(1) Les rapides de Sotuba sont formés par une dépression brusque du lit du fleuve ; aux basses eaux on peut y voir une petite chute. En 1889, les premières pirogues, venant de Bammako, n'ont franchi les rapides que le 22 août. Depuis longtemps il y avait de l'eau en quantité suffisante au-dessus des rochers ; mais, avant cette date, les piroguiers somonos ont refusé de tenter le passage. Ils estimaient que la passe était trop dangereuse, à cause des tourbillons et des remous. Il est évident que plus la nappe d'eau est considérable, moins l'effet de la chute se fait sentir à la surface.

On ne les a jamais franchis depuis en remontant le courant. Bammako se trouvant, par la force des choses, abandonné par les canonnières, leur poste de station fut d'abord Koulikoro, puis Manambougou, également en aval, à une quarantaine de kilomètres.

C'est là que le lieutenant de vaisseau Caron prépara son expédition et que Davoust construisit le *Mage*; mais ce dernier abandonna Manambougou à cause de son insalubrité, l'effectif européen de son équipage ayant été réduit des deux tiers en moins d'un an.

Koulikoro, à 65 kilomètres de Bammako, fut de nouveau choisi par lui comme port d'attache des canonnières.

Nous y arrivâmes le 20 mai 1889 après trois longs mois de voyage et de fatigues.

Depuis notre départ de Saint-Louis, nous avions tous été maintes fois malades; tous nous avions ressenti de violents accès de fièvre; néanmoins le moral était resté excellent ; nous étions prêts à affronter de nouvelles fatigues et nous pensions alors, qu'il nous serait facile de triompher de toutes les maladies, de remplir notre mission, après avoir échappé aux atteintes de l'hivernage.

Depuis le départ de Kita, et presque tous les jours, dans l'après-midi, il se formait des tornades (1) sèches,

---

(1) Orage particulier à une partie de l'Afrique, éclatant à toute heure, plutôt dans l'après-midi, après trois heures, que le matin ; quelquefois la

le soleil s'obscurcissait brusquement; il faisait lourd et très chaud; le 20 mai, une heure à peine après notre arrivée à Koulikoro, vers 9 heures 30 du matin, la première vraie tornade éclata avec accompagnement de pluie torrentielle, de tonnerre et d'éclairs.

Nous étions fort heureusement à l'abri dans les cases couvertes en chaume qui devaient nous servir de logements pendant près d'une année.

nuit, mais alors la tornade est d'une violence inimaginable. Durée de l'orage, au maximum, une heure, suivi et fréquemment accompagné de pluie. Nous avons noté des éclairs, *à l'horizon*, dont la durée dépassait trois secondes.

Les tornades sèches annoncent le commencement et la fin de l'hivernage ; le vent soulève des tourbillons de poussière, le temps est lourd, humide, chaud, il ne tombe pas une goutte d'eau. De là leur nom.

CHAPITRE IV

Description de Koulikoro. — Montagne sacrée. — Serpents trigonocéphales et autres. — Arsenal, blockhaus, ateliers. — Situation. — Climat, ethnographie. — Griots. — Bambaras. — Coutumes. — Vêtements. — Fard employé par les femmes. — Tatouage. — Coiffures. — Visite du chef N'Danforo. — Construction des maisons du pays. — Meubles et richesses des habitants.

Koulikoro, village de 800 habitants, se trouve sur la rive gauche du Niger par latitude 12°58' Nord et longitude 9°42'15" Ouest : des cultivateurs et des pêcheurs somonos l'habitent, formant deux populations distinctes malgré une origine commune. Ce sont des Bambaras; ils font partie de cette race puissante qui s'étend dans la région du Niger entre le 10° et le 8° degré de longitude occidentale.

Ils ont pour voisins, au nord, des tribus arabes; au nord-ouest, ils s'étendent jusque dans le Kaarta, sur la rive droite du Sénégal; au sud-ouest, ils sont en contact avec des Peuhls; au sud avec des Mandingues; à l'est avec des Macinéens et des gens du Kénédougou, pays de Tiéba; leur limite, dans cette direction, est le Mayel Balével qui se jette à Mopti dans le Niger.

Les Bambaras habitent tout le pays compris entre le Haut-Sénégal et le Haut-Niger, le grand et le petit Bélédougou, le Méguétana, s'étendant de Bammako à Nyamina; Koulikoro faisait partie de cette dernière province dont Manambougou était le chef-lieu, avant l'occupation française.

Les villages des pêcheurs et des cultivateurs à Koulikoro, sont établis côte à côte, auprès du fleuve, et font face au Sud-Est dans une plaine qu'entourent les derniers contreforts des montagnes du Bélédougou.

Ces collines limitent l'horizon de toutes parts, et le demi-cercle qu'elles circonscrivent sur la rive gauche, en s'éloignant du fleuve à trois ou quatre kilomètres dans l'intérieur, est arrosé par des marigots, à sec une partie de l'année et qu'alimentent pendant l'hivernage les eaux venant de ces monticules.

Le fleuve est large de 1400 mètres; sa profondeur est variable, suivant les saisons, et sa largeur diminue de même pour ne plus être que de 600 mètres en mai. Le courant, après avoir eu une vitesse de 3 ou 4 nœuds au maximum, tombe à 1 nœud en février; il est presque nul aux plus basses eaux.

A Koulikoro, le Niger coule du sud-ouest au nord-est; il s'infléchit un peu vers l'est en rencontrant à dix milles du village, les dernières ramifications du Bélédougou auxquelles il vient se heurter.

Koulikoro.

L'autre extrémité de cette chaîne se termine tout près de Koulikoro, en amont, par un massif s'élevant à une cinquantaine de mètres.

Les flancs en sont abrupts vers la plaine, au contraire, en pente assez douce ou plutôt par gradins, du côté du fleuve. Ce massif, nommé le rocher de Koulikoro, à cause du village de même nom établi à sa base, est coupé, depuis le faîte jusqu'au pied en deux parties distinctes, par une crevasse aux parois inaccessibles, large de 15 mètres et profonde de 40.

On dirait que la montagne a reçu un formidable coup d'épée tant les bords en sont taillés à pic.

Le fond de cette crevasse, longue de 150 mètres, est garni d'un fourré impénétrable, refuge de serpents qui se trouvent à l'aise, dans ce terrain sec et pierreux; par là la plaine de Koulikoro communique avec la face sud de l'énorme rocher.

Les parois rongées et polies à leur base portent l'empreinte manifeste d'un courant violent, dont l'action a dû se faire longuement sentir, car des cailloux roulés jonchent le sol, mêlés à des coquillages, qui doivent être rapportés à des espèces existant actuellement dans les eaux du Niger et qui semblent également indiquer que cette crevasse a servi à l'écoulement du fleuve, à une époque relativement récente. En divers points de la plaine et jusque sur le sommet du rocher, on rencontre un certain nombre de fossiles parmi lesquels des ammonites.

La chaîne du Bélédougou, qui limite l'horizon de Koulikoro forme très exactement un demi-cercle dont le fleuve est le diamètre; elle peut être franchie en plusieurs points: dans l'ouest, par une route qui conduit directement à Koundou; au nord, par la route de Nyamina; enfin, celle de Bammako contourne le rocher au bord du fleuve même et débouche près du village des Somonos, après avoir passé sous le feu des blockhaus de l'arsenal qui la commandent.

Le rocher de Koulikoro a une légende que nous raconterons, mais il est si pittoresque, son aspect est si différent dans ses diverses parties, que nous croyons utile de le présenter dans tous ses détails.

Nous y avons vécu pendant un an, nous le connaissons donc bien. Nous l'avons arpenté et fouillé dans nos promenades solitaires, attiré sur son sommet, d'où il nous était permis d'embrasser du regard tout le cours du fleuve se déroulant au loin, majestueux et imposant. C'était surtout au lever du soleil un spectacle vraiment splendide, dont nous voudrions pouvoir communiquer tout le charme et le pittoresque à ceux qui nous liront. Koulikoro est, à notre avis, le seul point de vue curieux et intéressant du Soudan, car partout ailleurs l'eau manque, le sol est aride et stérile ; nulle part le paysage n'offre autant de grandeur sévère !

La partie du massif séparée de nos cases par une profonde crevasse est un fouillis de roches dont les unes, surplombant la plaine, ne tiennent que par des miracles d'équilibre ; d'autres forment des arceaux et des portiques aux proportions gigantesques ; on y trouve des grottes et des cavernes profondes. Souvent aussi des recoins charmants s'offrent à la vue brusquement. Après une pénible ascension accomplie sur des rochers surchauffés, on éprouve un véritable plaisir à se trouver en plein air, abrité des rayons du soleil et même de la réverbération par des blocs énormes, bien qu'ils soient dénudés, creusés par les pluies et noircis par le temps.

Là, se trouve un gazon très fin et très vert (nulle part au Soudan il n'en existe de pareil), arrosé soit par un ruisseau minuscule, soit par la chute goutte à goutte d'une eau retenue en réserve par des citernes naturelles et petites, creusées dans le roc. Le gazon, qui couvre le sol, invite au repos ; mais après quelques promenades on ne se laisse plus ni tenter ni surprendre.

Ces endroits, frais et ombreux, sont le réceptacle de tous les détritus entraînés par les pluies ; le gazon, doux au pied comme un tapis de haute laine, ne croît que sur des immondices dégageant des miasmes délétères.

Dans ce merveilleux décor on respire la fièvre, et les rochers fourmillent de serpents toujours dangereux si le pied les effleure.

Ces reptiles venaient même le jour dans nos cases; on les surprenait se glissant aussi entre les pierres et les touffes d'herbes, à la tombée de la nuit, en quête d'une proie. Nous en avons exterminé beaucoup.

C'étaient quelquefois d'inoffensives couleuvres, mais le plus souvent des trigonocéphales (1) dont la morsure tue en quelques minutes, et des serpents cracheurs qui lancent leur venin au visage. Presque toutes les nuits, des reptiles noirs, à tête plate, longs de trois mètres, gros en proportion, venaient enlever des poules dans un enclos éloigné de quelques pas des cases de nos hommes.

Ce poulailler était hermétiquement fermé; ils y pénétraient cependant en s'élevant en dehors, le long du mur extérieur, et atteignaient ainsi l'interstice existant entre le toit de chaume et le mur.

Au moindre bruit, ils disparaissaient par le même chemin en se laissant glisser dans les herbes très hautes qui tapissaient le rocher auquel nos cases étaient adossées.

Il nous fut impossible de surprendre et de tuer un seul

(1) Espèce de serpent qui a la tête en forme de triangle.

de ces maraudeurs, bien que les Européens en vissent souvent.

Ces rochers sont habités encore par des lézards longs quelquefois de 40 centimètres, dont la tête est bleue, la gorge jaunâtre et le reste du corps d'un brun qui tire sur le roux. Ils se nourrissent d'insectes, et venaient faire leur chasse jusque dans nos logements. Les uns sont inoffensifs, d'autres, au dire des indigènes, sont venimeux.

Dans nos courses, nous trouvions sur la montagne des perdrix, des troupes de pintades et surtout des gelinottes ou poules de rochers, deux fois grosses comme une caille, dont la chair est bien supérieure à celle des perdrix.

Leur plumage est marron foncé, elles vont par bandes et placent des sentinelles chargées de veiller sur toute la troupe ; elles disparaissent au moindre bruit, à la moindre alerte, mais leur cri les désigne au chasseur ; on les surprend comme les pintades, en venant de haut.

Souvent, des singes cynocéphales venaient par troupes de deux ou trois cents nous contempler et nous injurier en aboyant contre nous du haut du second massif, mais leur prudence excessive ne les faisait pas s'aventurer du côté de la crevasse que nous occupions (1).

---

(1) Il est très dangereux d'attaquer seul une troupe de singes. A moins de vouloir être écharpis, il faut être nombreux, avoir beaucoup de mu-

Des hirax, sorte de rongeurs sans queue, de la grosseur d'un lapin, au poil grisâtre, dont la chair est assez bonne si l'on prend la précaution de les dépouiller aussitôt tués, pullulent dans les rochers.

Les cases et les magasins de l'arsenal sont construits sur une colline en grès rose schisteux, qui s'avance par gradins successifs jusqu'au bord du fleuve et dont la base plonge dans le Niger.

Au premier plan, dominant la route de Koulikoro à Bammako, sont deux blockhaus construits aussitôt après notre arrivée, l'atelier des mécaniciens, les cases des laptots de l'arsenal, et celle du commandant du *Mage*.

Les habitations du commandant du *Niger* et du docteur se trouvent sur la deuxième plate-forme, un peu plus haut.

Au troisième plan, adossés au rocher qui s'élève à pic, sont les logements des Européens, les magasins, composés d'une dizaine de constructions indigènes, très rapprochées les unes des autres et entourées d'un mur en terre que fermait une porte. Là, en réserve,

---

nitions à balles. Même dans ce cas, les cynocéphales emportent leurs blessés et leurs morts; et les mâles protègent très vaillamment les traînards de la troupe, qui ne tarde pas à être perdue de vue par les chasseurs. En une nuit, ces singes dévastaient des champs entiers de mil ou de maïs et les habitants de Koulikoro, qui étaient presque sans défense contre eux, venaient souvent nous prier de les combattre pour les faire quitter le pays.

étaient nos rechanges, nos outils, nos munitions et nos vivres.

Sur le gradin supérieur, à 25 mètres au-dessus du niveau du fleuve, il existe un plateau assez vaste qui a servi primitivement de *sanatorium* en 1885 à la flottille, et sur lequel on a bâti un poste militaire de tirailleurs sénégalais, chargés de la défense de l'Arsenal, pendant l'absence des canonnières ; ce poste n'existait pas à notre arrivée, il a été supprimé depuis la prise de Ségou (1).

En se dirigeant vers le village somono, on rencontre, au bord du fleuve, les cales de construction et les ateliers de charpentage entourés de palanques.

Le *Mage* ainsi que le *Niger* étaient mouillés par le travers des chantiers, bien qu'il y eut moins d'eau qu'en face de nos cases, mais le fond y était de sable, tandis qu'il était de roches, c'est-à-dire dangereux et mauvais, un peu plus en amont.

Le village des Somonos est, pendant l'hivernage, séparé du village des cultivateurs par un petit marigot dans lequel les canonnières pouvaient se mettre à l'abri des tornades, avant que l'on eût songé à le combler en partie, pour faire un pont dont les assises seules existent. Ces deux villages entièrement distincts, bien que portant le même nom, sont à peine éloignés l'un de

(1) Avril 1890.

l'autre de 150 mètres ; le chef des bambaras se nomme N'Danforo ; on désigne celui des pêcheurs sous le nom de chef des Somonos.

Il existe à Koulikoro un gué que traversent les caravanes venant du Kénédougou, pays de Tiéba, et tous les marchands allant du Soudan à Ségou, à Nyamina et à Sansanding.

On a construit Bammako en amont, à 65 kilomètres du point où passent les caravanes ; ce poste eût incontestablement été mieux placé à Koulikoro, pour protéger le commerce, car les Dioulas qui vont à Médine allongent beaucoup leur route en passant par Bammako, tandis qu'ils pourraient aller directement de Koulikoro à Koundou en cinq jours de marche, par une route assez facile. Nous savons que l'eau n'y manquerait pas pour une petite troupe.

Des marchands nous ont affirmé qu'elle était pour eux beaucoup plus avantageuse, quoique plus pénible que la nôtre sur laquelle roulent les petites voitures usitées pour le ravitaillement (1).

Mais Bammako a surtout été construit pour mettre fin aux incursions de Samory, dont les États se trou-

(1) Par mesure de police, on force les caravanes à suivre les routes de ravitaillement et à passer dans tous nos postes ; cette précaution est indispensable pour assurer notre sécurité au Soudan.

vent sur la rive droite du Niger, vis-à-vis de ce poste.

La température moyenne, à Koulikoro, subit des variations assez sensibles suivant les saisons. En janvier, à midi, au soleil, avec un thermomètre pris en fronde, on trouve une moyenne de $+30°$; la nuit, le thermomètre baisse jusqu'à $+15°$.

En mars, la chaleur augmente, les nuits ne sont plus aussi fraîches; en avril et en mai, le thermomètre au soleil, pris en fronde, donne à midi une moyenne de $+38°,5'$; la nuit, il baisse jusqu'à 29° au-dessus de zéro.

Dès les premières pluies, 21 mai, la température de la nuit et celle du jour deviennent à peu près constantes, $+30°$ et $+32°$ à l'ombre; la chaleur est humide, lourde, difficile à supporter; tous les objets sont couverts de moisissure; les nuits sont aussi fatigantes que les journées. Les tornades et les pluies qui les accompagnent font à peine varier le thermomètre de 2 ou 3 degrés en rafraîchissant l'air assez brusquement; notre thermomètre enregistreur faisait alors un saut très caractéristique.

Le baromètre n'est pas influencé d'une façon notable par les tornades; il baisse à peine de 1 ou 2 millimètres quand la tornade est en pleine force, quelquefois même seulement quand elle est passée.

Cet équilibre de la température dure toute la saison des pluies, jusqu'au 15 octobre.

A partir de cette date jusqu'en janvier, la température de la nuit baisse de plus en plus ; le soleil, en décembre, peut se supporter toute la journée sans trop incommoder ; il faut néanmoins toujours rester coiffé d'un casque en liège. Les nuits paraissent alors excessivement froides à ceux qui ont déjà passé tout un hivernage, bien que le thermomètre ne descende jamais au-dessous de $+8°$.

Il existe, sur le Niger comme au Soudan, ce que l'on nomme le petit hivernage ; pendant quelques jours il pleut sans discontinuer, mais sans orages et sans vent. A défaut de pluie, le soir une brume épaisse, humide, couvre le fleuve, et le matin elle ne disparaît que très longtemps après le lever du soleil. Nous avons noté dix jours de pluies dans la dernière quinzaine de mars, pendant lesquels la température de jour comme de nuit variait très peu. On se serait cru au mois de juin, et le fleuve, qui est en quelque sorte composé de biefs successifs, sans courant appréciable au moment des plus basses eaux, a, par suite, monté brusquement de cinquante centimètres, rendant ainsi tous les gués du même bief presque impraticables.

D'une façon générale, il pleut donc, sans discontinuer, du 21 mai au 25 septembre ; du 25 septembre à la fin de mai, il ne pleut pour ainsi dire pas, si ce n'est pendant une dizaine de jours en mars.

Les mois les plus pénibles à supporter et les plus dangereux pour les blancs sont ceux de juin et juillet, à cause de la fermentation qui se produit à cette époque à la suite des pluies ; et celui d'octobre, quand les eaux, en se retirant, laissent des marécages à droite et à gauche dans la plaine, et sur les rives, des débris de toute sorte en décomposition. Les froids de janvier et de février paraissent être excessivement mauvais et la cause déterminante d'une recrudescence d'accès de fièvre ; il n'est pas rare au Sénégal de rencontrer de vieux colons préférant la saison des pluies et des fortes chaleurs à ces froidures qui, à tort ou à raison, croient-ils, les indisposent.

La question du paludisme n'est pas encore admise par tous. C'est ainsi qu'au congrès international d'hygiène de Londres (août 1891) M. le docteur Lavedan, professeur à l'École de médecine militaire du Val-de-Grâce, fit une communication sur l'hématozoaire qu'il a signalé dès 1880 chez les malades atteints de paludisme. Cet hématozoaire a été retrouvé par un grand nombre d'observateurs.

« Malgré l'assentiment universel qu'ont obtenu les travaux de M. Lavedan, un chirurgien général de l'armée anglaise, M. William Moore, est venu lire un mémoire où il repousse sa théorie d'une manière absolue. Suivant

M. W. Moore, la fièvre paludéenne ne serait pas le résultat de l'introduction dans l'organisme d'un microbe morbide, d'un hématozoaire. Il l'attribue tout simplement à l'influence de causes physiques, à la nutrition et en particulier au refroidissement favorisé par l'humidité de l'atmosphère.

« Sir Joseph Fayrer appuie les conclusions de son collègue. » (*Temps*, 25 août 1891).

*
* *

Les Bambaras, d'après Raffenel, ne sont pas originaires du pays qu'ils habitent; ils auraient été poussés vers l'ouest par l'invasion d'autres peuplades (1).

« Comme les Soninkès et les Kassonkès, qui habitent les bords du Sénégal, ce sont des noirs métissés, dit M. Abel Hovelacque. Tandis que les uns présentent un type nigritique très franc, d'autres ont la peau plus ou moins brunâtre, les cheveux à peine laineux, la barbe assez fournie. Ils sont généralement de taille moyenne et très robustes (2). »

La coiffure des Bambaras est très compliquée ; les che-

---

(1) Raffenel, *Nouveau voyage au pays des nègres*, t. I, page 363, Paris, 1856.

(2) Abel Hovelacque, *Les nègres en Afrique*, p. 160.

veux du sommet de la tête sont pris un à un et nattés ensemble de manière à imiter le cimier d'un casque ; sur chaque joue pendent deux tresses faites avec les cheveux qui croissent sur les tempes ; ces nattes sont recourbées en forme d'*accroche-cœurs*.

La coiffure des hommes faits est longue à préparer et leurs cheveux sont, avant d'être nattés un à un, couverts de beurre de karité ou mieux de beurre frais ; les femmes se coiffent comme les hommes, mais elles chargent leurs têtes de boules d'ambre, de pièces d'argent et de grains de verroteries.

La coiffure des jeunes gens est plus rudimentaire ; on leur rase complètement la tête, aux jeunes captifs surtout ; ceux dits captifs de la couronne (1) sont également rasés ; cependant on leur laisse quelquefois une bande étroite de cheveux longs de quelques centimètres, partant de la nuque pour aboutir au front.

Les jeunes filles vont nu-tête ; de très bonne heure elles commencent à natter leurs cheveux et les griotes chargées de coiffer les hommes et les femmes se font payer 250 cauris (0 fr. 50) (2), pour ce travail qui dure très souvent plusieurs heures.

(1) Pour d'autres renseignements, au sujet des captifs de la couronne, voir chapitre XI.
(2) Nom de la coquille du genre porcelaine qui sert de monnaie dans l'Inde et au Sénégal. Cette coquille est univalve, petite, ovale, déprimée,

Raffenel donne d'intéressants détails sur ces singuliers personnages (1).

« Ils vivent entre eux, ne contractent d'alliance qu'entre eux, et, sans être positivement idolâtres, ils ont repoussé, pour la plupart, les enseignements de l'islamisme. La vérité est qu'ils ne se livrent à aucune pratique extérieure et qu'ils n'ont avec leurs compatriotes qu'un seul point de contact à l'endroit des croyances : c'est celle qui admet la vertu des gris-gris, commune à tous les peuples de la zone transatlantique de l'Afrique, mahométans ou fétichistes, de race caucasique ou de race éthiopique.

« Les gris-gris jouent, en effet, un très grand rôle dans la vie du nègre : ce sont des talismans ou des amulettes dont la forme varie depuis la coquille roulée jusqu'à la corne de chèvre, depuis le riche maroquin ouvragé qui renferme un verset du Coran écrit par un marabout puissant, jusqu'au plus sale chiffon qui enveloppe une molaire paternelle.....

« Les griots et les griotes exercent parmi les nègres, et principalement auprès des chefs, une espèce de profession qui présente une identité complète avec celle que

---

plate en dessous, à bords très épais et un peu noduleux; sa couleur est ordinairement d'un blanc jaunâtre, uniforme, quelquefois jaune citron en dessus et blanche en dessous. On la trouve sur nos côtes et sur celles de l'Inde et de la Guinée (Larousse).

(1) Abel Hovelacque, *Les nègres en Afrique*, p. 25.

remplissaient dans l'antiquité, et surtout au moyen âge, les fous ou bouffons et les bardes ou ménestrels.

« Les griots, hommes ou femmes, tiennent à la fois de ces deux sortes de personnages : ils amusent les chefs et le peuple par des bouffonneries grossières, et ils chantent les louanges de tous ceux qui les payent, dans des espèces d'improvisations emphatiques ; ils s'accompagnent ordinairement d'une guitare à trois cordes qui a pour caisse une moitié de calebasse.

« Les griots ont le droit de tout dire dans le feu de leurs improvisations, et il est malséant de se fâcher de leurs paroles, fussent-elles désobligeantes, ce qui arrive fort souvent, même à l'égard de leurs chefs. Ils sont leurs compagnons fidèles dans les combats et dans les réunions politiques ; ils les suivent aux fêtes ; ils partagent, pour ainsi dire, leurs repas et leur couche, et souvent ils possèdent exclusivement leur confiance ; en un mot, ils se sont rendus aussi nécessaires aux princes nègres d'aujourd'hui que les fous et les ménestrels aux princes blancs d'une époque passée (1)..... »

Les griots, en effet, sont les partisans dévoués des grands auxquels ils s'attachent ; ils battent du tabala, tambour de guerre, pour exciter les soldats pendant tout le temps de la lutte. En juin 90, alors que les troupes

(1) Raffenel, *Voyage dans l'Afrique occidentale*, p. 15, Paris, 1846.

d'Ahmadou, ayant attaqué Bafoulabé, venaient d'être battues à Kalé, dans un combat acharné de nuit, un témoin oculaire nous a raconté que le tabala n'avait cessé de se faire entendre pour encourager les Toucouleurs, et que le lendemain, au jour, à côté des corps des griots tués par nos balles et de leurs tabalas, on trouva de nombreux barils ayant contenu de la poudre.

C'est près des griots et guidés dans la nuit par le son de leurs tambours que les Toucouleurs venaient recharger leurs armes.

A Koulikoro, les griots ne sont pas musulmans; ceux du Macina, au contraire, suivent en partie les préceptes du Coran et ne boivent pas de liqueurs fortes.

Quant aux vêtements des Bambaras, les femmes portent, par pudeur, un pagne qu'elles serrent à la taille en le roulant sur lui-même une ou deux fois, de façon à faire un bourrelet; les hommes, une culotte venant au genou, très large et serrée autour des reins à l'aide d'une coulisse.

Quelquefois les femmes ont, comme les hommes, un boubou, sorte de camisole à larges manches; mais généralement leurs poitrines sont nues, surtout quand elles travaillent.

Beaucoup de fillettes et de jeunes garçons portent pour tout vêtement, jusqu'à quinze ans, un lambeau d'étoffe passé entre les jambes, attaché, pour les fillettes, à une espèce de ceinture en cuir ornée de cauris que toutes ont autour de la taille; pour les garçons, à une simple ficelle nouée au-dessus des hanches.

Les vêtements de luxe sont les boubous renommés venant de Ségou ; les plus estimés valent 50 et 60 francs. Il n'existe aucune différence de vêtement suivant la classe et la profession, mais il est bien évident que cette différence s'établit à la longue, un esclave n'ayant jamais d'argent pour s'habiller aussi magnifiquement que son maître.

Les noirs du Soudan, comme tous les autres d'ail-

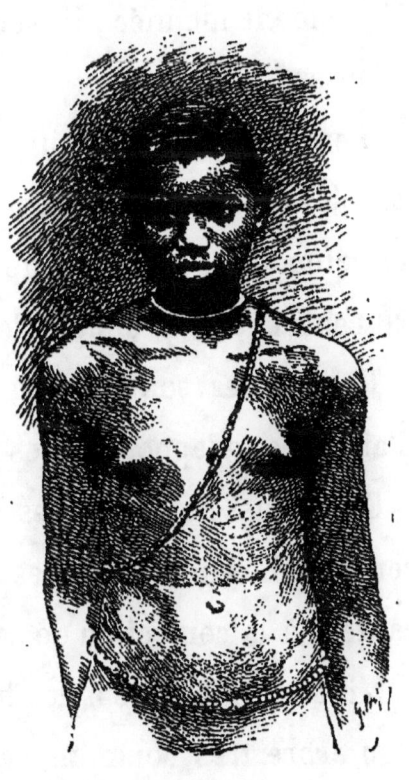

Jeune fille bambara.

leurs, sont vaniteux à l'excès; ce qu'ils recherchent dans leurs vêtements n'est pas une plus ou moins grande commodité, mais exclusivement la satisfaction d'un amour-propre ridicule; il n'est pas rare de voir, aux jours de fêtes, les plus riches, couverts par des températures torrides de trois ou quatre boubous superposés, sous lesquels quoiqu'indigènes ils supportent mal une chaleur étouffante.

La matière employée à la fabrication des vêtements est le coton, qui pousse abondamment dans le pays. Après la récolte, des femmes, à l'aide d'une baguette de fer, le nettoient et l'épluchent sur une pierre dure, très lisse, légèrement inclinée ; il passe ensuite entre les mains des fileuses.

Les tisserands sont toujours des hommes ; ils travaillent en plein air à l'aide d'un petit métier, et fabriquent avec le coton filé des bandes de tissu larges tout au plus de 20 centimètres et dont la longueur varie à volonté.

Ces bandes sont ensuite cousues entre elles à l'aide d'aiguilles qu'apportent les marchands.

C'est ainsi qu'on fait les boubous, les pagnes, les couvertures. Les hommes et les femmes, indifféremment, travaillent à la confection de ces objets.

L'indigo, récolté sur les bords du Niger, et les feuilles d'un arbre très commun dans le pays servent à teindre les vêtements en bleu ou en jaune rougeâtre, couleurs préférées des cultivateurs comme moins salissantes, et aussi des chasseurs comme attirant moins les regards.

Les indigènes, dès qu'ils ont quelque argent, se font des vêtements avec des étoffes venues du dehors, guinée bleue, calicot blanc ou de fantaisie. Il y a des étoffes que les griots et les griotes ont seuls le droit de porter : par exemple, des guipures rayées en rouge ou en bleu, espèces d'imitation de dentelle.

Nul ne fixe de règles; et il est impossible de savoir pourquoi telle ou telle étoffe est bonne pour les griots et mauvaise pour les autres. Les guipures blanches sont portées indistinctement par tous.

Les femmes et les hommes se fardent chez les Peuhls du Macina où les deux sexes se servent d'antimoine pour se bleuir les paupières inférieures.

Nous avons noté plus haut que les femmes toucouleures se rougissaient l'intérieur des mains. Quelques bambaras ont adopté cette coutume par coquetterie.

Le tatouage qui se pratique surtout par incisions, pour les deux sexes, est usité pour différencier chaque tribu, pour marquer les captifs et les captives, chaque chef de case ou de royaume ayant un signe qui lui est personnel.

Très souvent les femmes, libres et captives, se font *tatouer* (1) le haut du corps par de fines incisions en forme d'accent circonflexe qui partant de l'épine dorsale, en rangées parallèles, viennent se terminer jusque sur les seins et sur le ventre en passant sous les aisselles.

(1) Dans ce cas, ce sont plutôt des ornementations produites par cicatrices, par scarifications, que le tatouage proprement dit, produit d'une piqueture et d'une introduction de matière colorante. — Abel Hovelacque et Georges Hervé, *Précis d'anthropologie*, p. 613.

En général, elles se parent plus que les hommes ; leurs boucles d'oreilles sont plus lourdes et plus belles (1) ; elles seules ont des colliers d'ambre et de verroteries, ainsi que des anneaux aux chevilles.

Les deux sexes portent des anneaux aux doigts et quelquefois aux pouces des bagues en or très pur ; à défaut d'or, les bagues sont en cornaline rouge, jaune ou bleue, dont la partie supérieure est surmontée d'un triangle.

Les hommes ont pour coiffure des calottes rondes qu'ils entourent d'un turban ou bien un simple bonnet d'étoffe.

Quand il fait chaud, ils se coiffent d'un chapeau de paille pointu, dont le sommet est orné d'une touffe de petites lanières de cuir.

Les hommes et les femmes portent au cou, ou bien au-dessus du pli du coude, des amulettes renfermant les gris-gris, que leur vendent les marabouts et les griots.

Ces amulettes sont en cuir ou en maroquin, souvent très artistement travaillées.

---

(1) Quelques boucles en or, au titre de 0,850, sont assez curieusement exécutées. Elles sont en forme de croissant, d'un poids élevé (40 grammes), faites en cinq parties, fondues et reliées par la soudure forte. Sur chacune des cinq parties isolées, de petites boules en or, rondes, sont rapportées après la fonte, qui a dû se faire dans un mauvais moule en pierre dure.

Les jeunes gens sont circoncis entre dix et quinze ans ; jusqu'à vingt ans ils fêtent l'anniversaire de cette opération faite par le forgeron du village.

Une vieille femme fait subir l'excision aux jeunes filles entre huit et dix ans ; elle les accompagne au bain pendant les quinze jours qui suivent cette mutilation ; ces fillettes sont vêtues de blanc ; elles marchent en file indienne, la tête couverte d'un voile, en agitant une toute petite calebasse remplie de cauris qui imite le bruit fait par un hochet de bambin.

A notre arrivée à Koulikoro, le chef du village, N'Danforo, nous fit une visite, en apportant comme cadeaux du lait, du miel, des œufs et quelques poulets ; nous allâmes quelques jours après l'en remercier chez lui et, suivant l'usage établi au Soudan, lui faire un présent d'une valeur au moins égale. Sa demeure, dont il a hérité de son père, est une suite ininterrompue de constructions entourées de murs, séparées par des cours où, la nuit, sont parqués les chevaux et les bestiaux. Sa qualité de chef l'oblige à héberger tous les passants et à leur donner la nourriture, s'ils se présentent au moment des repas. Au départ, ses hôtes lui laissent un cadeau, mais ce cadeau n'est jamais réclamé, et le voyageur peut partir sans payer un cauri.

L'hospitalité, chez les Bambaras, est donc très large.

Après avoir traversé plusieurs grandes salles carrées, sorte de caravansérails, et deux cours, on arrive à la case principale.

C'est le soir. N'Danforo est couché en plein air, sur un lit en bambou appelé tara, sur lequel sont quelques mauvaises nattes du pays; devant nous, dans cet enclos, il y a des vaches et des chevaux; les captifs sont étendus pêle-mêle et presque nus sur le sol à côté des animaux. On apporte un lampion fait d'une mèche en coton trempant dans du karité, puis un escabeau en bois creusé d'une seule pièce dans un tronc d'arbre; alors, nous causons.

N'Danforo porte des anneaux d'or aux oreilles; il est déjà d'un certain âge; il mâche des kolas (1) et prise souvent.

Son oncle, grand gaillard, taillé en hercule, prévenu de notre arrivée, entre, armé d'un sabre de cavalerie. Avant de s'approcher, il laisse à distance ses chaussures (espèce de savates sans talons que fabriquent les cordonniers du pays) et son sabre, car on ne doit jamais être armé dans les palabres; les chefs eux-mêmes doivent déposer leurs armes, fusils ou lances, loin du lieu de

---

(1) Abel Hovelacque, *Les nègres de l'Afrique sus-équatoriale*, p. 68. Ils mâchent avec ardeur la noix du kola, sterculie acuminée, dure, rougeâtre, amère, de la grosseur d'une de nos noix. On se passe le kola de main en main, chacun l'ayant mâché à son gré et le temps qu'il a voulu.

réunion. En entrant dans l'habitation d'un chef, ils laissent de même, toujours, leurs chaussures à la porte. Ces coutumes sont générales et méticuleusement observées.

C'est d'octobre en mai, pendant la saison sèche, que sont faites les cases, pour la construction desquelles les indigènes ont deux façons d'opérer : ou bien ils composent une espèce de mortier qu'ils appellent banco (1), auquel ils mêlent de la paille hachée menu et de la bouse de vache, piétinant le tout de façon à faire un corps bien aggloméré; ou bien, avec le même amalgame, ils font à la main, sans moule, des briques informes, à l'aide d'un procédé des plus primitifs. Le mortier, lorsqu'il est encore à l'état de pâte, est étendu sur un terrain plat, en bandes longues d'environ 30 centimètres, et épaisses de quatre à cinq. Ce premier travail accompli, ils laissent sécher pendant douze heures; puis ils coupent ces bandes, au couteau, dans le sens longitudinal et transversal, de façon à former des briques grossières qui, une fois sèches, se détachent elles-mêmes les unes des autres. Elles sont exposées pendant un mois au soleil, et servent ensuite à construire les murs.

Ce second procédé est préférable au premier, parce que les briques, durcies à la chaleur solaire, donnent des

---

(1) Terre glaise piétinée et réduite en pâte épaisse à l'aide d'un peu d'eau.

murs plus secs, et par suite plus résistants et plus sains que ceux bâtis par le premier système.

Les maisons sont carrées ou rondes; on les couvre au moyen de petits troncs d'arbres non équarris, dont l'écorce seule est enlevée; ils sont simplement placés sur les murs, et très rapprochés les uns des autres. Pour éviter que les poux de bois ne les détériorent trop rapidement, on a soin de les choisir parmi les espèces les plus dures.

Puis, on place sur cette charpente des branchages avec leurs feuilles, pour en boucher tous les interstices; ensuite, en travers, sont adaptées des espèces de lattes d'un bois très léger, sur lesquelles les indigènes déposent une couche de terre qui sert de toiture, et qu'ils battent à l'aide d'un bâton plat pour en exprimer l'eau et la rendre plus adhérente et plus lisse.

Nos paysans procèdent ainsi pour l'aire de leurs granges.

Un mois après, lorsque le tout est suffisamment sec, on badigeonne les murs et le toit avec un enduit spécial, dont la matière première est la même que celle du banco, et auquel est mêlée en assez grande quantité de la poussière de mil.

Cette poussière empêche, au dire des indigènes et d'après les constatations que nous avons faites nous-même, la pluie de désagréger les toits et les murs ; l'eau est rejetée en dehors par des gouttières faites d'une moitié d'arbre creux.

Les femmes ne sont pas employées à la construction des maisons ; il n'y a pas de foyers ; les aliments sont cuits au dehors, sous des abris en paillottes ou sécots ; quelquefois, cependant, en hivernage, ils sont préparés dans les cases.

Les principaux meubles sont : le lit en bambou, plus ou moins bien conditionné, dont le prix varie entre un et 10 francs ; des escabeaux avec ou sans dossiers, taillés dans un seul bloc de bois, dont le siège est à peine élevé de 10 ou 15 centimètres au-dessus du sol ; des nattes ou des peaux non tannées, simplement séchées au soleil, sur lesquelles les indigènes s'accroupissent les jambes croisées.

Les cases de chaque famille forment dans un village des agglomérations distinctes, entourées d'un mur en terre, très élevé. Elles font face aux cours intérieures et n'ont qu'une porte fermant au moyen de cadenas primitifs ou loquets ; de petites lucarnes rondes, percées dans les murs, les éclairent, excepté celles qui recèlent les richesses de la famille ; celles-là sont obscures ; à peine vient-il un peu de jour par un trou rond percé au centre de la toiture légèrement bombée, pour permettre aux eaux de s'écouler rapidement; quand il pleut, cette ouverture est bouchée par un vieux pot de terre.

Les objets précieux de ces peuples peu fortunés sont les fusils, la poudre conservée dans de petits tonneaux, les balles en fer (1) renfermées, comme les vêtements, dans des sacs en cuir. Tous ces objets sont accrochés à des morceaux de bois fichés dans les murs, à moins toutefois que le propriétaire ne soit un chasseur, auquel cas des cornes de cerfs ou d'antilopes servent de porte-manteaux.

Là se trouvent aussi les jarres pleines de mil, de riz ou d'arachides, et les épis de certaines plantes coupées avec les tiges, dont les graines serviront pour la récolte suivante : épis de mil, graines de tabac ou de chanvre.

On fait ainsi chez nous pour conserver les graines de certaines espèces de légumes, pendant près d'une année; là-bas, comme en Europe, ces plantes déjà séchées sont réunies en paquets, au plafond, à l'abri des termites et des fourmis.

Les boules d'ambre, les bijoux, les anneaux précieux des hommes et des femmes sont dans des sacs en cuir, le plus souvent enfouis, en temps de guerre, dans une

---

(1) Le sol est très souvent riche en fer; les forgerons travaillent le minerai et font des serpes, des couteaux, des entraves ou boucles pour les marchands d'esclaves; au contraire il n'existe pas de plomb.

case ; quelquefois encore, toutes les femmes, durant ces époques troublées, portent sur elles toutes leurs parures qui sont aussi leur richesse ; les cous, les bras et les jambes en sont garnis ; elles sont ainsi prêtes à fuir loin de leur village à l'approche de l'ennemi.

VIE INTELLECTUELLE

INDUSTRIE.

Les peuples qui habitent les bords du Niger, de Koulikoro à Tombouctou (1), sont pêcheurs ou agriculteurs ; les Touaregs et les Peuhls sont nomades, mais tous ont des animaux domestiques. Ce sont : les chevaux, les bœufs, les chameaux, les ânes, les moutons, les chèvres, les chats, les autruches, les poules, les canards, les pigeons. Les Touaregs ont seuls des chameaux ; les autruches ne sont élevées en domesticité qu'à Douwentza, à quatre jours de marche de Tombouctou, dans le Macina.

La vie pastorale oblige les Touaregs et les Peuhls à la vie nomade.

Les bœufs et les ânes sont partout dressés à être montés

(1) Sur la rive gauche du Niger, Bambaras, gens de Sansanding, du Moninfabougou, Touaregs. Sur la rive droite, Toucouleurs, Peuhls, Bambaras, gens du Sarro, Macinéens, Touaregs et Moshis.

et chargés. Un bœuf porteur marche bien avec une charge de 75 kilos ; un âne avec une charge de 50 ; les chevaux, très chers, ne servent que de montures, ils valent de 400 à 1500 francs, les ânes 70 francs, les bœufs porteurs 100 francs, les moutons (1) de 8 à 10 francs, les poules 50 centimes, les œufs 10 centimes.

CHASSE.

La chasse ne fournit pas à ces peuplades les principaux moyens d'existence, bien qu'il y ait des chasseurs de profession. La poudre coûte trop cher et souvent, pour deux ou trois charges de poudre, les noirs donnent un sanglier.

Tirant toujours à coup sûr et à petites distances, après de longues heures passées à l'affût, dans une immobilité absolue, l'indigène manque rarement son coup et le bénéfice dont il se contente est par conséquent de deux charges de poudre en échange d'une belle pièce.

Les animaux qu'il chasse de préférence sont le gros gibier : éléphant, hippopotame, girafe, koba, doumsa, biche, antilope, sanglier, lièvre, singe, caïman et tortue.

Quant aux oiseaux, les noirs sont trop maladroits

---

(1) Les moutons ne valent que 4 ou 5 francs au Macina et les pigeons, qui coûtaient 1 franc à Koulikoro, ne valaient que 20 centimes à Mopti.

pour le tuer au vol et les plaines sont si clairsemées qu'il leur est toujours possible de tirer au posé; d'autant plus que, dans ces pays, le gibier à plume est trop peu rémunérateur en comparaison du prix élevé de la poudre; peu chassé il devient peu farouche et s'enfuit à peine lorsque survient l'homme.

Les perdrix, par exemple, rallient les villages pour picorer, soir et matin, les débris ou farines de couscous que les négresses jettent à peu de distance des cases.

Chasseur bambara.

Comme plume on trouve, près de Tombouctou, des autruches, mais partout, en très grande abondance, des pintades, des perdrix, des cailles, des poules de rochers, des outardes, des oies, des canards monstrueux pesant plus de 10 kilos, des sarcelles, des plongeons, des grues, des cigognes, des oiseaux trompettes et des pélicans.

Ces derniers, inabordables quand ils sont sur le fleuve, viennent le soir se nicher sur les arbres des villages dominant la place publique; ils y restent jusqu'à l'aurore.

Les carnassiers sont le lion, la panthère, l'hyène, le chat tigre, le chacal, le chat sauvage et le guépard.

Dans nos courses en forêt, en passant par les fourrés les plus impénétrables et les lieux les plus déserts, nous n'avons jamais vu ni entendu le lion; au contraire, des panthères se glissaient très souvent par la crevasse du rocher de Koulikoro. Elles ont enlevé, à 50 mètres de nos cases, de jeunes chiens et une chienne appartenant à un manœuvre logé près de l'arsenal. Il nous fut impossible d'en tirer une seule, bien que nous ayons passé de longues heures à l'affût. Elles venaient, tantôt un jour, tantôt un autre, entre 8 heures et minuit, mais toujours quand il n'y avait pas de lune; très audacieusement, elles sautaient sur leur proie à quelques pas de négresses occupées à faire la cuisine, par conséquent près des feux.

Les hyènes sont peut-être encore plus rapaces. A deux reprises et à quelques jours d'intervalle, pendant notre route de Koulikoro à Kayes, notre camp fut mis en émoi le soir; des hyènes enlevèrent des enfants âgés de cinq à sept ans couchés près de leurs mères. Un jour, entre autres, l'horrible bête en emporta un, à 10 heures du soir, le traînant soit par les jambes, soit par un bras. Le petit noir put pendant longtemps crier et nous faire entendre ses plaintes. Il disait : « Mère, je suis pris ! je suis pris ! au secours ! » Notre factionnaire, croyant à une attaque, tira un coup de fusil pour donner l'alarme ; on sut bien vite, grâce aux traces, que l'hyène venait de passer, mais toutes nos recherches pour retrouver l'enfant furent inutiles.

Si l'on a un chien de France (compagnon fidèle qui est sacrifié d'avance, car la fièvre ne le laissera vivre que deux ou trois mois), il est prudent de l'attacher, la nuit, dans l'intérieur d'une case de crainte qu'il ne soit égorgé.

Les chiens du pays sont plus méfiants que les nôtres, néanmoins beaucoup se laissent surprendre par les hyènes.

La chasse n'entraîne aucune peuplade à la suite du gibier en des migrations périodiques et il n'existe aucun règlement, chacun étant libre d'aller et de venir à sa guise. Les indigènes sont armés de fusils à pierre, de javelots, d'arcs, de flèches et de lances. Pour prendre les animaux ils n'ont ni lacs, ni pièges, ni appeaux, ni autres moyens ingénieux. L'eau étant rare, les chasseurs attendent patiemment le gibier, à l'affût, grimpés sur un arbre, près d'un trou ou d'un marigot fréquenté le matin et le soir par les animaux qui viennent y boire ; ils les tirent à bout portant. Ils chassent isolément, sans animaux dressés, bien que nous ayons remarqué, suivant leur maître à la chasse, une espèce de chien au museau pointu, aux oreilles droites, au poil blanc et roux, très ras ; leur queue est longue et recourbée, leur ressemblance avec le chacal est frappante.

Les hommes seuls s'adonnent à la chasse, les femmes et les jeunes gens n'ont pas d'armes.

PÊCHE.

Les Somonos (1) pêchent au filet et aux barrages ; à la main et à l'hameçon avec ou sans gaule ; au dard, mais alors du haut d'un rocher ou bien immobiles dans l'eau en attendant un passage.

Les Somonos pêchent en tout temps, mais le poisson « *donne* » principalement en juin et octobre, c'est-à-dire quand le fleuve commence à monter et au moment précis où il baisse.

En voici la raison.

Nous avons constaté qu'au moment des premières crues, vers la fin du mois de mai, différentes espèces

---

(1) Les Somonos sont infatigables et, en général, beaucoup plus robustes et plus forts que les cultivateurs ; quand ils poussent à la perche, pendant des journées entières, leurs pirogues, tous leurs muscles entrent en jeu et se fortifient ; ils sont doux et paisibles de caractère.

descendent le Niger jusqu'au lac Déboë, soit qu'elles émigrent, par nature, comme les harengs, les maquereaux, les sardines, soit qu'elles veuillent, comme chez nous les aloses et les saumons, chercher pour frayer, dans les marécages du Macina et au lac Déboë, des retraites calmes, où le courant est presque nul, où s'accumulent les débris entraînés par les eaux et parmi lesquels elles trouvent leur nourriture.

Ces mêmes poissons remontent ensuite le Djoliba, en masses compactes, quand le fleuve baisse, pour ne pas être surpris par le manque d'eau. A notre retour de Tombouctou, nous avons rencontré leurs bandes à Kokry le 18 octobre; ils arrivaient à Koulikoro le 15 novembre, suivis par une multitude de mouettes, de pélicans et de martins-pêcheurs.

Leur passage était signalé et les indigènes essayaient de les retenir momentanément, à l'aide de barrages fragiles, en roseaux tressés comme du filin et flottant à la surface, d'une rive à l'autre; de distance en distance, pendaient de longues herbes ayant pour but de les effrayer et de leur faire, non pas rebrousser chemin, mais hésiter sur la route à suivre, pour s'engager dans les filets.

Pendant ces jours de pêche, tous les Somonos d'un même village partent ensemble; les cases sont abandonnées à la garde des vieillards et des infirmes, les enfants aident les hommes pour la manœuvre des pirogues ; les femmes s'occupent à nettoyer et à faire sécher sur place le produit de la pêche.

Dans ces expéditions qui durent deux ou trois jours, les indigènes travaillent « *à la part* » ; chaque patron (1) choisit les meilleurs pêcheurs parmi ceux qui vont s'adresser tout naturellement à lui pour composer l'équipe de sa pirogue, et l'aubaine est partagée suivant le mérite de chaque homme ; la pirogue et les filets ont aussi leurs parts de prise.

Si la journée a été bonne, le chef des Somonos et les griots du village reçoivent en cadeau quelques belles pièces ; mais le chef du village des cultivateurs, à Koulikoro, avait droit en tout temps à une partie de la queue de tout caïman pris ou tué soit par un Somono, soit par un homme de son village.

L'habitude d'empoisonner les eaux pour pêcher n'existe pas ; les animaux ne sont pas employés comme auxiliaires et la pêche de certaines espèces n'est pas interdite ; elle est pratiquée par les hommes ; les femmes s'occupent de la conservation du poisson en le faisant sécher sur les toits des cases.

---

(1) Ces patrons sont les meilleurs pêcheurs ou bien les propriétaires des pirogues.

Les noirs se procurent du feu à l'aide de charbons allumés, enfouis sous des cendres ; en route, avec des allumettes, des pierres à fusil, importées d'Europe, ou bien avec la moelle de certains arbustes, qui brûle lentement comme de l'amadou et qu'ils transportent d'un campement à l'autre.

AGRICULTURE.

Les agriculteurs sont beaucoup plus nombreux que les nomades et les pêcheurs ; les plantes qu'ils cultivent sont non seulement destinées à l'alimentation, mais aussi utilisées pour la satisfaction d'autres besoins, vêtements et objets divers ; ils sèment ou récoltent pour vivre :

Le riz, le maïs, le mil, le manioc, la patate, l'oseille sauvage, l'oignon, les niébés ou haricots. Pendant les disettes, on ramasse les graines de toutes les herbes. La canne à sucre est inconnue. On cultive le coton, une espèce de chanvre, le tabac et l'indigo jusqu'au Macina.

Le terrain où sont les plants de coton et d'indigo est nettoyé tous les ans, sarclé et remué à l'aide d'une petite pioche à main ; dans les autres champs, les herbes sont arrachées et brûlées, les racines coupées au ras du sol.

Le tabac est semé en couches, puis les pieds sont transplantés un à un et mieux soignés que toute autre espèce de plante, à l'aide de fumures.

La récolte du coton et du chanvre se fait en octobre, celle du tabac en mars; il n'y a aucun procédé d'irrigation; tous les soirs les pieds de tabac seuls sont arrosés, à l'aide de calebasses que portent des enfants ou des femmes.

Les travaux des champs ne se font pas en commun, mais par familles; chaque chef de case emploie des hommes, des femmes libres et des esclaves de l'un et de l'autre sexe pour cultiver son bien. Les animaux domestiques ne sont pas utilisés pour la culture du sol et la charrue est inconnue. Les seuls instruments aratoires sont la pioche à main, légèrement recourbée, une sorte de hachette dont le fer est très étroit et le manche court, particulièrement employée pour défricher; un pieu pointu sert à faire des trous dans lesquels seront déposées les graines de mil ou de maïs.

CÉRAMIQUE.

Les Bambaras et les Toucouleurs fabriquent de grossières poteries pour cuire les aliments et de grandes jarres, qui servent à conserver le mil, le maïs, le riz; les vases de terre sont cuits à l'air libre; le tour du potier est inconnu. Il n'existe pas de poteries artistiques; la céramique n'est pas laissée aux soins des femmes exclusivement, et cet art, dédaigné des noirs qui se servent de calebasses pour conserver leurs aliments, ne fait aucun progrès sensible.

MÉTALLURGIE.

Les métaux connus au Soudan sont le fer, le cuivre, l'or, l'argent, l'antimoine (1); le fer seul est utilisé, pour les instruments aratoires, les armes, les mors, les boucles d'esclaves; le bronze n'est pas employé. L'or et l'argent servent à fabriquer des bijoux, des bagues et des anneaux d'oreille et de nez, des bracelets de poignet et de cheville. Ces métaux précieux provenant du Bouré et du Bambouck sont très rares et coûtent, sur les bords du Niger, plus cher qu'en Europe.

ARMES.

Les armes offensives en usage sont les fusils à pierre et la lance. Un sabre court, dont la poignée est en forme de croix, sert aux Touaregs; il est un peu moins long et légèrement recourbé chez les autres peuplades.

Les gens du Sarro et les Moshis ont comme armes de jet des flèches; les Macinéens et les Touaregs, des

---

(1) Le koheul ou sulfure d'antimoine dont se servent les indigènes pour se farder est apporté à Tombouctou par des caravanes de Maures venant du Tafilalet et du Draa, au sud du Maroc.

sagaies. Ces derniers seuls ont des armes défensives; ce sont des boucliers en peau non tannée, tendue sur des traverses en bois.

Les femmes ne sont pas armées pour les combats, mais quelques-unes accompagnent les hommes pour la préparation des aliments pendant une expédition de guerre. Les Moshis et les gens du Sarro ont des flèches et des sagaies empoisonnées; la préparation de leur poison est inconnue (1).

NAVIGATION.

Les embarcations en usage de Koulikoro à Tombouctou sont des pirogues; les unes sont creusées dans un seul tronc d'arbre, d'autres sont composées de plusieurs pièces de bois cousues entre elles; elles n'ont pas de membrures et les plus grandes, qu'on rencontre au Macina seulement, longues de 20 mètres, larges de 3, sont couvertes à l'aide de paillottes ou de sécots pour protéger les marchandises. Elles se manœuvrent à la perche ou bien avec des pagaies, le plus souvent elles sont halées à la cordelle, car elles n'ont ni mâts ni voiles. L'usage du gouvernail n'est pas

---

(1) Voir chap. X l'étude de M. le docteur Laborde au sujet de flèches empoisonnées provenant du Sarro et du traitement des blessures qu'elles produisent.

connu et, à l'arrière, le patron dirige l'embarcation en poussant plus ou moins avec une perche soit d'un bord, soit de l'autre, pour marcher droit.

Les pirogues doubles ou à balancier n'existent pas sur le Haut-Niger.

MOYENS DE TRANSPORT. — ROUTES.

Les fardeaux, généralement d'un poids de 25 kilos, sont portés à dos d'hommes et de femmes par des esclaves et par des animaux domestiques.

A côté des routes tracées par nous au Soudan, il existe des sentiers qu'ont l'habitude de suivre les caravanes et les indigènes qui ont affaire avec des villages éloignés.

Le passage des ruisseaux se fait pieds nus; les rivières sont traversées en pirogues servant de bacs; et à Koulikoro quand une caravane venant de la rive droite voulait traverser le fleuve, large de 1,400 mètres, son chef appelait l'attention des Somonos en tirant un ou plusieurs coups de fusil. Pour ne pas perdre de marchandises, les dioulas faisaient passer les ânes, les bœufs porteurs et les chevaux isolément; souvent les pirogues chaviraient; hommes et animaux regagnaient alors la rive à la nage.

Les montagnes du Haut-Niger ne sont pas assez hautes pour ne pas pouvoir être franchies; les lieux de passage des caravanes sont pratiqués et connus depuis des siècles ; toutes passent au même point, personne excepté les blancs ne songeant à améliorer un chemin de préférence à un autre pour gagner quelques jours de marche ; le temps ne compte pas pour le noir, comme chacun sait.

L'usage des chariots est inconnu dans ces pays et seuls nous nous servons, pour ravitailler nos postes, de petites voitures en fer pouvant porter 300 kilos ; elles sont traînées par des mulets amenés d'Algérie et vont par une route à peu près tracée de Bafoulabé jusqu'au poste de Bammako.

CHAPITRE V

Des canonnières *Mage* et *Niger*. — Logements des officiers et des marins européens et indigènes. — Habitants de la rive droite. — Toucouleurs. — Goumi et Kiéka dépendant de Ségou. — Arrestation d'un interprète. — Exécution d'un laptot convaincu de trahison. — Mois de juin et de juillet. — Fête nationale. — Danse des indigènes. — Préparatifs de départ pour Tombouctou.

A notre arrivée à Koulikoro, à l'exception de deux officiers, il ne restait plus aucun Européen à bord du *Mage* ou du *Niger*; tous avaient été dirigés sur Saint-Louis. La flottille se composait des deux canonnières, de quatre chalands et d'une galiote (1) en construction.

Quelques laptots indigènes, sous les ordres de M. Hourst, enseigne de vaisseau, commandant le *Niger*, gardaient l'arsenal et les bâtiments échoués sur un banc de sable, pour cause de réparations.

Un médecin de deuxième classe, le docteur Durand, était embarqué sur le *Mage*; il avait pour aide un infirmier indigène du Soudan qui parlait assez bien le français.

Depuis le départ de Davoust, un interprète, Yéro Kane,

(1) Embarcation plate et pointue des deux bouts pour pouvoir être mouillée soit par l'avant, soit par l'arrière, sans être gênée par le courant.

avait été attaché à la flottille ; il fut remplacé à notre arrivée par Sory Konaré et mis à la disposition du sous-lieutenant commandant le poste de tirailleurs.

L'arsenal de Koulikoro comprend des logements pour les hommes, un atelier pour les machines, un autre pour le charpentage, des magasins pour les vivres et le matériel. Ces différentes constructions ne sont ni à l'abri d'un coup de main, ni protégées par une enceinte continue; les unes sont faites comme celles des indigènes Malinkès (1), murs en terre et toitures en chaume.

Les magasins, au contraire, ont été construits suivant deux systèmes. Les murs et le toit légèrement bombé sont aussi en terre, comme ont l'habitude de faire les Bambaras pour leurs cases, et le tout est recouvert d'une seconde toiture pointue, en chaume, suivant la mode Malinkèse. De cette façon, nos provisions, nos outils, nos rechanges étaient mieux protégés contre la pluie et tout à fait à l'abri d'un incendie allumé par malveillance.

Les magasins sont, en outre, entourés d'un mur crénelé et munis de portes fermant à clef; un petit poste, fournissant une sentinelle, veillait sur l'ensemble de l'arsenal.

(1) Les Peuhls et les Sarrakolés donnent le nom de Malinkès aux Mandingues du Bambouk.

Nos logements n'ont ni portes, ni fenêtres ; des ouvertures carrées, qu'une natte ferme à peu près quand il pleut ou quand il vente, en tiennent lieu.

Chaque officier a pour lui seul une case ; les marins européens logent deux par deux.

Arsenal de Koulikoro. — Case du commandant du *Mage*.

Les ouvriers employés à l'arsenal et les laptots vivent à part, avec leurs femmes et leurs enfants, à portée de voix toutefois ; leurs cases rondes sont, à la dimension près, exactement les nôtres.

L'atelier des mécaniciens contient une machine à percer, un tour, une machine pour couper les tôles, des forges, des étaux, des outils de forgeron et d'ajusteur, en somme à peu près tout ce qui nous est nécessaire.

Lorsqu'un mois après notre arrivée, le matériel envoyé de Kayes vint s'ajouter à celui que nous avions eu la précaution de prendre à Saint-Louis, il ne nous manquait rien pour mettre les bâtiments en état de naviguer.

Une scie circulaire faisait défaut et l'on débitait les planches avec des égoïnes (1) maniées par de jeunes bambaras originaires de Koulikoro que nous payions cinquante centimes par jour, sans la nourriture.

Ils se plaçaient deux par deux, se faisant face, et suivaient assez bien, sur un tronc d'arbre équarri, le tracé au cordeau indiquant l'épaisseur des planches qu'on voulait obtenir.

Le chef de l'atelier de charpentage, payé six francs cinquante centimes par jour, était un noir originaire de Saint-Louis. Deux charpentiers et un calfat indigènes, gagnant environ quatre francs, travaillaient sous sa direction.

Pour réparer les canonnières, il fallait aller chercher le bois de construction très loin de Koulikoro, dans l'intérieur.

Les villages voisins nous fournissaient des manœuvres ; un charpentier allait tous les jours choisir et abattre à l'avance dans la brousse des arbres d'essence dure.

(1) Scie à main et à poignée, dont la lame est large d'environ vingt-cinq centimètres.

Les meilleures espèces sont le sô, le vène, le caï-cédrat et le karité ; les autres pourrissent très vite, après un séjour peu prolongé dans l'eau, surtout le doundoul, remarquable par sa légèreté spécifique.

Toutes les pièces étaient apportées à dos d'hommes ; nos manœuvres se servaient, à cet effet, de traverses amarrées avec des lianes placées de distance en distance, sous le tronc abattu, qui était ainsi porté au milieu d'un double rang de vingt à trente hommes, suivant sa grosseur, pendant une dizaine de kilomètres.

Dans nos courses à travers les fourrés nous n'avons jamais vu de bois odorant ; il n'y a ni gommiers, ni arbres de caoutchouc, comme on le croit généralement.

Un boulanger indigène faisait notre pain ; un berger était attaché à la flottille pour garder notre troupeau, qui se composait d'une quarantaine de bœufs et de quelques vaches laitières très rares, même sur les bords du Niger.

Le lait coûtait, au village, un franc le litre ; il y en avait si peu que nous étions obligés, pour les malades, d'acheter le lait de l'infirmerie sur la rive droite, à nos futurs ennemis les Toucouleurs, dépendants de Ségou.

Dès notre arrivée on procéda au recensement et au récolement des vivres et du matériel.

Pendant cette opération, nous apprîmes que l'ex-interprète Yéro Kane avait, depuis peu, soustrait une vache de notre troupeau, et qu'il l'avait envoyée aux parents de sa femme, habitant Nyamina.

Il fut interrogé, ses allures paraissant louches et embarrassées, puis enfin arrêté à la suite d'une dénonciation faite par un Toucouleur nommé Sorifili, l'homme de confiance du sultan de Ségou, Mandani.

Mais quelques détails préalables sont nécessaires :

La rive gauche du Niger nous appartient tout entière jusqu'à Nyamina où nous avons un poste.

Sur la rive droite, Samory garde encore sous sa dépendance les pays que baigne le Niger depuis ses sources jusqu'à la hauteur de Manambougou.

Son armée, d'après les renseignements les plus récents, se monte à 50 000 guerriers dont 5000 cavaliers. Cette armée est répartie sur un territoire qui s'étend de la côte jusqu'à l'empire du Ségou et comprend une superficie de la grandeur de la France (1).

A Manambougou commençait l'État de Ségou, compris entre le Niger et le Mayel-Balével; sa limite nord était formée par la peuplade libre du Sarro, maîtresse du pays jusqu'au Macina.

Pour surveiller nos mouvements, Mandani avait placé

---

(1) Colonel Frey, *Campagne dans le Haut-Sénégal*, p. 108. Paris, 1888.

des garnisons toucouleures à Goumi, village situé exactement en face de Koulikoro, et à Kiéka, un peu en aval.

Goumi se trouve à 1450 mètres de l'arsenal ; Kiéka à 2400 ; le lit du fleuve a une largeur de 1400 mètres environ à Koulikoro, mais, dans la saison sèche, et surtout précisément avant les pluies, de nombreux gués facilitent le passage.

On peut sans difficulté passer sur l'une ou l'autre rive ; à cette époque, nous n'étions pas d'ailleurs en guerre avec les Toucouleurs, et les sofas (1) de la garnison de Goumi venaient librement chez nous en traversant le fleuve en pirogues.

Nos canonnières étaient, nous l'avons dit, échouées pour cause de réparations urgentes à la coque et désarmées ; une garde de quelques hommes allait, tous les soirs, camper sur le banc de sable où elles se trouvaient, pour empêcher les noirs d'en trop approcher, mais nous avions une confiance à peu près absolue.

Quelques jours après notre arrivée, au commencement de juin, Sorifili, placé à Goumi pour toucher l'impôt, vint nous rendre visite et faire, au nom de son maître, des protestations d'amitié.

Pendant la conversation il dit que nos hommes étaient plus heureux que les soldats du Ségou, car ils rece-

(1) Guerriers, soldats permanents.

vaient une solde assez forte, la ration, de la viande, etc...., qu'il comprenait fort bien pourquoi nous étions si bien servis.

Il y avait, dans ses paroles, un sens ironique qui ne nous échappa point. Nous fûmes étonné; à son départ, l'interprète Sory Konaré l'accompagna avec ordre de savoir ce qu'il avait voulu dire. Il ne tarda pas à connaître le mot de l'énigme. En effet, au moment où il regagnait son village, Sorifili rencontra Yéro Kane et, en présence de l'interprète et de plusieurs témoins, lui enjoignit de ne plus passer à l'avenir sur la rive droite la nuit, de peur de le compromettre, ajoutant que son maître Mandani et lui, Sorifili, ne désiraient voir régner que des sentiments de paix entre les Français et les Toucouleurs.

D'après les paroles de Sorifili, il était évident que Yéro avait dû passer sur la rive droite, de nuit, sans autorisation, et qu'il avait eu avec les Toucouleurs des relations secrètes qui pouvaient compromettre le sultan de Ségou.

Prévenu par nous, le commandant de Koulikoro le fit immédiatement arrêter.

D'abord il nia avec énergie; mais le piroguier qui l'avait transporté en cachette sur la rive droite fut retrouvé et l'accusa; un forgeron de Koulikoro, Samba-Koto, complice de Yéro Kane, qui avait passé le fleuve avec lui, l'accusa également; alors l'interprète avoua :

1° Avoir fréquemment assisté, dans la maison de Samba-Koto, à des conciliabules où se tramaient des projets hostiles aux Français (cette maison était le lieu de réunion des Toucouleurs de la rive droite, marchands ou autres, qui venaient librement chez nous);

2° Avoir fait le voyage mentionné en compagnie de Samba-Koto et d'un sofa de Mandani déguisé en marchand;

3° S'être mis en rapport avec un marabout de Ségou qui devait lui fournir du korté pour empoisonner M. Hourst, enseigne de vaisseau, commandant du *Niger*, seul chef en ce moment à Koulikoro; l'infirmier de la flottille, qu'il détestait, parce qu'on l'employait parfois comme interprète, et aussi le chef du village de Koulikoro;

4° Avoir formé le projet d'incendier les canonnières avec la complicité d'un ou de plusieurs laptots;

5° Avoir exigé, pour prix de sa trahison, d'être nommé chef de Barawelli, sur la rive droite.

Un seul laptot complice, Souraké, fut dénoncé par Yéro Kane et convint d'avoir assisté aux réunions qui se tenaient dans la maison de Samba-Koto.

Le 23 juin une cour martiale fut convoquée et le

9 juillet, après une réponse du commandant du Soudan, Souraké fut fusillé en présence des troupes de la garnison ; Samba-Koto était mort de la dysenterie et Yéro Kane s'était empoisonné quelques jours avant.

Nous n'avons jamais compris à quel mobile obéit Sorifili en vendant ainsi Yéro Kane ; il n'avait qu'à se taire pour laisser cette tentative de trahison impunie.

Mais avec les noirs tout est possible ; peut-être avait-il, en ce moment, l'intention de tromper son maître et de nous servir ? Ou bien, peut-être encore, Mandani lui avait-il réellement donné l'ordre de cesser toute relation avec Yéro Kane, de peur de se compromettre ? Cette supposition paraîtra assez plausible, si l'on rapproche de cet incident les instructions écrites adressées de Nioro par Ahmadou à Mandani, instructions qui ont été trouvées dans Ségou, après la prise de la ville.

Ahmadou, se sentant menacé, recommandait à son fils de ne rien faire qui pût fournir aux Français un prétexte pour attaquer Ségou, de se montrer au contraire conciliant, en ayant soin d'éviter les questions irritantes. Il lui rappelait en même temps que nous étions braves et forts, qu'il devait se tenir prêt à faire la guerre ; que dans ce but les meurtrières de son tata devaient être dégagées pour repousser une attaque possible et sa provision de poudre et de balles toujours tenue au complet.

Peut-être aussi Sorifili voulait-il, en nous donnant des gages de sa bonne foi, gagner notre confiance pour surprendre les secrets du commandant, connaître ses intentions futures sur Ségou et en prévenir le sultan? Nous l'ignorons encore, car nous n'avons pas voulu, sans ordres, nous engager en rien avec lui; nous avions tout lieu de supposer que nos troupes allaient, à la prochaine campagne, attaquer Ségou; nous devions nous-même aller au Macina en mission politique pour connaître les sentiments intimes du chef Mounirou à l'égard des Toucouleurs, mais il eût été dangereux de se fier trop complètement à cet homme.

Sorifili était l'homme de confiance de Mandani; il est très fin, retors comme tous les Toucouleurs, et nous n'avons certes pas la prétention de croire que nous lui avons fait dire ce qu'il avait intérêt à cacher; il est venu une deuxième fois sur notre rive peu de temps après cette première entrevue, et après l'exécution de Souraké. Nous l'avons évité.

On ne saurait trop prendre de précautions dans ces pays lointains où l'on est isolé et presque toujours plus ou moins à la merci des noirs; ainsi le jour où Souraké fut exécuté, de tout l'équipage européen de la flottille, trois hommes seulement, les deux fourriers et un voilier étaient valides; tous les gradés, dans l'impossibilité de marcher, étaient cloués sur leur lit par la fièvre. Et le peloton d'exécution, composé uniquement de laptots forcément armés, anciens camarades du condamné, n'aurait trouvé pour lui résister en cas de complicité que deux officiers et trois marins européens.

*
* *

Du 21 mai au 15 juillet, les bâtiments furent mis en état et les dernières installations faites à bord pour loger le plus commodément possible le personnel et emmagasiner les vivres et le matériel.

Au 15 juillet, les essais des machines avaient donné de très bons résultats ; la hauteur de l'eau sur les bancs ne nous avait pas encore permis de marcher en route libre, mais nous pouvions cependant télégraphier au commandant du Soudan :

« Suis heureux de pouvoir vous annoncer que grâce au concours absolument dévoué de tous, tant à Saint-Louis qu'au Soudan, les deux canonnières sont prêtes à remplir toute mission. Il ne nous manque rien. Le peu de hauteur de l'eau ne nous a pas permis encore de faire des essais en route libre, mais les essais sur place du *Mage* et du *Niger* ont été, de tous points, très satisfaisants. J'ai fait fonctionner machine Gramme et projecteur électrique du *Mage* pour la première fois sur les rives du Niger, le 14 juillet, au grand étonnement des indigènes; moyen précieux pour affirmer notre supériorité et augmenter à leurs yeux notre puissance. Moral de tous excellent. »

Les règlements nous permettaient de dépenser à Koulikoro, le jour de la fête nationale, une somme de cent cinquante francs et nous avions reçu l'ordre de tirer vingt et un coups de canon de quatre pour cet anniversaire.

Cette journée fut très gaie; il n'y eut pas de pluie et les laptots, joyeux du tam-tam qui leur était promis pour le soir, organisèrent dans l'arsenal les jeux et les amusements les plus variés; les Européens eux-mêmes y prirent part; il n'y avait parmi eux qu'un seul malade.

Villegente fut chargé de faire partir les salves d'artillerie. Nous n'avions pas de canons. Nos obus de Hotchkiss étaient trop précieux pour les consommer dans un salut en risquant d'ailleurs de blesser du monde; la difficulté fut tournée : nous possédions deux espingoles et une couleuvrine, on s'en servit. De huit heures du matin jusqu'à la nuit, ces petits canons ne cessèrent de faire du tapage et de résonner, à la grande joie de tous les indigènes et sans trop nous dépenser de poudre.

Les chasseurs du village reçurent chacun plusieurs charges de poudre pour un tir à la cible, à cinquante pas. C'était une façon de voir ce qu'ils pouvaient faire avec leurs fusils à pierre.

Les lots, pour les gagnants, étaient de vieilles étoffes de cadeau, condamnées et hors d'usage, du tafia, de la guinée, du calicot blanc et de la menue monnaie.

Les balles, dont se servaient les tireurs les meilleurs du village, étaient des cailloux à peu près ronds; les fusils à pierre et les projectiles n'étaient guère dangereux; ils étaient si mauvais que sur deux cents coups tirés aucun n'atteignit la cible.

Il y eut un concours plus sérieux au kropatschek (fusil à répétition en usage dans la marine) pour les laptots; les divers prix se composaient d'une certaine somme d'argent, d'étoffes et de noix de kolas.

Nos chalands furent armés et luttèrent ensemble; on organisa des joutes en pirogue et dans l'après-midi, quand le soleil eut baissé, des courses de chevaux pour les indigènes, des courses à pied pour les enfants du village, des mâts de cocagne, etc...

Dans la case du chef et sur la place où se tiennent les réunions des notables, on distribuait du dolo, boisson faite avec du mil fermenté et enivrante.

Nous avions, avec l'argent mis à notre disposition,

acheté du mil, du poisson, de la viande que l'on distribuait à tous ; la fête fut complète et N'Danforo vint, comme c'est l'usage, nous remercier.

Il était accompagné de son griot et d'une griote venue tout exprès de Bammako, ainsi que de plusieurs notables et chefs des villages voisins ; entre autres, celui de Manambougou, très vieux, fort buveur de dolo, un de nos partisans les plus dévoués, se faisait remarquer par son intempérance.

Ce dernier connaissait et aimait les Français de longue date, les canonnières ayant pendant longtemps stationné à proximité de son village.

Il avait, à notre demande, fait venir ses musiciens.

La variété et le nombre de leurs chants ont rendu très renommés les musiciens griots de Manambougou. On les cite comme les meilleurs du Méguétana.

Ils étaient venus quatorze, apportant les uns des flûtes ordinaires en bambou, les autres des tambours de différentes dimensions, peints en rouge et en bleu.

Les tambours les plus petits sont faits d'une calebasse coupée aux deux extrémités, les gros sont des troncs d'arbres creusés ; tous sont recouverts d'une peau de mouton convenablement préparée et tendue à l'aide de lanières de cuir fraîches, qui en se desséchant donnent un serrage énergique.

Comme chez nous pour nos grosses caisses, les musiciens portent devant eux leurs gros tambours qu'ils frappent avec un bâton recouvert de coton; mais pour faire résonner les petits qui, comme les nôtres, sont suspendus à hauteur de la cuisse, ils se servent simplement de leurs mains dont les doigts sont repliés et serrés les uns contre les autres.

Pour inviter à la danse et durant le tam-tam, ils frappent en mesure, mais presque toujours à contretemps, deux coups très rapprochés et très rapides sur les gros instruments et trois sur les petits; ces coups sont plus ou moins espacés suivant la rapidité de la danse.

Quand ils précèdent les chefs dans leurs visites officielles, l'allure est lente; les coups règlent la marche et le chant.

Il en est de même avant l'ouverture des tams-tams et avant les danses, quand les musiciens arrivent sur la place des palabres où ont lieu toutes les fêtes.

Tout d'abord le chef des griots va, en signe de soumission, s'incliner et toucher de la main droite le sol devant le personnage en l'honneur de qui le tam-tam est donné; pendant ce temps ses hommes se rangent avec leurs instruments, tout en chantant, de l'autre côté du cercle formé par les curieux et les danseurs, vis-à-vis de la place réservée aux notables et aux chefs.

Tout d'abord le chef des griots va, en signe de soumission, s'incliner.

Derrière eux et les suivant de près, entrent une vingtaine de jeunes filles dont les plus âgées ont à peine quinze ans. Elles sont conduites par un chanteur, danseur aussi de profession, qui, déguisé en négresse, règle la marche et la mesure du chant qu'accompagnent les tambours.

L'organisation et la réglementation de ces entrées, très bien ordonnées, impliquent chez les Bambaras une mise en scène théâtrale se rapprochant des coutumes scéniques en usage chez les Romains et les Grecs, tout autant que de nos habitudes modernes.

Les fillettes en habits de gala, boubous blancs et pagnes blancs à rayures bleues, rappellent les anciennes théories des jeunes filles d'Hellas.

Elles chantent en s'accompagnant avec les mains; les tambours résonnent doucement, quoique toujours à contretemps et appuient le chant du soliste déguisé en négresse, dont le motif n'est que d'une dizaine de mesures, après lesquelles toutes les voix reprennent en chœur.

Cela paraît extraordinaire et merveilleux de la part des noirs, quand depuis longtemps on a été abasourdi par l'horrible musique et le charivari des tams-tams vulgaires.

Les chants rendent grâce à la Divinité; on s'y réjouit de l'abondance de la récolte, qui permettra aux chefs de cases de mettre en réserve jusqu'à l'année suivante assez de grain pour nourrir toutes les personnes dépendant de leur autorité.

« Les captifs eux-mêmes auront aussi beaucoup de mil pour se nourrir jusqu'à la récolte prochaine », dit le chanteur. Ce présage, qui met tout le monde en joie, est repris et répété lentement par le chœur sur les indications du griot.

Aussitôt après les chants, pour ouvrir le tam-tam, le chef du village s'arme d'un sabre ou d'un fusil et fait quelques pas dans le cercle lumineux avant de venir s'incliner et toucher le sol avec son arme, devant le supérieur qu'il veut honorer.

Tous les assistants poussent alors des cris de joie en plaçant une main sur leur bouche et en l'ôtant rapidement; ils imitent ainsi, d'une façon assez originale, le cri des dindons : gouli, gouli, gouli, gouli...

Il est à remarquer que cette coutume et ce cri, employés pour exciter les danseurs, existent dans les danses des Mauresques, principalement en Algérie et en Tunisie.

Après avoir dansé très gravement, le chef du village fait entrer dans le cercle sa mère ou, à défaut, sa première femme, celle qui commande au logis, et à qui toutes les autres doivent le respect. Elle exécute allègrement, quoique souvent très vieille, quelques pas et, chose curieuse, se retire de même que toutes les femmes, sans venir s'incliner devant le chef qui préside aux réjouissances, comme le font tous les danseurs.

Nous parlerons plus longuement de la situation qui est faite à la femme, dans ces pays où elle est si peu considérée, quoique respectée ; mais dans ce cas particulier, faut-il prendre la coutume que nous signalons comme une marque de déférence des nègres vis-à-vis du sexe faible? Nous ne le croyons pas. Nous pensons plutôt que la soumission de la femme est si bien établie, que son salut peut être considéré par un chef comme une chose négligeable dont il n'a pas à tenir compte.

A mes questions sur ce sujet qui paraissaient l'étonner, N'Danforo répondait : « c'est la coutume », sans jamais m'expliquer pourquoi.

La danse commence enfin, libre pour tous; une danseuse s'élance ; il est nécessaire, pour qu'elle soit admirée, qu'elle piétine le sol en cadence, le buste un peu penché en avant. Le corps rigide est entouré d'un simple pagne ; la poitrine est nue ; ses bras étendus agitent, dans un balancement très lent, une bande d'étoffe qui imite des ailes. Le chef de l'orchestre se place devant elle, le tambour pendu au cou. A moitié accroupi sur les jambes, il l'excite de la voix et du geste en battant d'abord la mesure doucement, puis de plus en plus vite, jusqu'à ce qu'elle tombe épuisée dans les bras de ses compagnes.

Danseuse et griot musicien.

Une autre lui succède, ou bien elle est remplacée par un danseur.

Nous avons vu des danses de pêcheurs, de guerriers, de chasseurs et entendu des chansons de guerre, de chasse et de pêche que les griots chantent en même temps que ces danses, qui en général sont fort modestes.

Elles diffèrent du tam-tam ordinaire, car la mesure en est toujours plus lente; les hommes seuls y prennent part, les danseurs sont toujours complètement vêtus.

Tout en gesticulant très fort, ils ont leurs armes ou leurs engins de pêche et font le simulacre de chasser, de viser, d'épauler ou de pêcher; ils tirent au risque de les faire éclater des coups de fusils chargés jusqu'à la gueule.

Tous ces gens étaient ravis de la fête que nous leur donnions, d'autant plus que musiciens et danseurs avaient du dolo à boire presque à discrétion. Or, les Bambaras fétichistes sont peu sobres; quand l'occasion se présente, ils mangent et boivent surtout, d'une façon immodérée. Le tam-tam dura jusqu'au matin; à l'aube l'animation était encore extrême, ils dansaient toujours.

Ces sortes de réjouissances se font dans le pays quand il y a pleine lune, par économie, à moins de cas particuliers. Le 14 juillet 1889 le ciel était couvert, la lune parut à peine. On s'en passa en éclairant, faute de mieux, pendant la nuit, l'emplacement du bal avec des lampions faits d'une baguette en fer haute de 50 centimètres, plantée dans le sol et portant à son extrémité supérieure un godet plat rempli à moitié de beurre de karité, dans lequel trempait une mèche en coton. C'est la veilleuse en usage dans les cases.

Pendant quelques instants, le *Mage* éclaira brusquement la scène avec son projecteur électrique ; cette clarté soudaine et aveuglante fit pousser quelques cris, mais tous ces noirs ne nous parurent pas aussi surpris qu'on pouvait s'y attendre ; c'était cependant la première fois qu'ils voyaient la lumière produite par l'électricité.

Ils furent surtout étonnés quand, promenant le faisceau lumineux tantôt à droite, tantôt à gauche, dans la plaine et sur les arbres du village, ils virent s'envoler tous les oiseaux qui s'y étaient perchés pour passer la nuit et qui croyaient voir arriver le jour. Ils ont d'ailleurs une façon enfantine d'expliquer les choses qui les étonnent et qui viennent de nous. Ils disent, quand ils parlent un peu le français : « Ça, manière toubab. » Traduisez : C'est une façon de faire des toubabs (hommes blancs).

Manière toubab explique d'une façon satisfaisante pour eux les pêches miraculeuses faites à l'aide de la dynamite, la marche des trains et des canonnières à l'aide de la vapeur. Alors ils ne s'étonnent plus de rien. Il est admis que nous sommes des diables doués d'un pouvoir surnaturel pour certaines choses. A ce propos, une légende très vieille a cours dans le pays : il a été prédit que toute cette région appartiendrait un jour aux blancs; les vieillards nous ont affirmé le fait, le rapportant au conquérant El-Hadj-Omar, lequel a prévenu, paraît-il, ses guerriers qu'ils seraient battus par nous un jour, que nous nous emparerions même de Nyamina, mais que nous serions brisés devant Ségou malgré toutes nos machines de guerre. Ségou est pris maintenant, la légende a menti. En attaquant la ville sainte, nous avons osé ce que personne jusqu'à ce jour au Soudan n'avait tenté. Il n'en est pas moins curieux de constater combien notre influence grandit à l'aide des moyens que nous fournit la science pour frapper l'imagination de ces peuples. Et, si El-Hadj-Omar, ce grand manieur d'hommes, a réellement, avant sa mort, prédit d'abord nos succès, puis notre défaite, n'était-ce pas pour encourager ses fidèles, pour leur inspirer confiance le jour de l'attaque de leur ville, en leur assurant la victoire finale, malgré toutes nos diableries et nos inventions ?

Mais, en prévision de cette résistance, nous avions pris la précaution d'amener devant Ségou des canons de 95 centimètres et des obus chargés de mélinite; les Toucouleurs n'ont plus songé à leur vieille légende en voyant les premiers effets, inconnus pour eux, de ces armes qui les tuaient à plus de 3 kilomètres, et trésors, femmes, ville sainte, ils ont tout abandonné, sans tirer un coup de fusil.

*
* *

A la fin de juillet la saison devenait de plus en plus mauvaise ; le 1ᵉʳ août, deux hommes du *Niger*, Le Roux, second-maître de manœuvre et Matheis, deuxième maître mécanicien, incapables, vu leur état de santé, d'embarquer et de rendre des services à bord, étaient dirigés sur Bammako pour rentrer en France. Le climat les avait déjà usés et pour nous permettre d'aller, au premier ordre, sans à-coup et dans de bonnes conditions, où les instructions pouvaient nous envoyer, il nous fallait, malgré la mauvaise saison, de l'exercice et un peu de vie de bord.

Ces deux hommes n'étaient plus en état de supporter ces fatigues.

Un seul de nos indigènes avait chauffé au bois ; les mécaniciens étaient tous nouveaux ; du jour où les eaux ont permis le passage jusqu'au moment de notre départ, 16 septembre, les équipages ont été exercés et tenus en haleine par des appareillages, des tirs au fusil, au canon-revolver, de jour et de nuit, sur ballons éclairés à la lumière électrique.

A ce moment les commandants du *Niger* et du *Mage*

avaient tous leurs hommes en main et nous étions dans les meilleures conditions pour faire une longue campagne.

Les ordres que nous avions primitivement reçus prescrivaient : 1° de se tenir prêts à aller à Mopti, dans le Macina, à environ 400 kilomètres de Koulikoro, puis, par terre, en mission politique à Bandiagara porter des cadeaux à Mounirou et surtout connaître ses sentiments intimes à l'égard des Toucouleurs de Ségou (1); 2° de ne dépasser, sous aucun prétexte, le lac Déboë; de faire cette campagne avec les deux canonnières, car l'effet produit serait plus considérable, et de ne pas être absent plus de six semaines.

Ces instructions du commandant du Soudan furent modifiées et complétées; le 15 septembre, pendant qu'il était en France, nous reçûmes l'ordre d'aller explorer le Niger au nord jusqu'à Tombouctou, et à l'est jusqu'au quatrième degré de longitude Ouest. Il n'était plus question de Mounirou ; cet ordre émanant de Paris nous fut transmis par le gouverneur du Sénégal et le commandant par intérim.

(1) Poursuivi par Ahmadou, sultan de Nioro, son frère, Mounirou, vint en 1885 se réfugier chez nous et demander au colonel Frey aide et protection. Il vécut quelque temps dans notre poste de Bammako, puis alla dans le Macina, chez son cousin Tidiani, neveu d'El-Hadj-Omar, qu'il remplaça à sa mort (1887). Il était donc intéressant, à tous les points de vue, de savoir, en prévision de l'attaque de Ségou, si Mounirou et Ahmadou étaient réconciliés.

Le voyage de Tombouctou, qu'avait fait le lieutenant de vaisseau Caron en passant aussi par Bandiagara, avait duré quatre-vingt-dix-huit jours; il était parti le 1ᵉʳ juillet de Manambougou, dès les premières crues, et n'était de retour que le 6 octobre.

Nous allions partir, au contraire, au moment où la saison des pluies était presque finie, et au lieu de 800 kilomètres, que nous croyions faire pour le voyage de Mopti, c'était aller et retour 2,000 kilomètres à parcourir; peut-être nous faudrait-il aussi passer une année entière loin de nos postes, faute d'eau pour rentrer.

Pour aller au Macina, deux chalands pris à la remorque et dans lesquels on aurait logé du bois de chauffe et du charbon auraient suffi; tandis que pour aller à Tombouctou, même en nous surchargeant, il était indispensable d'en remorquer quatre à l'effet de porter les vivres nécessaires et le combustible.

Le 31 août, le *Niger*, dans une tornade, fut jeté à la côte et brisa complètement un des chalands neufs que nous avions; il en fut de suite construit un autre; six jours après sa mise en chantier, ce chaland, long de huit mètres, était prêt. Il portait facilement quatre tonnes. Quelques avaries insignifiantes d'une des hélices du *Niger* furent aussi très vite réparées.

Nous avions logé, tant à bord que dans les chalands, six mois de vivres, près de dix tonnes de charbon et tout le matériel qu'il fallait pour faire les réparations nécessitées par un échouage ou une avarie de machine.

Chaque embarcation avait un patron bambara; chaque canonnière un boulanger et un charpentier pris parmi les hommes de l'arsenal; un infirmier du Soudan était embarqué sur le *Niger*, qui n'avait pas de médecin-major.

Toutes les questions administratives telles que vivres, solde du personnel de l'arsenal restant à Koulikoro et dépendant de la flottille, étaient réglées; la tâche journalière des charpentiers et des manœuvres était fixée en raison de notre absence; nous n'avions plus qu'à allumer les feux et à partir.

Le courrier porteur des instructions ministérielles n'arriva à Koulikoro que le 15 septembre dans l'après-midi; ces instructions confirmaient les dépêches reçues de Kayes.

On ne nous ordonnait pas d'aller en mission politique au Macina, mais bien d'affirmer notre protectorat jusqu'à Tombouctou, au nord, sans dépasser à l'est le quatrième degré de longitude Ouest.

CHAPITRE VI

Départ le 16 septembre pour Tombouctou. — Nyamina. — Ségou. — Le sultan Mandani. — Son père Ahmadou, roi de Nioro. — De la puissance des Toucouleurs. — Sansanding. — Peuplade du Sarro. — Chef du Sarro. — Diafarabé dans le Macina. — Arrivée à Mopti. — La canonnière *Niger* en avaries. — Départ du *Mage*. — Lac Déboë. — Sa formation. — Courant du Niger. — Retard des crues à Tombouctou. — Discussion de ce phénomène particulier. — Régime du fleuve.

Le 16 septembre 1889, à huit heures du matin, le *Mage* et le *Niger* appareillèrent de Koulikoro pour Nyamina; le 17, de Nyamina pour Sama, où nous sommes arrivés la nuit (1).

Les machines fonctionnaient bien et nos quatre chalands se comportaient d'une façon satisfaisante; les chauffeurs devenaient plus exercés; il nous fut possible,

(1) Nous avons indiqué, sur notre carte du Cours moyen du Niger, les deux villages de Sama, Sama-markala, Sama-foulala. De même que près de Koulikoro, sur la rive droite, Dnan-bamana, Dnan-markala (comme les nomment les indigènes). Ces deux villages ont des populations distinctes, l'une de Bambaras, l'autre de Markas, qui semblent être des métis de Soninkès (Sarrakolès) et avoir occupé le pays et le Markadougou, avant l'invasion des Bambaras. Ils vivent, comme on le voit, complètement à part, en assez bons termes avec les Bambaras; comme les Sarrakolès ils sont très commerçants.

après avoir fait du bois, d'aller dans la journée du 18 de Sama à Ségou et de Ségou à Sansanding.

A Ségou les habitants bambaras et somonos étaient sur la berge, sans armes, pêle-mêle, hommes, femmes et enfants, pour nous voir passer.

La partie ouest de la ville, réservée au sultan, était garnie de Toucouleurs, de Talibés et de Sofas (1).

Nous étions pressés, nous n'avions pas à entrer en relations amicales avec Mandani, ni à lui faire de cadeaux au nom du commandant du Soudan; les deux bâtiments défilèrent sans stopper devant la ville avec une vitesse de 6 à 7 nœuds.

Au retour et en remontant avec peine le courant très rapide en cet endroit, il nous fut facile de nous rendre compte de l'état de la défense et des points faibles des murs d'enceinte; de noter très exactement le nombre des portes donnant accès sur le fleuve ainsi que leur largeur et leur orientation.

En amont et en aval, c'est-à-dire à l'Est et à l'Ouest, il existe en dehors de Ségou, sur le fleuve, des villages bambaras de Somonos pêcheurs; les cases de ces villages s'étendent dans la plaine jusqu'aux murs de la citadelle.

(1) Les Talibés, venus à la suite d'El-Hadj, sont des guerriers de race toucouleure, les conquérants du pays; ils forment une caste privilégiée, exempte d'impôt. Après les Talibés viennent les Sofas, sujets asservis, Malinkès, Bambaras et autres, soldats permanents de l'empire.

Nous pûmes noter qu'il serait facile d'y loger quelques bons tireurs pour protéger des ouvriers devant établir, pour une colonne d'assaut, un pont volant d'une de ces cases à la crête.

Au bord du fleuve et à l'angle ouest, le rempart avait été rongé par les eaux; néanmoins les défenses étaient sérieuses; les triples enceintes en pierres protégeant la demeure du sultan paraissaient avoir de 3 à 4 mètres d'épaisseur à la base.

Sur la rive gauche, le terrain est plat; un seul petit monticule rougeâtre se trouve en face du village somono est; le fleuve a une largeur de 1200 mètres.

Il y a sur cette rive trois petits arbres du haut desquels on ne peut rien voir ni rien dominer.

L'empire de Ségou, une des conquêtes d'El-Hadj-Omar sur les Bambaras, comprenait, au moment de notre passage, la capitale, Ségou-Sikoro et toute la région comprise entre le Niger et le Mayel-Balével, depuis Manambougou jusqu'au Sarro.

Ce territoire était peuplé de villages Bambaras (cultivateurs et somonos), Markas, Toucouleurs et Sarrakolès. Un grand nombre de tribus Peuhls nomades, venant du Bondou, à la suite d'El-Hadj, ou du Macina, parcouraient la contrée à la recherche de pâturages pour leurs nombreux troupeaux.

Les Toucouleurs avaient apporté, du Fouta, leurs instruments et leurs procédés de culture ; les femmes la façon de filer le coton et de confectionner des étoffes moins grossières que celles des Bambaras. Aussi les pagnes de Ségou étaient-ils fort recherchés.

L'ensemble de la population s'élevait à 80 000 habitants, répartis dans 150 villages environ ; Ségou ayant 6 000 habitants.

Quant à l'armée elle n'avait aucune organisation sérieuse, tous les chefs ne vivant que de pillages, les sofas étant à peine nourris et peu payés. Elle s'est évanouie aussitôt la prise de Ségou ; et depuis, tous les Toucouleurs ou Foutankès, habitant le pays, ont émigré en masse, avec leurs familles, pour retourner dans leur ancienne patrie le Fouta et le Bondou, sur les bords du Sénégal.

Quelques-uns ont emmené leurs troupeaux et leurs captifs, mais la plupart de ces derniers ont été distribués par nous à nos auxiliaires, militaires ou autres. A quelques exceptions près les conquérants ont donc disparu.

Depuis la prise de Ségou (90) et de Nioro (91) il ne reste plus que des tronçons de l'immense empire d'El-Hadj : Dinguiray et le pays avoisinant, entre le Fouta-Djallong et le Sénégal, où commande un frère d'Ahmadou, Aguibou, qui vient de faire sa soumission, et enfin le Macina où règne toujours Mounirou.

En septembre 89, Mandani était le chef du pays, car Ahmadou son père, fils d'El-Hadj-Omar, était parti de Ségou-Sikoro en 1885, pour soumettre Montaga, un autre de ses frères, qui commandait à Nioro pour lui et qui s'était révolté.

En partant pour cette expédition, Ahmadou laissa dans la ville son fils Mandani pour le remplacer pendant son absence et emporta en or, dit la légende, vingt charges d'homme, soit 500 kilos du précieux métal. Les trésors accumulés par El-Hadj furent enfouis dans son palais (1).

Ahmadou communiquait facilement de Nioro avec son fils; nous laissions passer les courriers, mais il lui était impossible de quitter le Kaarta, sur le Sénégal, en face de Kayes, pour rentrer à Ségou.

Il ne pouvait pas passer par nos postes et la route qu'il avait suivie à l'aller lui était barrée par les Bambaras, nos alliés, établis sur la rive gauche du Niger.

De plus, ses guerriers, déjà vieux, ne voulaient pas livrer de nouveaux combats ni quitter leurs possessions du Kaarta pour venir dans le Ségou.

(1) Trois cent mille francs trouvés après la prise de Ségou, livrés par le gardien de ces richesses, se composaient de bagues, tours de cou et bracelets enfouis depuis de nombreuses années dans une case qui ressemblait à toutes les autres.

Les Toucouleurs sont des musulmans fanatiques; partout ils ont opprimé les Bambaras et les autres peuplades fétichistes, à qui ils ont essayé d'imposer leur religion.

Toucouleur.

A Ségou ils ne vivaient que de pillage et de rapines.

Ils sont à cause de leurs croyances nos ennemis les plus acharnés; et bien que plus intelligents que les Bambaras, d'un caractère plus difficile et beaucoup moins souple.

La destruction de la puissance de Ségou ne peut donc être un mal, mais il est indispensable d'écraser Ahmadou qui ne nous pardonnera jamais de lui avoir pris sa ville sainte et ses trésors, et qui sera toujours prêt à s'allier à nos ennemis pour les recouvrer (1).

(1) Les nouvelles les plus récentes du Soudan nous apprennent qu'Ahmadou, chassé de Nioro par nos troupes en janvier 1891, cherche

On objectera peut-être qu'Ahmadou est pour nous un contre-poids dans ces contrées, et que les Bambaras, voyant leur ennemi séculaire réduit à l'impuissance, pourront un jour se réunir et se liguer contre nous; ce n'est là qu'une crainte chimérique, attendu qu'il sera toujours facile de faire naître des divisions parmi ces peuplades jalouses les unes des autres, trop peu intelligentes d'ailleurs pour former une coalition redoutable.

A Sansanding la population est bien disposée en faveur des Français.

Les habitants, des Soninkès, sont libres et braves; ils sont constamment, et comme partout au Soudan, en lutte avec leurs voisins; un de leurs troupeaux venait d'être razzié, mais ils espéraient bientôt prendre leur revanche.

Ils peuvent mettre en ligne cinq ou six cents fusils; peut-être, en m'en parlant, le chef a-t-il exagéré sa puissance, néanmoins Sansanding résiste bien à toutes les attaques et les habitants détestent les Toucouleurs de Ségou qui les ont en partie ruinés, en empêchant le commerce par pirogues sur le fleuve.

à se réfugier dans le Macina. S'il réussit à supplanter son frère Mounirou, chef actuel du pays, nous aurons en lui un voisin des plus dangereux, nous barrant la route de Tombouctou et de Saï.

Aucune embarcation ne pouvait en effet passer devant Ségou sans être arrêtée, et les gens qui la montaient étaient pris, tués ou réduits en captivité.

Le fleuve fait un coude assez brusque vers le sud à Sansanding et, par cela même, les canonnières y sont plus à l'abri des tornades qu'en aucun autre point.

Nous y avons trouvé des marchands qui étaient allés souvent, quand le fleuve était libre, jusqu'à Tombouctou, et pris un pilote ayant fait déjà ces voyages en qualité de patron d'une pirogue chargée de marchandises.

En quittant Sansanding on rencontre, sur la rive gauche du Niger, le Moninfabougou dont le chef est M' Boroba-Koulobali.

Le Moninfabougou est placé sous notre protectorat depuis 1887 et s'étend jusqu'à Diafarabé.

La peuplade du Sarro habite sur la rive droite du fleuve, depuis Sansanding jusqu'au Macina ; elle tire son nom de la capitale Sarro qui n'est pas connue.

Les habitants sont libres et se distinguent des tribus voisines parce qu'ils forment en quelque sorte une petite république. Ils nomment leur chef et lui obéissent aveuglément, chose rare en pays noir.

Le chef élu a tous les pouvoirs ; on ne discute jamais ses ordres.

Ils sont fétichistes et ont comme armes des flèches et

des sagaies empoisonnées dont ils savent adroitement se servir.

Grâce à ces flèches, ils ont résisté victorieusement à El-Hadj-Omar et les Toucouleurs de Ségou n'ont jamais pu les anéantir. Bien que peu nombreux, vingt mille tout au plus, ils sont craints de leurs voisins, qui ne connaissent pas le moyen d'empoisonner leurs armes (1), à tel point que les gens de Djénné, dans le Macina, leur payent tribut.

Pendant ce voyage, le but était de se créer partout des amis, et nous nous proposions surtout d'attirer à nous les ennemis des Toucouleurs, de façon à barrer avec leur aide la route du Macina aux mahométans de Ségou.

Il ne fallait pas, en effet, que nos futurs ennemis pussent se réfugier après avoir été battus chez leurs coreligionnaires du Macina. Nous fîmes pour cela, à notre retour, des cadeaux aux chefs du Moninfabougou et du Sarro : nous reviendrons plus longuement sur ce sujet.

Appareillés de Sansanding le 21 septembre au matin, nous mouillions de nuit le même jour à Diafarabé.

(1) Nous apprenons, en mars 1891, que, dans un engagement de nos troupes avec les gens de Samory, sur la rive droite du Niger, plusieurs tirailleurs ont été atteints par des flèches empoisonnées et sont morts une heure ou deux après avoir été blessés. Nos renseignements personnels nous permettent cependant de dire que, ni les Toucouleurs de Ségou, ni les Macinéens, voisins directs des gens du Sarro, ne connaissent le moyen d'empoisonner leurs armes.

Diafarabé dépend du Macina.

Un notable de cette ville fit prévenir Mounirou que les canonnières françaises lui apportaient des cadeaux et que l'envoyé du commandant supérieur, désirant les porter lui-même à Bandiagara, allait avec les deux bâtiments, à Mopti, attendre sa réponse.

De Koulikoro à Diafarabé nous n'avions trouvé que des peuples amis. Avant notre départ, à plusieurs reprises, nous avions envoyé des courriers dans les États de M' Boroba-Koulobali pour lui dire que les canonnières allaient passer, qu'elles auraient besoin de bois; aussi le bois était-il prêt quand nous arrivions; il ne nous restait alors qu'à faire le plein de nos chalands, et nous ne perdions pas une heure.

Au contraire, en partant de Diafarabé, le 21 septembre au matin, nous entrions dans le Macina où les chefs sont sinon ouvertement hostiles, du moins très fanatiques et peu désireux d'entrer en relations amicales avec des Européens (1).

Le 21 au soir, au mouillage de Mopti, nous avons pu

(1) Il existe au Macina trois races distinctes : les Foulbés ou Macinéens aux traits fins et réguliers, aux lèvres peu projetées, qui sont métissés d'éléments non nigritiques; les Peuhls de race rouge, originaires de l'Est, qui n'ont rien de commun avec les peuples qu'ils ont asservis; les Foutankès ou Toucouleurs du Fouta, venus des bords du Sénégal, entraînés par El-Hadj-Omar à la conquête du Macina, les maîtres actuels du pays.

nous rendre compte que si, d'une part, les Peuhls et les Macinéens ou Foulbés originaires du Macina sont plus tolérants et de liaison plus facile, d'un autre côté leurs maîtres, les Foutankés, ne les laissaient pas libres d'agir

Village Peuhl de Mopti.

à leur guise et leur interdisaient toutes relations avec nous.

Aucune pirogue n'est venue à bord ; le lendemain seulement, dans la soirée du 22, la communication avec la terre a été permise par Boubakar, chef militaire des pirogues du Macina.

A cette époque de l'année le pays est inondé; les communications entre villages ne se font que par pirogues; tous les habitants en connaissent la manœuvre; le nombre des pirogues de guerre s'élève à trois cents, pouvant contenir chacune de dix à douze hommes. Boubakar était donc un très grand chef. Il ne voulut pas accoster le *Mage* et resta par notre travers près de la rive, à 200 mètres du bord; nous allâmes le trouver avec le canot Berthon. Dans sa pirogue se trouvaient ses hommes de confiance, armés de fusils et de lances; presque tous étaient vêtus de guinée bleue; leur tête était entourée d'un turban; beaucoup étaient entièrement voilés.

Après un long entretien, nous réussîmes à faire comprendre à Boubakar que, désireux d'entrer en relations amicales, nous n'avions aucune intention hostile; qu'au contraire, voisins d'un chef puissant, nous venions apporter des présents à Mounirou.

Boubakar nous promit d'envoyer prévenir son maître de notre arrivée; puis il laissa les habitants nous vendre des vivres frais et du bois de chauffe qu'ils allaient chercher à un jour de marche dans les terres, avec des pirogues.

Les jours suivants il nous envoya du lait, des œufs, du miel, comme cadeaux; sa foi en notre science était telle que son frère conduisit à bord pour la faire soigner une de ses filles qui souffrait d'une ophtalmie.

D'autres malades vinrent aussi; les Peuhls et les Foulbés avaient pleine confiance en nous, nous leur achetions tout ce qu'ils pouvaient nous vendre : lait, moutons, poulets, œufs, miel, pigeons, nattes et couvertures en laine, soit avec de l'argent, soit en échange d'étoffes; tout cela ressemblait à de la franche amitié.

Cependant le pays était troublé; Mounirou avait disait-on peu de puissance; un griot Fareba, du parti des Foutankès, nos ennemis, vint nous faire de grandes protestations : il fut bien reçu, nous lui fîmes même quelques cadeaux.

Notre demande d'aller à Bandiagara porter les présents du commandant du Soudan restait sans réponse et ne paraissait pas devoir être accueillie.

Un jour, l'attitude des habitants changea brusquement; ils devinrent plus réservés. Un Sarrakolè venu de Kayes au Macina pour y faire du commerce, nous dit que les envoyés de Mounirou allaient nous signifier de quitter le pays; le 25 septembre, nous savions, à n'en plus douter, que les Foutankès désignés à Bandiagara pour venir en mission près de nous avaient été pris dans le parti hostile aux blancs et imposés à Mounirou. Ce choix était significatif et ne permettait pas d'espérer pour l'instant aucune solution pratique. Ces gens venaient en effet nous dire de partir, de ne pas dépasser Mopti et nous intimer l'ordre de rentrer au Soudan. A quoi bon les attendre pour faire surgir des complications? Nous ne pouvions d'ailleurs pas obéir à leurs injonctions; nos instructions à ce sujet étaient formelles :

« Dans le cas fort peu probable, nous avait écrit le commandant du Soudan, où la réponse de Mounirou serait défavorable, vous vous contenterez, sans insister pour le voir, de lui faire dire que votre mission comprend une reconnaissance du lac Déboë; que vous allez vous y rendre sans nouer aucune relation politique avec ses sujets, et que, s'il changeait d'idée pendant votre absence, il vous fasse prévenir à votre retour à Mopti, ou même à Diafarabé. Vous iriez alors jusqu'au lac Déboë, sans le dépasser, et reviendriez aussitôt; ce voyage n'ayant d'autre but que d'assurer votre liberté d'action et d'empêcher les indigènes de croire que vous revenez en arrière sur l'injonction de Mounirou ».

De plus, notre mission au Macina n'était que secondaire, puisque le 15 septembre, c'est-à-dire postérieurement aux instructions du commandant du Soudan, nous avions reçu l'ordre transmis par le gouverneur du Sénégal, d'aller explorer le Niger au nord et à l'est et d'atteindre Tombouctou pour affirmer la réalité de notre protectorat sur les diverses régions qui se sont unies à nous.

Il importait donc, avant tout, au risque même de rester un an éloigné de nos postes à cause de la baisse du fleuve, d'arriver jusqu'à cette ville. A notre retour au Macina nous verrions si pendant notre absence Mounirou n'avait pas changé d'idée à notre égard, et alors nous nous efforcerions de connaître ses véritables sentiments au sujet des Toucouleurs de Ségou. En cette occurrence le mieux était donc de quitter Mopti.

D'autant plus que le *Niger*, resté en arrière par suite de la rupture de trois tubes de chaudière, n'était arrivé que le 22 au mouillage. Cette avarie et les craintes de son commandant au sujet de sa machine (1) ne nous permettaient pas de lui faire continuer la route; nous dûmes nous séparer de lui.

M. l'enseigne de vaisseau Hourst, après avoir été mis au courant de la situation troublée du pays, eut pour instructions de ramener Mounirou, pendant notre absence, à des sentiments plus amicaux et de préparer l'accomplissement de notre mission à Bandiagara. Il devait nous attendre deux mois et rentrer seul au Soudan, si le 26 novembre le *Mage* n'était pas de retour.

A cette date le *Niger* pouvait encore rallier Koulikoro

---

(1) M. Hourst nous écrivait dans son rapport au sujet de l'avarie qu'il y avait cinquante chances sur cent pour que, avant un mois ou un mois et demi, une de ses chaudières fût hors de service.

et en prévision de l'attaque de Ségou il était préférable d'avoir une canonnière au Soudan plutôt qu'à Mopti, où, pendant la saison sèche, elle ne pouvait être d'aucune utilité sérieuse, tant pour le *Mage* que pour les troupes de la colonne.

La mission de rester à Mopti deux mois et de ramener Mounirou à de meilleurs sentiments était une tâche qui demandait beaucoup de patience, de ténacité, de souplesse, de fermeté, d'énergie et une profonde connaissance du caractère noir. Le *Niger*, en demeurant au Macina, pouvait en quelque sorte être considéré comme une arrière-garde que nous laissions là, avant de nous lancer dans l'inconnu. Le cas échéant, si par suite d'avaries ou de la baisse des eaux le *Mage* restait en détresse, M. Hourst pouvait, par les pirogues du pays ou bien, après être retourné à Koulikoro, nous envoyer des chalands légers chargés de matériel et de vivres.

Le *Niger* était le lien qui nous réunissait au Soudan.

En Afrique, aussi bien dans la région des grands lacs qu'au Gabon et au Tchad, le chef de l'arrière-garde de toute expédition doit s'armer de patience, surtout s'il ne se trouve pas en pays ami, pour éviter que le chemin de retour ne soit coupé à la mission dont il fait partie, par suite de complications survenues de son fait.

Sa ténacité doit être extrême car, si fatigantes que

soient les marches et les journées de chauffe, il est peut-être aussi pénible de rester en arrière, dans une inaction forcée et complète. D'autant plus que le manque de nouvelles, l'ennui, l'isolement (conséquence de l'hostilité latente des indigènes), et parfois aussi la maladie, l'esprit d'indépendance incitent au retour.

Si le caractère n'est pas d'une trempe à toute épreuve, on admet comme vraies les nouvelles les plus étranges, les plus fausses, telles la mort de Stanley, peut-être même celle de Crampel, puisque Brazza télégraphie 26 juillet 91 : « Nous n'avons pas encore l'explication du retour de Nebout (commandant de l'arrière-garde). Le désastre total de la mission paraît douteux. » Et alors vient l'affolement.

Le rôle d'un commandant d'arrière-garde est de se créer des amis parmi les habitants, pour que le retour de la mission ou bien sa marche en avant ne soit pas entravée; tous les moyens pacifiques, persuasion, flatterie, argent, cadeaux doivent être employés. Et, à sa ténacité, à sa patience, à sa souplesse, il doit joindre une énergie peu commune et une profonde connaissance des indigènes : ne se laisser effrayer ni par les menaces, ni par les bruits qu'ils répandent, pas plus qu'il ne convient de s'inquiéter hors de raison de leurs démonstrations hostiles. Il doit éviter d'en venir aux coups, mais dans l'intérêt de tous, mieux vaut, pour le chef de l'arrière-garde d'une expédition en Afrique, marcher en avant que de rebrousser chemin, si pour une raison ou pour une autre il est obligé de quitter le lieu fixé pour un rendez-vous.

Les indigènes sont par leur nature orgueilleuse, déjà trop enclins à se croire très forts pour qu'en aucun cas on obéisse aux injonctions d'un Mounirou ou de tout autre chef noir.

La sécurité de l'expédition entière repose sur l'observation de cette règle primordiale.

Le 26 septembre au matin, le *Mage* partait seul de Mopti remorquant deux chalands chargés de vivres et de bois de chauffe; le 27 au soir nous mouillions à l'entrée du lac Déboë.

La température de cette région n'est plus la même, l'air est beaucoup plus chargé d'humidité qu'à Koulikoro; la chaleur lourde, accablante, est aussi plus difficile à supporter.

Ce pays rappelle, à s'y méprendre, le delta du Tonkin dans ses parties non cultivées, surtout les environs d'Haidzuong.

Dans la plaine inondée on ne voit pas un arbre à l'horizon : de grands vols d'énormes sauterelles qu'au début nous prenions pour des oiseaux peuplent cette solitude. De loin en loin quelques rares villages ou plutôt quelques huttes, juchées sur de petites éminences entourées d'eau paraissent perdues dans ce pays désolé. Là poussent quelquefois trois ou quatre roniers (1).

Jusqu'à Diafarabé, le Niger coule sur des terrains sablonneux, dans une direction comprise entre le Nord-Est et l'Est-Nord-Est. Il se partage alors en deux branches qui coulent presque parallèlement au Nord-Est pendant près de 250 kilomètres comprenant entre elles un marécage immense, et se jettent enfin, l'une près de l'extrémité Est, l'autre près de l'extrémité Ouest du lac Déboë.

Dans ce delta gigantesque les herbes atteignent 4 ou 5 mètres de hauteur ; la profondeur de l'eau varie entre 3 et 4 mètres.

La branche de l'Ouest est la moins navigable ; près du lac, les berges s'élèvent et deviennent rocheuses : là sont des tourbillons et des rapides difficiles à franchir.

La branche de l'Est, au contraire, est d'une navigation facile ; elle reçoit à Mopti les eaux du Mayel-Balével et se divise un peu plus loin donnant ainsi naissance au Koly-Koly.

Ce dernier bras ne pénètre pas dans le lac, mais est

(1) Arbres qui portent un bouquet de longues feuilles à l'extrémité d'un stipe élancé.

rejeté à droite par les escarpements qui déterminent dans l'Est la limite du Déboë; il ne rejoint le Niger qu'un peu en amont de Safay.

Le Koly-Koly aurait, suivant le pilote, une eau assez profonde pour permettre le passage des canonnières; mais les herbes y sont tellement touffues qu'un bâtiment à hélice ne doit pas s'y engager; les pirogues ne le prennent jamais.

Le lac Déboë a la forme d'une ellipse dont le grand axe dirigé Est et Ouest atteint près de 20 milles. La rive de l'Est est bordée d'une crête rocheuse dont la hauteur moyenne est de 30 mètres; au Nord, le terrain s'abaisse et le lac est limité par des berges sablonneuses de 3 ou 4 mètres d'élévation qui se relèvent peu à peu en s'étendant dans l'Ouest. Au Sud-Ouest, le sol est élevé, les rochers apparaissent. Au Sud enfin, la rive est tellement basse que la moindre crue la fait disparaître; le lac ne fait plus qu'un avec le delta et s'étend pour ainsi dire jusqu'à Diafarabé. Seul, un monticule isolé de 50 mètres, le mont Saint-Charles, domine sur la rive Sud le marécage.

Les deux branches du Niger traversent le lac presque en ligne droite et s'en échappent, au Nord, par deux issues larges chacune d'environ 50 mètres.

A l'époque des crues, le courant qui est de 4 à

Niger et lac Déboë.

5 nœuds à l'entrée, tombe à 1 nœud et demi à la sortie. A l'endroit où le Niger se jette dans le lac, la profondeur de l'eau diminue considérablement et presque tout à coup, tombe de 7 à 3 mètres, profondeur moyenne du lac.

Cette différence considérable est évidemment due aux dépôts successifs du fleuve qui, par suite de la différence des courants à l'entrée et à la sortie, a abandonné sur tout le fond du Déboë et du marais une couche sédimentaire uniforme. Ces amas de vase, de sable, de détritus, exhaussant peu à peu le fond du lac, ont dû forcément déterminer l'extension considérable de ses rivages. Partout où nous avons passé dans le Déboë et le marécage, la profondeur de l'eau était presque uniformément de 3 mètres.

Les deux branches du fleuve convergent peu à peu au sortir du lac et se réunissent à Safay, à 250 kilomètres de là. Elles coulent tantôt entre des berges sablonneuses de 4 à 5 mètres d'élévation moyenne, tantôt en pays plat.

Avant Safay, le fleuve s'élargit par l'appoint des eaux du Koly-Koly et du marigot de Saraijamo un peu en amont de Koriétago; on n'est plus alors qu'à un jour de marche de Tombouctou. Enfin, 500 kilomètres plus loin, à Tosaye, au moment où le fleuve s'infléchit définitivement vers le Sud, il subit, d'après Barth, un étranglement soudain entre des berges escarpées.

On sait qu'à Tombouctou la crue du fleuve au lieu de se produire à la même époque qu'au Macina, éprouva un retard de six mois.

Barth a noté ce retard et écrit :

« Le Niger offre, en comparaison de la période des crues d'autres fleuves africains situés au nord de l'Equateur, des anomalies de la nature la plus étonnante et bien propres à exciter l'étonnement profond et les méditations de quiconque s'occupe, en connaissance de cause, de ce genre de phénomène. La crue périodique des fleuves de ce continent étant due à la saison des pluies tropicales, on supposait naturellement que le Niger doit, comme la Benouë et le Nil, atteindre sa plus grande élévation en août et septembre. Or, dans l'état actuel de la science et de notre connaissance de ces régions, il n'est pas possible d'expliquer complètement à quelle cause peut être dû le fait étonnant que cette vérité n'existe qu'en partie pour le Niger.

« En effet, d'après les observations les plus minutieuses que je fis sur les lieux, le Niger moyen croît chaque année jusqu'à la fin de décembre ou le commencement de janvier, sans décrue avant le mois de février; par contre, le Niger inférieur, à l'endroit où il porte le nom de

Kouara, n'atteint son niveau le plus élevé que vers la fin d'août ou le commencement de septembre et ne décroît que dans la première moitié d'octobre, exactement comme le Nil et le grand affluent oriental du Niger inférieur, la Benouë.

« Pour nous rendre compte, autant que possible, de ces phénomènes, il faut nous représenter les caractères différents de ces fleuves. La Benouë, par exemple, après avoir pris la direction de l'Ouest, la conserve en n'en déviant que fort peu; le grand fleuve occidental, au contraire, décrit les trois quarts d'un cercle, et comme il n'a que peu de pente dans la plus grande partie de son sinueux trajet, les eaux qui y affluent des régions lointaines, mettent beaucoup de temps à atteindre son cours moyen. Les pluies qui tombent sans interruption dans les pays du Wangaraoua, ou Mandingues du Sud-Ouest, depuis le mois de septembre et d'octobre jusqu'à la fin de novembre et même dans le courant de décembre, ne cessent d'alimenter le fleuve près de Tombouctou; car de ce qu'il pleut dans les régions situées à la hauteur du Sierra Leone et du Cap Palmas jusqu'à la fin de septembre et même en octobre, on peut conclure, avec un certain degré de certitude, qu'il en est de même sur le littoral; ce fait est confirmé, du reste, par les observations de Caillé sur les pluies, faites à Kakondi et Timbo.

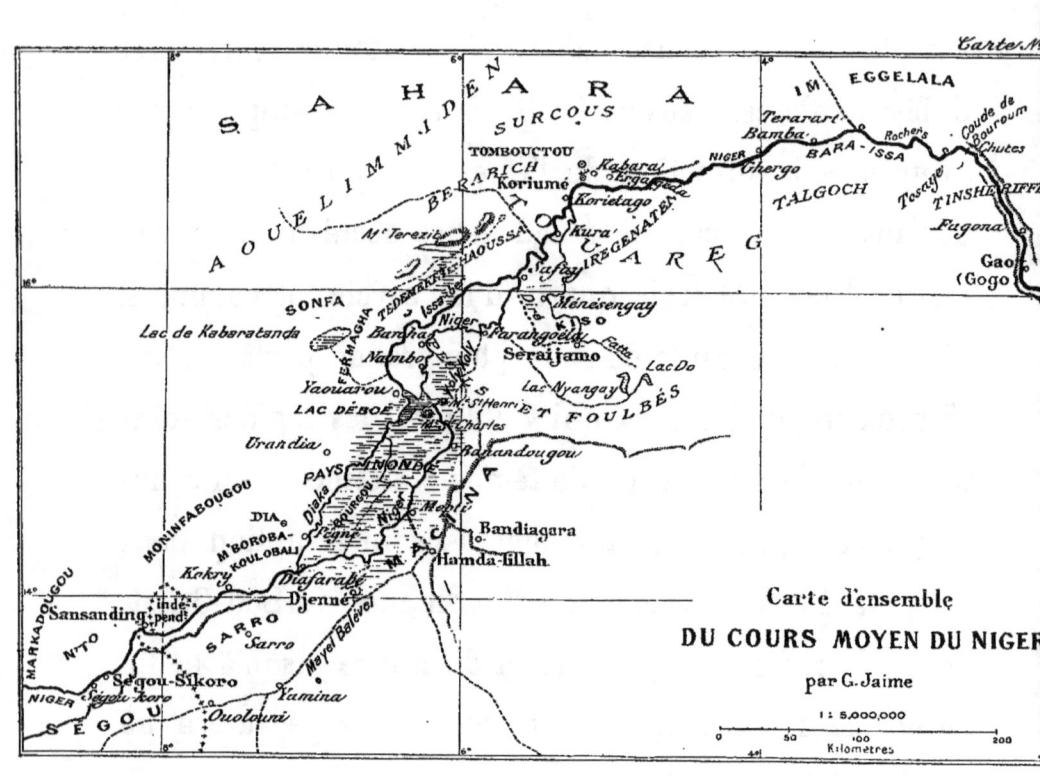

Dans les montagneuses régions méridionales de l'Abyssinie, dont la latitude correspond exactement à celle des sources du Niger, on a également constaté des pluies continuelles pendant le mois de septembre.

« Tout le pays qui s'étend entre *Djénné et Tombouctou* est, en général, extrêmement plat, de sorte que le fleuve, qui *le parcourt très lentement* et en décrivant de très nombreuses sinuosités, non seulement *occupe un lit très large et s'étend loin dans la contrée*, mais forme encore un grand nombre d'amas d'eau et de lacs, dont le plus grand est apparemment celui que Park et Caillé nous ont fait connaître sous le nom de Debo ou Debou.

« Par contre, le fleuve n'a plus que quelques centaines de pas, au-dessous de Bamba et principalement dans le pays nommé Tinscheriffen ; il en résulte que ses eaux, après s'être étendues sur un immense espace du pays, n'ont plus la force qu'elles auraient sinon, et qu'elles conservent leur élévation ou même gagnent encore en largeur et en profondeur à l'époque où la crue due aux pluies a déjà cessé dans les régions supérieures du fleuve.

« C'est ainsi que je m'explique un fait si opposé à tous les phénomènes observés relativement aux pluies et aux crues des fleuves, tant au nord qu'au midi de l'Equateur, et qui prêtent au Niger supérieur un caractère commun avec le Gabon et d'autres fleuves de la ligne équinoxiale qui atteignent leur plus haut niveau en février. Des explorations ultérieures et les observations des voyageurs européens qui pourraient pénétrer dans les contrées de l'intérieur par les colonies de l'Algérie, du Sénégal, de la Gambie, du Sierra Leone ou des bouches du Niger, contribueront à éclaircir ce fait remarquable (*Voyage en Afrique*, T. IV, p. 70). »

Barth, qui n'a vu ni le Macina, ni le lac Déboë, ne pouvait donner d'explication meilleure pour ce phénomène ; il est d'ailleurs arrivé très près de la vérité ; les quelques erreurs matérielles provenant de ses hypothèses, telles que le peu de rapidité du cours du Niger entre Djénné et Tombouctou, tandis qu'il faudrait écrire entre le lac Déboë et Tombouctou, et encore la grande largeur du fleuve entre ces mêmes points, ce qui n'est exact, au contraire, qu'entre Djénné et le lac, ne changent rien à la vérité de sa thèse.

Le retard de la crue du Niger à Tombouctou est dû à plusieurs causes : 1° à ce que depuis Diafarabé jusqu'au lac Déboë, sur un espace immense de près de 250 kilomètres, le pays est presque de plain-pied avec le fleuve formant un réservoir gigantesque où l'excès des eaux trouve un déversoir naturel; 2° à l'étranglement des deux branches du Niger à leur sortie du lac Déboë; 3° à l'étranglement de Bamba et de Tosaye.

Lorsqu'en juin les premières pluies de l'hivernage ont commencé à grossir les eaux du Niger, le fleuve déborde presque aussitôt et, franchissant des berges à peine indiquées, il se répand sur la région du Macina, non seulement dans le delta compris entre ses deux branches, mais encore au sud-est, au delà de Bandiagara.

A cause du peu de déclivité du sol au nord du lac Déboë et des berges à peu près suffisantes pour maintenir le fleuve dans son lit, les eaux ne s'écoulent que difficilement vers Tombouctou et le lac s'étend sans cesse en augmentant très peu de profondeur pendant tout le temps que dure la crue à Koulikoro.

Au moment où les eaux ont atteint leur maximum à Koulikoro la crue est à peine sensible à Tombouctou. Peu à peu le fleuve grossit et l'étranglement de Bamba et de Tosaye devient insuffisant à son tour. Longtemps encore le Déboë déversera le trop-plein de ses eaux et la crue grandira sans cesse jusqu'au moment où le fleuve atteindra à Tosaye une profondeur et une rapidité suffisantes pour que son débit soit en rapport avec celui du lac. Le Niger ne reprendra son cours normal qu'après que tout le trop-plein du Déboë aura eu le temps de s'écouler.

Si l'on calcule, autant qu'on peut le faire avec des données aussi inexactes, la quantité d'eau emmagasinée dans toute la partie submergée du Macina, on trouve en effet qu'une élévation de 2 ou 3 mètres, comme celle qui se produit, est bien plus que suffisante pour alimenter pendant six mois la crue de Tombouctou, et l'on arrive à un résultat satisfaisant si l'on admet que l'énorme évaporation qui doit se produire sur cette nappe immense d'eau surchauffée par un soleil ardent, en enlève une partie.

En résumé, que l'on supprime, soit le lac Déboë, soit le premier étranglement qui en est la cause déterminante, la crue sera rapide, soudaine à Tombouctou, grâce à l'étranglement de Bamba, et non en retard de six mois; qu'on supprime l'étranglement de Bamba, il n'y aura, à Tombouctou, qu'une crue insignifiante, grâce au lac régulateur.

Le 28 septembre 1889, à la pointe du jour, nous passions le lac Déboë. C'est également la route des pirogues; elles sont obligées d'y naviguer très près des rives pour se haler à la cordelle ou de choisir de petits fonds pour pouvoir pousser avec leurs perches.

Cette navigation est dangereuse, car si dans cette situation il survient une tornade, s'il s'élève même simplement une brise un peu fraîche, beaucoup de ces embarcations se perdent, soit qu'elles se défoncent en talonnant, soit qu'elles se brisent contre la berge ou les rochers.

Ajoutons à cela qu'elles sont grossièrement construites

en planches non clouées, mais fortement liées entre elles avec des cordes du pays.

Leurs coutures ne sont pas étoupées, les indigènes ne connaissent ni le goudron ni le brai. Cependant on nous a assuré que certains d'entre eux se servent d'une sorte de résine ou gomme pour mastiquer les coutures de leurs embarcations. Nous n'avons jamais vu, sur le Niger, de pirogues ainsi perfectionnées.

Les canonnières qui, déjà sur le fleuve, ont à souffrir des tornades, en sont encore plus incommodées sur le Déboë et peuvent se trouver dans une situation critique lorsque sur ce lac immense où la mer est très forte, elles sont surprises par des orages d'une violence extrême.

Pour se mettre à l'abri des lames il ne faut pas hésiter à s'engager dans les roseaux du delta où la houle diminue et finit par disparaître complètement.

On peut y entrer sans crainte ; au retour (1) nous avons fait fausse route et, après avoir traversé le Déboë, au lieu de pénétrer directement dans la branche orientale du Niger que nous avions suivie à l'aller, nous nous sommes engagés sur la droite, dans un cul-de-sac qui nous conduisit au milieu des herbes.

(1) Nous nous permettons d'anticiper sur les évènements et de raconter un incident de notre voyage qui aurait peut-être été mieux à sa place plus loin, lorsque nous ferons le récit de notre retour ; nous avons cru devoir l'intercaler ici puisque nous parlons du lac Déboë.

La hauteur de l'eau était partout la même, c'est-à-dire de 3 mètres ; la sonde que nous avions jetée à plusieurs reprises ne nous avait donné que des différences à peine sensibles. La nuit venait ; il fallait à tout prix sortir de cette impasse. Pour ne pas perdre un temps précieux à rechercher de nouveau l'amorce du Niger, nous avons, après avoir reconnu notre position, franchi environ 1500 mètres à travers les roseaux et rejoint enfin la vraie route, sans toucher une seule fois.

La coutume veut que les propriétaires des pirogues fassent un cadeau au pilote après l'heureuse traversée du lac ; le pilote lui-même jette dans le fleuve au moins une noix de kola pour remercier son fétiche, ou s'il est musulman, Allah, de lui avoir été favorable.

CRUES ET COURANTS DU NIGER.

Depuis le 16 septembre, jour de notre départ de Koulikoro, jusqu'au 3 octobre, date de notre arrivée à Koriumé, nous avons très exactement suivi le chenal indiqué par les cartes, d'abord parce que nous étions pressés et qu'il était prudent de prendre une route connue, qu'en outre en suivant les grands fonds, nous trouvions un courant plus fort.

Notre route s'en trouvait peut-être un peu allongée

mais nous avions, croyons-nous, avantage à passer, non pas par le plus court chemin, mais bien dans le chenal où un courant plus rapide augmentait d'autant notre vitesse.

A l'encontre de ceux du fleuve Rouge, au Tonkin, les bancs du Niger ne varient que très peu ; le sable du fond étant toujours rocailleux et jamais vasard, excepté dans la région avoisinant le lac Déboë.

Il nous a été possible de contrôler la carte du lieutenant de vaisseau Caron et nous n'avons jamais touché en suivant la route qu'il indique.

Ce chenal n'est cependant pas le seul ; pour éviter un trop fort courant, nous préférâmes, sans inconvénient, souvent d'autres passages pour le retour.

A Koulikoro, du 22 mai, jour de la première crue, au 16 septembre 1889, le fleuve a monté de 5^{m}25 ; dans cet intervalle il s'est produit quatre baisses successives et le Niger n'a commencé à monter, sans mouvement de recul, que le 4 juillet. Le 15 il n'y avait pas encore assez d'eau sur les bancs qui entourent le mouillage de Koulikoro pour permettre de les franchir ; nous estimons cependant qu'au delà, le chenal eût été praticable pour les canonnières et la navigation libre sur le fleuve depuis le 8 juillet.

De Koulikoro au lac Déboë, en septembre, nos sondes

ont accusé 3ᵐ,50 de plus que celles marquées sur la carte; nous ne parlons bien entendu que du chenal. Dans le lac la différence en plus n'était que de 2 mètres; de même à Safay; enfin elle n'était plus que de 1ᵐ,25 à Koriumé.

Nous avons appris qu'après notre départ de Koulikoro, le 16 septembre, le fleuve avait encore monté pendant quelques jours jusqu'au 20; après trois ou quatre jours d'étale, il avait baissé à partir du 25.

A notre retour de Koriumé, à la pointe de Safay, le 7 octobre, le fleuve montait et un matin, à la chasse, nous avons été fort surpris de voir la plaine s'inonder; l'eau y pénétrait par un petit ruisseau que nous avons été obligé de contourner qui venait du fleuve et qui n'existait pas deux heures auparavant.

A Mopti, le 14 octobre, nous avons pu constater que depuis notre premier passage le fleuve avait grossi d'environ 50 centimètres, qu'il restait étale et ne baissait pas encore.

A Kokry, au contraire, dans le Moninfabougou, le fleuve baissait le 18 octobre.

A Koulikoro, à notre arrivée le 25 octobre, le fleuve avait baissé de 1ᵐ,50 en un mois.

On peut, avec ces données, et en se servant des indications de Barth relatives à la région de Tombouctou, indiquer pour ces différents lieux, l'époque des plus hautes eaux du Niger.

Koulikoro.	Mopti.	Safay.	Tombouctou.
20 septembre.	15 octobre.	Décembre.	Janvier (sans décrue avant février).

La vitesse du courant variant chaque jour, nous la donnons pour les points où nous n'avons pas séjourné, avec les dates de notre passage aller et retour.

Koulikoro.	Mopti.	Toy.	Lac Déboë.		
			Côté Sud.	*Milieu.*	*Côté Nord.*
16 sept. : 3 nœuds. 25 oct. : 3 nœuds.	25 sept. : 3 nœuds. 14 oct. : 3 nœuds.	27 sept. : 3 nœuds 5. 10 oct. : 4 nœuds.	27 sept. : 10 oct. : 1 nœud 5.	27 sept. : 10 oct. : Presque nul.	27 sept. : 10 oct. : 1 nœud 5.
			Le courant portant un peu à l'Est.		

Du lac Déboë à Safay le courant du Niger varie entre $1^n,5$ et 2 nœuds ; à Safay ainsi qu'à Tombouctou il n'est que de $2^n,5$ en octobre.

CHAPITRE VII

Pays différents du Macina. — Safay. — Les Touaregs. — Quatre cavaliers viennent nous insulter. — Leurs menaces, leurs danses guerrières. — Kura. — Envoi à terre d'une corvée de bois. — Entretien amical avec les Touaregs. — Leur chef Salsibile. — Départ de Kura. — Mouillé presque aussitôt à cause du mauvais temps. — Un chaland est envoyé à l'abri dans les herbes. — Attaque de cavaliers et de fantassins Touaregs. — Nous sommes dans l'obligation de nous servir de nos canons pour dégager notre chaland. — Arrivée à Koriumé, port de Tombouctou.

Le 28 septembre, après le passage du lac, nous nous sommes trouvés, avec une surprise agréable, dans un pays tout différent de celui où nous étions quelques heures auparavant. Dans cette partie du Macina le sol est inondé en certains endroits, mais il y a des arbres, des habitants, des troupeaux qui n'existent pas sur la rive Sud. On rencontre des centres importants, preuve que non seulement les indigènes peuvent cultiver la terre, mais encore y vivre sans crainte des inondations.

Un peu après le grand village de Farangoëla, dans un coude très brusque du fleuve dont la largeur à cet endroit est à peine de 30 mètres, une dune de sable blanc, haute de 5 mètres, apparaît soudain sur la rive droite, au bord de l'eau.

Le pays des marais est loin derrière ; partout nous trouvons maintenant du bois de chauffe pour la machine.

Dans cette route, à travers un pays assez cultivé et fertile, les habitants nous ont offert des vivres frais que l'on achetait presque toujours, sans même stopper la machine. Les indigènes faisaient sur la berge de longues courses pour vendre leurs produits, surtout du poisson et des moutons. Les uns demandaient en échange de la guinée bleue, d'autres du calicot blanc; beaucoup refusaient l'argent.

Ils sont loin de Bandiagara, capitale du Macina, lieu de résidence de Mounirou, par conséquent un peu plus indépendants. Nous citons ces faits, car ils indiquent bien que si les Foutankès musulmans qui ont asservi les Peulhs et les Foulbés nous sont entièrement hostiles, au contraire ces derniers, les anciens maîtres du Macina, ne voient aucun inconvénient à commercer avec des blancs.

Le 30 septembre nous étions à Safay (nom sonraï (1) de

---

(1) Les Arabes appellent le sonraï l'idiome du Soudan, Cust, *The modern Languages of Africa*, t. I, p. 248, mais ce nom convient incontestablement mieux à l'idiome Haoussa. Les Sonraïs habitent au nord-est du Macina, par 16° de latitude, dans la région où le Niger ayant atteint la partie septentrionale de son cours, descend par un coude brusque vers le sud-est. Hovelacque, *op. cit.*, p. 172.

la pointe qui sépare les deux Niger, lesquels réunis forment l'Issa-Ber); nous entrions là en pays ennemi.

Les Touaregs établis sur les deux rives nous connaissent de réputation. Ils savent que si nous pénétrons chez eux aucun pillage ne sera toléré sur le fleuve, tandis que les pirogues, lourdement et richement chargées, leur payent toutes des tributs onéreux que fixe leur fantaisie.

Depuis Mopti on rencontrait souvent de ces grandes pirogues, longues de 20 mètres, larges de 3; elles allaient les unes à Farangoëla, les autres à Tombouctou.

La disette était grande dans les États de Mounirou; la récolte du mil et surtout du riz au Macina n'avait cette année-là rien produit, excepté près de Mopti et de Djénné. Les pirogues transportaient des vivres pour les habitants des pays que la sécheresse n'avait pas permis de cultiver.

Elles avaient, attachées à leurs flancs et pendues au dehors, des calebasses et des outres pleines de provisions que l'on vendait chemin faisant.

Les passagers se tenaient sur la paillotte qui protège les marchandises contre la pluie; les femmes et les enfants étaient réunis, à notre approche, dans l'intérieur; ils étaient tous peu rassurés. Ils nous regardaient nous déplacer avec stupéfaction. Beaucoup n'ayant jamais vu ni de vapeurs, ni d'hommes blancs, nous leur faisions dire qu'ils pouvaient continuer leur route en toute assurance; que nous ne leur voulions aucun mal.

La paillotte qui couvre ces embarcations de bout en bout a deux portières, une de chaque bord au centre du bâtiment. Par là on les vide, car les pirogues, faites en planches, ajustées tant bien que mal et reliées entre elles simplement par des cordes, font beaucoup d'eau; il y a toujours un ou deux hommes employés à les étancher.

Elles n'ont ni mâts ni voiles et marchent le long des rives, poussées à la perche ou halées à la cordelle.

Le *Mage* a eu plusieurs fois l'occasion de se servir de ses voiles. Beaucoup de piroguiers l'ont vu marcher ainsi; peut-être l'idée viendra-t-elle à un patron intelligent de nous imiter. Une voile leur serait très utile; mais tranchant sur l'horizon de la plaine, elle serait en quelque sorte un signe de ralliement pour les pillards; c'est pour cette raison, sans doute, que les patrons préfèrent se passer d'un auxiliaire précieux afin de pouvoir se glisser, tant bien que mal, mais sans être vus, entre les roseaux de la rive.

A Safay, l'aspect général du pays varie encore; les grandes plaines commencent et les arbres deviennent de plus en plus rares; à notre passage le sol n'était pas encore couvert par les eaux, mais le fleuve, grossi par les pluies, était difficilement contenu dans son lit par des berges à peine indiquées. L'espace immense qu'habitent les Touaregs commence à ce point et s'étend au nord jusqu'à l'Algérie; le Sahara est leur domaine.

A l'ouest et au nord leur territoire confine à celui des Arabes; au sud et à l'est à celui des noirs. Ils passent pour les moins altérés des Berbers, malgré certains mélanges avec les Arabes. Ils sont, dit Périer, de haute taille, ont un front élevé, le nez petit, la bouche moyenne, la barbe noire et rare, les cheveux noirs et lisses, les mains petites et bien faites, le teint blanc plus ou moins hâlé. De haute taille, dit Elisséiw, bien musclés, de teint clair; face ovale, nez droit et petit; indice céphalique variant de 72 à 74.5 (1).

« Ils sont pasteurs et nomades, vivent volontiers de pillage, n'ont aucune industrie. Il y a chez eux des tribus religieuses, des tribus de serfs, confédérées sous un chef. » Hovelacque et Hervé, *Précis d'anthropologie*, p. 545.

De tous les explorateurs qui ont atteint Tombouctou, Barth a pu mieux que tout autre nous laisser des renseignements précis sur les Touaregs, puisqu'il a vécu, comme chacun sait, sous leur tente, de la même vie, pendant de longs mois, étant l'hôte et le protégé du cheik Sidi-El-Bakay, dont le fils Abiddin, chef du Fermagha, a été tué en 1889 par des partisans de Mounirou.

(1) *Revue d'Anthropologie*, 1886, p. 354.

Barth cite, comme la plus importante et comme exerçant une sorte de souveraineté dans le pays, la famille des Aouelimmiden, divisée en 29 tribus nobles, auxquelles sont agrégées trente-huit tribus Imrhad ou serves (1).

Ces tribus nomades habitent au nord et au nord-est de Tombouctou et comprennent d'après Barth 14,938 tentes.

Les Tademekett ou Tedemeket, de race berbère comme les Aouelimmiden, sont établis sur les deux rives du Niger, de Safay à Tombouctou. Ils habitaient anciennement plus à l'est l'Aïr et l'Adar, d'où ils furent chassés par les Aouelimmiden, probablement aussi le Haoussa (2), puisque le chef d'une de ces tribus interrogé par nous répondit qu'il était de la tribu des Haoussas, que ne cite pas Barth.

On distingue plus particulièrement sous le nom de Touaregs Iregenaten, ceux des Touaregs Tademekett qui habitent la rive droite du fleuve; l'ensemble des tribus Tademekett formerait d'après Barth 10,920 tentes.

Plus à l'ouest, sur la rive gauche, on trouve les Berabich, qui sont en lutte constante avec les Aouelimmiden ; Lenz a déjà signalé cet état permanent d'hostilité.

A leur sujet, les auteurs ne sont plus d'accord;

---

(1) Camille Sabatier, *Touat, Sahara et Soudan*, Paris, 1891, p. 173.
(2) Voir notre carte d'ensemble. *Introduction*, carte n° 1.

tandis que les uns, comme M. le commandant Deporter, nous disent que la tribu des Berabich se compose de 1,200 tentes, réparties en 21 tribus, dont il donne les noms, d'autres, comme M. Sabatier (*Touat, Sahara et Soudan*, page 177), ne peuvent croire qu'une confédération de 1,200 tentes puisse lutter contre les Aouélimmiden.

Et, en admettant neuf habitants par tente et un dixième de population esclave nègre, il obtient, pour la tribu des Berabich, le chiffre de 30,900 habitants.

Il arrive d'après les mêmes calculs au chiffre de 600,000 habitants Touaregs et esclaves (p. 176) pour la région comprise au-dessous du Hoggar entre l'Aïr et les Berabich, sans dissimuler, dit-il, « qu'à suivre notre inspiration personnelle, nous écririons plutôt le chiffre de un million ».

Quant à nous, à bord du *Mage*, il nous a été impossible d'apprécier de façon précise le chiffre de la population; mais, il fut facile de constater qu'entre Safay et Tombouctou, à perte de vue dans la plaine et au bord du fleuve, où venaient forcément boire les troupeaux, il n'existait, sur ce parcours d'environ 100 kilomètres, que deux campements touaregs sur la rive droite et trois sur la rive gauche.

Ils étaient souvent très près; à Koriumé les tentes

s'élevaient au plus à 200 mètres du *Mage*. Il est vrai, d'ailleurs, qu'ils se sont empressés de les plier et de partir la nuit même qui a suivi notre arrivée, malgré toutes nos protestations d'amitié.

Cependant, nous avons pu voir que chacun de ces campements ne comprenait pas plus d'une cinquantaine de tentes et que la population était à peine de cinq ou six personnes par tente.

De plus, nous n'avons jamais rencontré de tribus Tademekett ou autres ayant une moyenne de 440 tentes, comme le dit M. Sabatier (*Touat, Sahara et Soudan*, page 173).

Il se peut que ces tribus aient été fractionnées au moment de notre passage; nous n'insisterons donc pas.

Mais, puisque le chiffre de la population nous occupe, nous nous permettrons d'anticiper sur les événements et de dire que d'après nos renseignements pris à Koriumé, Tombouctou n'a pas maintenant plus de 3,500 habitants, au lieu de 16,000 et 20,000, chiffres donnés par Barth et par Lenz.

Or, M. Sabatier, pour arriver au total de 600,000 habitants cité plus haut, s'appuie sur les renseignements de Barth, très précis sans doute, au moment du passage du célèbre explorateur (1850-55), mais erronés maintenant.

Depuis vingt-cinq ans, la ville a été à peu près ruinée

par les Touaregs; et les rares caravanes qui viennent du Maroc ou de la Tripolitaine à Tombouctou n'apportent pas par an plus de cinq cents charges de chameau de marchandises dont le quart a peut-être une origine européenne. A ce sujet M. Sabatier écrit (*op. cit.*, p. 192) :

« Le commerce avec Tombouctou a lieu par caravanes de très inégale importance. Les unes, les grandes, celles que les indigènes nomment « akhabar », n'ont lieu que deux fois par an, la première en mai, la deuxième en octobre. Les deux caravanes se composent ensemble de huit à dix mille chameaux. »

Le 3 octobre à Koriumé il n'était nullement question de l'arrivée de caravanes de cette importance ; nous ne pouvons que maintenir les chiffres cités plus haut quant au commerce actuel de Tombouctou par caravanes. Dans le chapitre qui va suivre le commerce de cette ville par pirogues sera exposé longuement.

Les Touaregs, gens nomades, vivent sous des tentes, mais ils ont aussi des villages qu'habitent leurs captifs achetés aux marchands ou souvent pris de force ; ces esclaves, parqués la nuit tous ensemble, sont employés le jour à garder les troupeaux de la tribu, à cultiver un peu de mil pour eux et leurs maîtres ; ils s'adonnent peu à la pêche et sont si nombreux qu'ils forment quelquefois le quart de la population.

Les villages de captifs ne sont que des installations passagères et ne peuvent indiquer, par la forme de leurs constructions, ni les tendances, ni l'histoire de l'habitation chez les Touaregs. Les cases sont variées par cela même que les serfs sont d'origine différente; les unes sont rondes et, bien que plus élevées et plus larges, ressemblent aux gourbis que nous construisions sur la route de Kayes à Koulikoro, et dont nous avons précédemment parlé. D'autres ont des toits pointus comme chez les Malinkès; aucune n'est construite comme le font les Bambaras, ni surtout recouverte en terre.

Il doit bien exister cependant des Bambaras captifs chez les Touaregs; mais la construction d'une case est longue, il faut des bois très forts pour soutenir la toiture et ces bois n'existent pas au-delà de Kura. Puis, les razzias continuelles qui obligent les Bambaras ainsi que les Toucouleurs à ne pas employer le chaume dans leurs constructions ne sont pas redoutées des Touaregs.

Les Bambaras et les Toucouleurs, ainsi que les gens de Sansanding et du Sarro, sont constamment en lutte avec leurs voisins; ils ont, pour se mettre à l'abri des incendies, supprimé les toitures en chaume.

Au contraire les Touaregs nomades vont au gré de leurs désirs, là où les pâturages sont les meilleurs, et n'ont aucun voisin dangereux à redouter. Comme ils n'ont pas à défendre telle ou telle région, ils ne sont pas obligés d'élever des villages ou des villes durables. Personne d'ailleurs n'ose les attaquer.

Entre Safay et Kura, le 1ᵉʳ octobre au soir, quatre cavaliers touaregs ont quitté, en nous voyant, leur campement situé sur la rive droite et sont arrivés à toute bride par notre travers, à peine à 50 mètres du *Mage*. Ils avaient la figure en partie voilée, le nez même était couvert par leur soudna; leurs chevaux étaient petits, mais vifs.

Les Touaregs portent à leur bras gauche, à l'aide de quelques courroies attachées au centre, un bouclier en peau de bœuf non tannée et tendue sur deux ou trois traverses de bois; en général ils tiennent de la main gauche une ou deux sagaies.

Ces cavaliers, aussi redoutables pour les caravanes qui traversent le Sahara que pour les marchands qui se risquent sur le Niger, portent à la ceinture des sabres grossiers, assez courts, dont la poignée est en forme de croix, à la main droite une pique ou une lance, quelquefois deux, dont le bois est mince et long.

Ils s'aident de cette pique plantée en terre pour sauter sur leurs chevaux. Pour donner une idée de la longueur de cette arme on peut dire qu'un homme à cheval, lorsqu'il laisse reposer cette lance par terre, en a le fer à hauteur des yeux.

Les Touaregs ont des vêtements amples, aux manches

Cavaliers Touaregs et le *Mage*.

larges et flottantes, en guinée bleue; quelques-uns sont vêtus de blanc.

Tous ont la figure couverte par leur soudna qu'ils ne quittent jamais, même pour manger.

L'expression de ce haut de figure jaunâtre chez les uns, brunâtre et d'un blanc terreux chez les autres, est féroce et comique tout à la fois lorsqu'ils poussent leur cri caractéristique et qu'ils se livrent à leur danse guerrière dans le but de provoquer ou d'effrayer leurs ennemis.

Ces quatre cavaliers étaient venus pour cela.

A peine arrivés à notre hauteur, le *Mage* continuant tranquillement sa route, ils nous ont lancé dans leur langue gutturale toutes les injures qu'ils pensaient devoir être le plus désagréables.

Comme nous diminuions de vitesse pour leur demander ce qu'ils voulaient, ils ont sauté tous les quatre en bas de leurs chevaux laissés libres, pour se livrer à une danse de guerre vraiment curieuse.

Ils s'avançaient dans la direction du *Mage*, l'œil farouche, faisant résonner leur bouclier qu'ils frappaient sur leur genou gauche; puis, voyant que notre émotion n'était pas très grande, ils s'excitaient peu à peu, sautaient en l'air en frappant toujours leur bouclier et en nous menaçant de leur pique qu'ils faisaient le geste de lancer contre nous; ou bien encore, au comble de l'excitation, ils s'accroupissaient à terre, derrière leur faible peau de cuir, pour bondir de nouveau et recommencer leurs sauts, leur grotesque pantomime et leurs menaces.

Ils criaient à tue-tête : « Allah y Allah, Dieu est Dieu! »

Dans leur ignorance, ils pensent nous faire ainsi une injure très sensible.

Cette phrase a, supposent-ils, le don de nous exaspérer; elle indiquait à ce moment tout le mépris que nous leur inspirions en ce sens que nous croyant aussi fanatiques et aussi intolérants que les Arabes musulmans au milieu desquels ils vivent, ils s'imaginaient par ce cri nous signifier que notre religion est mauvaise et fausse, que la seule vraie est celle de Mahomet; Allah y Allah! Dieu est Dieu!

Ils hurlaient ces mots en nous les jetant pour ainsi dire à la face (bien que les Touaregs ne soient pas tous musulmans et n'aient pas la réputation d'être de fervents disciples du prophète), pour montrer combien ils nous dédaignaient et nous croyaient faibles.

Il est incontestable que s'ils avaient eu affaire à des Arabes en force dont ils eussent insulté la croyance, ces derniers n'auraient pas hésité à entrer en lutte avec eux, ce que cherchaient tout simplement ces Touaregs dans leurs grossières et puériles provocations.

Toutes les précautions étaient prises à bord pour repousser une attaque.

Depuis Mopti, nous ne vivions qu'en branle-bas de combat; nos fusils à répétition étaient approvisionnés, les canons-révolvers avaient leur champ de tir bien dégagé et étaient prêts à faire feu. La nuit, chacun couchait à son poste de combat, et les filets d'abordage, que nous avions pris la précaution de faire fabriquer à Koulikoro, étaient mis en place chaque soir de sorte que personne ne pouvait monter à bord par surprise.

En réalité, tous ces peuples ne pouvaient rien contre nous; tout au plus avions-nous à redouter une attaque de nuit avec des pirogues, mais nos filets d'abordage nous en garantissaient, ou bien une embuscade dissimulée le jour sur la rive, dans quelque coude brusque où le fleuve a moins de largeur.

Tant que le *Mage* n'avait pas d'avaries, qu'il ne nous fallait pas faire à pied, sur les rives, exposés à toutes les attaques et à toutes les embûches, un pénible chemin de retour, que pouvions-nous craindre de plus?

Nous étions les maîtres sur le fleuve pendant la durée des hautes eaux; nous pouvions à notre fantaisie nous approcher ou nous éloigner des berges; peu nous importaient la danse quelque peu macabre, les injures et les gestes épileptiques de ces bandits. Nous les regardions très curieusement, la lorgnette à la main, en amateurs que ce spectacle intéressait au point de vue ethnologique. Nos yeux suivaient dans tous leurs mouvements ces êtres bizarres, horribles, étranges; notre impassibilité augmentait leur rage, car ils n'avaient pas l'habitude de se voir aussi froidement dédaignés.

A bord les hommes étaient calmes.

Avant de continuer notre route, il ne fallait pas cependant laisser croire à ces Touaregs que nous avions peur.

L'interprète leur demanda, sur notre ordre :

— Que voulez-vous? Que venez-vous faire ici?

Ils répondirent : *Nous venons pour nous battre.*

De suite la canonnière gouverna droit sur eux et s'approcha encore de terre; il y avait de l'eau pour elle jusqu'à la berge. En voyant cette manœuvre ils s'arrêtèrent instantanément.

L'interprète leur cria encore : « Nous, nous ne voulons que vivre en paix. Les blancs ne craignent personne toutefois, et si vous le désirez, ils vont engager la lutte. Mais vous êtes bien fous de venir attaquer des Européens dont vous ne connaissez pas la puissance; qui peuvent, sans s'approcher davantage, vous tuer tous les quatre avec leurs armes perfectionnées. »

Le *Mage*, à ce moment, longeait la rive; il n'y avait aucun pli de terrain, aucun buisson abritant d'autre troupe dans la plaine; seuls ces quatre cavaliers s'étaient arrêtés à le considérer à moins de trente pas.

Nous continuâmes notre route sans tirer sur ces forcenés, téméraires et insolents mais braves, qui ne se doutaient pas, dans leur simplicité sauvage, du danger auquel ils s'exposaient bénévolement.

Nous mouillions le 1ᵉʳ octobre 1889 au soir à Kura, et le 2, à la pointe du jour, nous fîmes du bois, car d'après nos renseignements, de Kura à Tombouctou, sur un parcours de 50 kilomètres, il ne fallait plus compter trouver un arbre sec ou vert.

Les hommes de corvée étaient tous armés et protégés par des factionnaires, le terrain boisé se prêtant à une embuscade; en outre un laptot monté dans la mâture, sur les barres, devait prévenir de l'approche de tout individu suspect.

Vers sept heures du matin la vigie signala des cavaliers.

On entassa sur la rive le bois coupé; le canot Berthon servit pour en apporter une partie; tous les hommes rentrèrent à bord aussitôt, car nous ne voulions pas les laisser à terre avant de nous être assuré des dispositions plus ou moins hostiles des gens qui arrivaient.

Ils étaient une quinzaine à cheval, tous vêtus et armés comme ceux que nous avions aperçus la veille.

Ils s'approchèrent prudemment, un à un, et, après les salutations d'usage, leur chef, ayant la main droite levée, la paume tournée de notre côté en signe de paix, nous demanda des cadeaux.

Ce chef, nommé Ahmadou, était de la tribu des

Haoussas. Il nous apprit la mort de Liouarslish, chef des Touaregs Tademekett à l'époque où le lieutenant de vaisseau Caron fit l'expédition de Tombouctou.

Depuis, son frère Salsibile l'a remplacé.

Quant à lui-même, Ahmadou, il était, prétendait-il, un aussi grand chef dans sa tribu que Salsibile dans la sienne.

Il demanda si à côté de Safay nous n'avions pas rencontré des cavaliers.

Cette question faite à brûle-pourpoint était la preuve qu'Ahmadou avait été informé de notre passage par les quatre cavaliers rencontrés la veille ; ce qui indique avec quelle promptitude les Touaregs se transmettent les nouvelles et peuvent se rallier pour une attaque.

Il avait la préoccupation évidente de savoir si notre canonnière était bien celle que ses congénères lui avaient signalée et si nous n'étions pas, par hasard, suivis d'un autre bâtiment. En effet, comment pouvait-il soupçonner que nous eussions été la veille interpellés par des cavaliers touaregs, et quel autre intérêt avait-il à nous poser cette question?

Comme rien n'était à craindre ni à dissimuler, l'interprète lui raconta la scène de Safay, disant bien haut que ces pillards ne nous inspiraient aucune peur, mais que désireux d'éviter toute querelle nous n'avions pas voulu leur infliger la leçon qu'ils auraient cependant méritée.

Il lui dit encore que s'il voulait faire connaître à Salsibile notre arrivée, notre désir de le voir, et venir lui-même à Koriumé, port de Tombouctou, il recevrait un beau cadeau pour nous avoir apporté des paroles de paix et souhaité la bienvenue dans son pays.

Il le promit.

On le prévint alors qu'ayant besoin de bois, nous allions en faire couper, surtout puisque nous étions amis, mais que les hommes seraient armés et riposteraient à toute attaque.

Le canot Berthon retourna immédiatement à terre; les laptots débarquèrent et la corvée de bois recommença sous les yeux des cavaliers, mais aussi sous la protection des factionnaires et des canons du bord.

Étaient-ils réellement animés d'intentions amicales ou bien plutôt ne se trouvaient-ils pas en force pour attaquer nos gens? Le fait est qu'il n'y eut de leur part aucune manifestation, ni menace, ni cri hostile.

Ils s'éloignèrent au tout petit trot de leurs chevaux après nous avoir salués, comme à l'arrivée, le bras tendu verticalement, la paume de la main droite tournée de notre côté, en signe de concorde et d'amitié.

A neuf heures vingt-cinq minutes, après nous être surchargés de bois, le *Mage* appareilla.

A mille mètres du premier mouillage, en approchant du coude que fait le fleuve en face de Kura et qui nous mettait à l'abri d'une brise de N. N. E. assez fraîche, il fallut stopper et mouiller sur la rive gauche pour y attendre la fin de la rafale; très près de terre pour être mieux à l'abri de la pointe, car à chaque tangage l'eau embarquait dans les chalands, malgré les toiles et couvertures que l'on plaçait à l'avant.

Nous les remorquions à couple, un à tribord, l'autre à babord; ils étaient surchargés; le clapotis produit par la brise contre le *Mage* s'élevait jusqu'au dernier bordage et pénétrait dans ces embarcations.

Au mouillage, la brise nous maintenait en travers au courant; nous roulions beaucoup; la position du chaland amarré du côté du vent était dangereuse; il courait le risque de s'emplir et de couler à pic avec une partie de nos provisions. Ce chaland fut envoyé à terre avec trois hommes armés pour se mettre à l'abri de la houle dans les roseaux.

A babord, l'autre souffrait moins.

La pointe de Kura ou Koura tire son nom d'un village abandonné et désert situé sur la rive droite.

La berge près de laquelle nous avions mouillé à cause du mauvais temps est un peu boisée; une petite élévation de terre, couverte de bouquets d'arbres assez épais, court parallèlement au fleuve, comme une sorte de digue, et masque la plaine d'une façon complète.

A deux heures trente du soir la vigie signala des cavaliers nombreux venant vers nous.

Ils se dirigèrent un peu au-dessus du *Mage*, s'entrecroisant et se parlant entre eux.

Ils se réunirent d'abord dans la plaine ; on en compta une cinquantaine, puis ils disparurent derrière le monticule assez près du bord. En même temps, sur l'arrière du *Mage*, on en vit quelques autres, ceux-là restèrent cachés dans le fourré.

Un homme à pied, armé d'une lance, s'avança seul pour voir ce qui nous forçait à rester en face de Kura et pourquoi nous ne continuions pas notre route.

Il aperçut bien vite le chaland accosté près de la rive et engagé dans les hautes herbes. A son appel, tous les cavaliers parurent sur la crête.

Le chef de la troupe était un homme de haute taille, à large carrure, tandis que les autres paraissaient plus maigres, plus élancés et moins bien vêtus. Il avait le teint mat des Arabes; on ne pouvait voir ni sa barbe, ni ses cheveux; son cheval, tout blanc, était une bête superbe qu'il montait avec une très grande aisance.

Il avait, comme tous les Touaregs, un bouclier en peau;

sa main droite tenait une lance très fine, en bois non flexible. En parlant, il la laissait volontiers reposer à terre et s'appuyait alors sur son arme.

Sa selle arabe était recouverte d'un tapis écarlate et sur sa longue gandoura, aux manches très larges, il portait un caftan de drap rouge.

Au début il nous adressa la parole en tamachek (touareg); les sons arrivaient voilés par la soudna et gutturaux, personne à bord ne le comprit. Il eut recours alors au sonraï.

Brusquement, il demanda sans préambule ni formule de politesse, ce qui est rare chez toutes les peuplades de ces pays, pourquoi nous restions devant Kura; il nous dit aussi d'en partir au plus vite, qu'ils ne voulaient rien avoir de commun avec nous.

Il s'apercevait très bien que nous étions gênés par la brise et croyait peut-être que notre chaland avait des avaries.

En forçant la canonnière à s'éloigner, ces pirates espéraient avoir là une riche proie, semblable aux pirogues qu'ils ont l'habitude de piller tous les jours; beaucoup de butin et de beaux objets provenant des blancs.

L'interprète répondit au chef que la rive et le pays pouvaient peut-être lui appartenir, mais que nous étions les maîtres incontestés du fleuve libre pour tous; qu'il lui

Attaque des Touaregs.

était impossible de nous faire quitter le mouillage et que nous y resterions.

Pour parler sonraï avec ces gens, il fallait se servir d'un deuxième interprète qui ne savait pas le français, à qui Sory Konaré traduisait en toucouleur toutes nos paroles. Or, pendant ce colloque assez long, le demi-cercle des cavaliers se resserrait de plus en plus autour du chaland; des hommes à pied s'avançaient entre les cavaliers; eux aussi avaient des lances et des sagaies.

Le chef restait sur la crête, entouré de quelques hommes, continuant à parler pour détourner l'attention pendant que ses gens approchaient toujours davantage.

La position des trois laptots dans l'embarcation devenait critique; d'autant plus qu'on leur avait donné l'ordre de se coucher dans le fond pour ne pas gêner le tir, s'il était besoin de faire usage des canons. Il convient d'être prudent avec les Touaregs; nul n'ignore qu'ils sont fourbes, audacieux et passés maîtres en fait de surprises.

Ils étaient une centaine et pouvaient, en se précipitant tous ensemble, tuer ou surtout enlever les trois hommes de garde qui n'auraient pu résister à un tel nombre.

En laissant les Touaregs approcher trop près, nous ne pouvions plus porter secours à nos gens, car le feu de nos pièces courait le risque de les atteindre.

L'interprète cria plusieurs fois aux plus entreprenants de ne pas approcher davantage, que s'ils avançaient encore, on allait être obligé de se défendre.

Ils ne tinrent aucun compte de ces sommations. N'ayant jamais vu l'effet produit par des armes modernes, ils se croyaient sûrs du succès et, dédaigneux, confiants, ils avançaient toujours, de plus en plus nombreux, nous jugeant aussi faibles et aussi mal armés que leurs victimes ordinaires, les patrons des pirogues, qui font le commerce sur le fleuve et qu'ils pillent avec la plus grande facilité.

Quand les plus proches furent à trente pas, deux coups de mitraille et trois obus de canon-révolver, tirés du *Mage*, leur tuèrent en quelques secondes des hommes et des chevaux.

Ils s'enfuirent tous, épouvantés, terrorisés par les détonations du canon, le sifflement des balles et des projectiles, surtout par l'explosion des obus au milieu de leur groupe.

Leurs chevaux affolés se cabraient et foulaient aux pieds les hommes non montés; dans leur fuite, ils poussaient, sans doute pour se rallier, le cri caractéristique des Touaregs qui ressemble au hurlement des loups.

Ce cri les fait appeler, d'ailleurs, par les gens du pays *Surcous*, en sonraï : les loups.

Quelques ouvrages désignent les Touaregs sous le nom de *Imochars*, c'est ainsi qu'ils se nomment eux-mêmes; l'interprète sonraï que nous avions à bord ne connaissait pas la désignation de *Touareg* qui sert aux Arabes pour les nommer. *Surcous* est l'appellation des gens du pays ou des commerçants qui les fréquentent à Tombouctou.

Ces pillards sont en effet les loups des plaines qu'ils habitent; ils ont les habitudes sauvages, le cri, la façon d'attaquer de cette bête fauve; rapaces, voleurs, audacieux, méfiants tout à la fois, sauvages et sanguinaires comme des loups, le nom de *Surcous* est bien celui qui leur convient.

Quelques jours plus tard, nous avons encore entendu une fois leur cri sinistre dans la plaine de Tombouctou, mais seulement le soir, la nuit, car nos coups avaient porté.

Au retour nous n'avons jamais vu les Touaregs que de très loin; à la suite de cette révélation de notre force, les danses guerrières et les menaces prirent fin; ils se cachaient loin du *Mage*, montrant ainsi un peu plus de sagesse.

Leurs camps s'élèvent sur les deux rives du Niger et sont formés de tentes en peaux, dont les bords sont surélevés au-dessus du sol pour laisser libre à la base le passage de l'air.

Quelques tentes affectent la forme d'une tortue; d'autres ressemblent à des parapluies; elles sont grandes, spacieuses; les chevaux paissent en liberté près du camp, mais entravés; les troupeaux, qui sont considérables et souvent formés de plus d'un millier de têtes de bétail, sont fort beaux; c'est du reste toute la richesse des Touaregs, la seule production de ce pays.

Ils sont gardés par des captifs eux-mêmes étroitement surveillés et misérablement nourris.

La canonnière effrayait quelquefois de grands troupeaux de bœufs quand ils broutaient ou quand ils étaient à boire au bord du fleuve, au moment de son passage.

Toute la bande partait au galop dans l'immense pâturage; les bergers étant impuissants à l'arrêter, attendu qu'il n'y a ni barrière ni mur de clôture; la plaine s'étend à perte de vue, couverte d'une herbe chétive, sans un pli de terrain, sans un seul arbre. Rien ne nous eut été plus facile que de nous emparer d'une de ces bêtes, en laissant sur la berge, pour le propriétaire, le prix de l'animal ou même plus que sa valeur. Bien que manquant de vivres frais, nous n'avons jamais toléré de pareils actes, estimant que dans toute exploration et dans l'intérêt de ceux qui nous suivront, il est inutile de donner un prétexte, même le plus futile, à l'hostilité ou au mécontentement des indigènes.

A un coude brusque, nous avons un jour surpris un camp de Touaregs installé très près de la rive. Les captifs, à notre vue, ont fait rallier les troupeaux et les chevaux en poussant des cris pour les éloigner.

Ils pensaient que nous allions les piller, les voler ou leur tuer quelque bétail; les femmes, les enfants s'enfuyaient précipitamment dans le plus grand désordre.

Les Touaregs reconnaissables à leurs vêtements amples et à leur soudna ne parurent pas; ils se tenaient couchés dans les herbes; quelques-uns plus hardis ne montraient que la tête; les captifs au contraire ne paraissaient avoir aucune crainte de nous.

Le *Mage* stoppa devant ce campement. On cria à un homme et à une femme, captifs tous les deux, qui étaient restés près du bord, de dire à leurs maîtres que nous ne voulions de mal à personne, qu'ils pouvaient laisser paître leurs troupeaux en liberté, que les Européens répondaient seulement aux attaques et aux menaces de leurs ennemis.

Ces esclaves ne paraissaient pas du tout effrayés. Dans

leur condition, que pouvait-il leur arriver de pire ? Quels maux pouvions-nous leur faire que leurs maîtres ne leur eussent déjà fait supporter ?

Même si nous les avions capturés, ils savaient bien que le sort qui leur était réservé chez les blancs valait mieux pour eux que de rester sous la domination des féroces bandits dont ils étaient la propriété.

Nous avons pu appareiller de Kura dans l'après-midi, à 3 heures 30, par un temps relativement calme, et arriver à la nuit, assez près de Koriumé où nous étions le lendemain 3 octobre, vers 10 heures du matin.

L'entrée du port est dangereuse, une brise d'Est bien établie et fraîche gênait beaucoup la manœuvre. Pour nous tenir, il fallut mouiller une ancre et un grappin.

Le marigot de Koriumé et le Niger commençaient à grossir ; nos sondes accusaient 1^m,25 de plus que celles relevées au mois d'août 1887, mais cependant le marigot ne s'étendait pas encore jusqu'à Kabara. Nous voyions très distinctement le chenal, alors à sec, qui permet aux pirogues de remonter en décembre jusqu'au port de Tombouctou, d'après Barth et Caillé.

Le marigot dans lequel nous étions engagés atteignait déjà le niveau de la plaine ; sa largeur est au plus de 60 mètres, et bien que mouillé très près de terre, le

Mage n'avait aucun abri contre le vent qui soufflait avec force, sec et brûlant.

A perte de vue il n'y avait ni un arbre, ni une colline; quelques dunes, à l'horizon, dans la direction de Tombouctou, paraissaient couvertes d'arbustes rabougris.

Campement touareg à Koriumé.

CHAPITRE VIII

Koriumé. — Tombouctou ruiné par les incursions des Touaregs. — Articles de commerce. — Les Moshis. — Départ de Koriumé. — Raisons du départ. — Une tornade sur le Niger.

Tombouctou se trouve à une quinzaine de kilomètres dans l'intérieur; les pirogues, sauf aux plus hautes eaux, déchargent leurs marchandises à Koriumé; des ânes, des bœufs porteurs et des chameaux les transportent dans la ville.

Koriumé est une petite bourgade de 300 ou 400 habitants; les négociants vivent de préférence à Tombouctou, laissant à leurs agents le soin du déchargement.

Il y avait quatorze grandes pirogues dans le port; la

plupart venaient du Macina ; l'une d'elles appartenait à des Moshis, race qui s'étend sur la rive droite du fleuve jusqu'au-dessous de Saï.

Il n'y en avait pas de Sansanding qui a cessé tout commerce avec cette région depuis que les Toucouleurs ont conquis le Ségou et le Macina. Auparavant, Sansanding était l'entrepôt choisi par les Maures, le trait d'union en quelque sorte entre Tombouctou et la partie du Soudan arrosée par le Haut-Niger.

A cette époque, les principaux articles de commerce étaient le mil, le riz, récoltés au Macina, et les captifs amenés de Kankan, de Ténétou et de Tengrela, près du pays de Tiéba.

Ces trois importants marchés sont près des sources du Niger ; Ténétou et Tengrela sur des affluents du Mayel-Balével qui se jette dans le Niger à Mopti, Kankan sur la rive gauche du Milo (1).

Pour remonter le Dioliba jusqu'à Kankan, il faut à cause des rapides de Sotuba transborder au moins une fois ; de plus les embarcations qui peuvent être petites en amont de Bammako doivent être grandes, larges et plus solides en aval pour traverser le Déboë sans trop de péril.

C'est à Sansanding que les Maures entassaient les

(1) Voir notre carte n° 2. *Traversée du Soudan Français.*

barres de sel qu'apportaient les pirogues et il n'était pas rare d'y voir un approvisionnement de mille à deux mille barres.

La barre de sel longue de 80 centimètres, large de 25, pèse en général 25 à 30 kilos; elle vient à Tombouctou par les caravanes de Taodenni (1).

Le prix en était, il y a vingt-cinq ans, de 16 à 20 francs à Sansanding; aujourd'hui il est de 50 francs, toutes les voies de communications étant fermées.

Les traitants pour aller de Sansanding à Kankan remontaient le fleuve jusqu'à Manambougou; là s'arrêtaient les grandes pirogues, à cause des rapides qu'elles ne pouvaient franchir.

---

(1) Barth dit (*Voyages en Afrique*, t. IV, page 102).: « L'article le plus important après l'or, à Tombouctou, est le sel qui, depuis les temps les plus reculés, formait avec ce métal le principal moyen d'échange dans toutes les contrées riveraines du Niger. Ce sel arrive aujourd'hui de Taodenni (22° lat. N. et 4° long. Occ. de Greenwich), dont les mines sont en exploitation depuis 1596, époque à laquelle furent abandonnées celles de Teghafa.

« Le gisement de sel de Taodenni occupe un grand espace du sol dans la partie du désert nommée El Djouf et consiste en cinq couches qui portent chacune un nom distinct.

« Les trois couches supérieures semblent n'être que d'une valeur médiocre, tandis que la quatrième est la plus recherchée; quant à la cinquième, elle gît dans l'eau.

« Le sel qu'elles renferment est mélangé de noir et de blanc, ce qui le fait ressembler étonnamment à du marbre. Le terrain qui répond à ces mines est concédé par petites parcelles aux marchands de sel par un caïd qui y est à demeure; il prélève de ce chef, pour toute indemnité, la cinquième partie du sel extrait, le reste devenant la propriété de l'exploitant. »

Leur chargement était transporté à dos d'homme ou bien avec des ânes et des bœufs jusqu'à Bammako; de là des pirogues couvertes, plus petites que les précédentes, remontaient le Niger jusqu'au Milo qui conduit à Kankan où les marchands trouvaient des Mandingues qui offraient des captifs et de l'or en échange du sel qu'on leur apportait. Un captif valait une, deux ou trois barres, c'est-à-dire au maximum 75 kilos de sel.

Les marchands de Sansanding partaient généralement pour Tombouctou à la fin de la récolte, en novembre et décembre.

Nous avons pu nous procurer la liste et la valeur du fret d'une pirogue moyenne qui a fait ces voyages, et calculer les bénéfices du patron et des traitants.

Ce chargement se composait de vingt captifs et de cinquante sacs de mil. Les traitants, au nombre de 6, qui avaient chargé la pirogue, payaient au patron, pour le passage de Sansanding à Tombouctou, 2,000 cauris (4 francs) par tête, soit 80 francs.

Ces captifs étaient nourris aux frais du propriétaire qui, dans ce but, avait le droit d'embarquer à bord, sans rien payer, un ou deux sacs de mil ou de riz; ils n'étaient pas tenus de haler la pirogue à la cordelle.

Les cinquante sacs de mil contenant chacun 50 moules,

soit 100 kilos, coûtaient par sac 1,500 cauris de fret (3 francs), soit 150 francs.

Les traitants ne devaient rien pour leur passage, mais ils auraient payé 4 francs pour tout domestique à leur service.

Les passagers ordinaires, quand il y en avait, donnaient de même 4 francs pour aller de Sansanding à Tombouctou, 650 kilomètres. En supposant le commerce libre par le fleuve, on voit quelle concurrence feront les pirogues à un chemin de fer si jamais il en est construit un dans ces pays.

Cette pirogue portant vingt captifs et environ 5 tonnes de mil était armée par trois hommes, un patron et deux laptots qui gagnaient, pour le voyage de Sansanding à Tombouctou, 30,000 cauris (60 francs). On leur avançait 15,000 cauris à Sansanding et, si le patron trouvait un chargement pour revenir, il leur payait, à Tombouctou, les 15,000 cauris qu'il restait leur devoir.

Les laptots, à l'aller comme au retour, avaient le droit d'acheter avec cet argent des marchandises et de les embarquer à bord sans payer de fret.

Par une faveur spéciale, les objets de ces hommes étaient exempts de coutumes (droits de douane), à Mopti au Macina et à Tombouctou; on peut donc les considérer comme étant en dehors du chargement.

Les marchandises et les captifs acquittaient des coutumes à leur passage à Mopti ; les droits soldés, le chef donnait au patron un reçu pour le présenter, à Tombouctou, à un percepteur agent du Macina, lequel ne faisait alors payer aucune autre taxe. Grâce à ce reçu il avait la faculté de vendre des marchandises sur la route.

A cette époque, les Macinéens étaient les maîtres à Tombouctou, mais depuis la conquête de leur pays par Hadj-Omar, surtout depuis la mort de ce dernier, les Touaregs ont chassé les agents toucouleurs et imposé la ville.

Salsibile, leur chef, y vient deux fois l'an recevoir le tribut ; ses hommes pillent durant toute l'année quand ils en trouvent l'occasion, et pour le moindre prétexte infligent des amendes au chef, le Rhiaia de Tombouctou.

Voici quels étaient avant les incursions des Touaregs et quels sont d'ailleurs encore les impôts payés par les chargeurs dans cette ville et à Mopti.

Pour les captifs le droit est toujours du dixième de la valeur, estimation faite par le percepteur, ou bien d'un captif sur dix : de même pour le mil, le riz, les noix de kolas.

On ne doit la coutume sur l'or qu'au retour, quand il a été échangé contre quelque denrée.

Le patron n'a aucune redevance à payer pour sa pirogue ni pour les marchandises de ses laptots.

Cependant, sur les barres de sel qu'achètent généralement ces hommes à Tombouctou, le percepteur met un cachet, et si leurs achats dépassent dix barres de sel, ils versent alors le droit du dixième sur le surplus.

Il y a vingt ans de cela environ, la pirogue chargée à l'aller avec 20 captifs et 50 sacs de mil était retournée à Sansanding avec 150 barres de sel. Le prix du fret de Tombouctou à Sansanding pour le sel était d'une barre pour 20 barres embarquées ou bien de 1000 cauris (2 francs) par barre, payables en cauris (1).

---

(1) Cette clause avait son importance, car les cauris, que ne veulent pas accepter les caravanes retournant dans le Nord, sont assez dépréciés à Tombouctou. Leur valeur, au Soudan, est soumise à des fluctuations considérables. Celle que nous indiquons, 1000 cauris (2 francs), est le cours de Koulikoro (89-90); encore faut-il s'entendre, car les cauris ont une numération spéciale :

« On les compte par 10, et il semble tout d'abord que le système de numération soit décimal; mais on compte 8 fois 10 = 100; ce qui fait que 1000 n'est que 800 et que 100 n'est que 80; mais l'habitude fait qu'on arrive à compter assez rapidement même dans ce système. Quant aux gens du pays, leur manière d'opérer est bien simple. Ils comptent par 5 cauris à la fois, qu'ils ramassent avec une dextérité et une promptitude qu'on acquiert à la longue, et quand, en s'y prenant ainsi, ils ont compté 16 fois 5, ils font un tas, c'est 100. Quand ils ont cinq de ces tas, ils les réunissent, en font cinq autres, réunissent le tout, c'est 1000. (Mage, *Épisodes d'un voyage au pays de Ségou, Bulletin de la Société de géographie*, 1867, t. I, p. 78). Abel Hovelacque, *Op. cit.*, p. 121, 122, 165, 351.

Total du fret de cette pirogue :

	ALLER	RETOUR	
20 captifs	80 fr.	Sel	300 fr.
50 sacs de mil	150		
	230 fr.		300 fr.

Les dépenses du patron s'élevaient environ à 200 cauris par jour (0 fr. 40), pour sa nourriture et celle de ses deux hommes.

Son voyage, aller et retour, durait près de trois mois. Sa dépense totale était :

Solde des laptots	120 fr.
Achat de mil, riz, poisson	36
	156 fr.

Ses bénéfices s'élevaient donc, en trois mois, à 374 francs avec une pirogue qui en valait environ 400.

Les patrons faisaient rarement par an plus d'un voyage de Sansanding à Tombouctou ; rien ne les eût empêchés d'en faire plusieurs autres, attendu qu'ils pouvaient passer avec leurs pirogues moyennes presque toute l'année ; les grandes, au contraire, ne naviguaient plus après février, sans décharger souvent surtout à Mérou et Kokry, dans les états de M'Boroba.

Le marigot de Diaka (on nomme ainsi la branche du Niger qui, de Diafarabé, va se jeter dans le lac Déboë, à l'ouest de ce lac) n'est plus navigable en février. Il a été fréquenté de préférence à la branche qui passe à Mopti, surtout pendant les guerres du père d'Abiddin, Sidi-Bakay, et de Tidiani, l'ancien chef du Macina avant Mounirou; car tous les habitants de Sansanding, du Moninfabougou et du Sarro étaient des partisans d'Abiddin et préféraient passer par ses États.

Depuis, le commerce est nul; Tidiani a dévasté tout le pays de Diaka; dans ce bras du fleuve il ne reste que des ruines.

On peut tout aussi bien évaluer le gain des négociants chargeurs de la pirogue qui portait vingt captifs et cinquante sacs de mil.

A Tombouctou, pour 20 moules de mil (40 kilos) on avait une barre de sel et quelquefois pour 80 moules 5 barres, suivant la rareté ou l'abondance de la denrée sur le marché.

Les captifs y valaient en moyenne de 12, 15 à 20 barres.

Les traitants partis de Sansanding avec vingt captifs et cinquante sacs de mil n'avaient plus, après avoir payé les droits à Mopti, que dix-huit captifs et quarante-cinq sacs de mil, qu'ils ont échangés à Tombouctou :

```
18 captifs contre..............   270 barres de sel.
45 sacs de mil contre.........   112    —
```

Ayant payé comme fret, pour aller de Tombouctou à Sansanding, une barre par 20 barres embarquées et une barre sur 10 pour droits de douane à Mopti, soit 57 barres, au retour de leur voyage ils possédaient encore à Sansanding 325 barres de sel qui représentaient 5,850 francs, la barre valant de 16 à 20 francs.

Leurs dépenses à l'aller étaient :

Passage pour les captifs....................	80 fr.
Fret pour le mil.........................	150
Nourriture des captifs à l'aller............	64
Nourriture des marchands pendant trois mois (environ 0 fr. 50 par jour et par tête).....	270
	564 fr.

Ils avaient payé en outre, pour achat de mil et des captifs :

20 captifs.............................	2000 fr.
5000 kilos de mil......................	150
	2150 fr.

Leur bénéfice pouvait donc s'élever en trois mois à 3,136 francs pour une dépense de 2,714 francs, soit un gain de 125 p. 100. Ceux qui allaient eux-mêmes chercher les captifs, à Ténétou, au lieu de les acheter à Sansanding pour les conduire à Tombouctou, réalisaient des bénéfices encore plus considérables.

Il y a vingt-cinq ans (ces renseignements proviennent de marchands, ou patrons, ou pilotes, qui ont fait à leur compte ce voyage), Tombouctou était réellement le centre de tout le commerce, le lieu où aboutissaient les caravanes venant du Maroc, de la Tripolitaine, de la Tunisie, et aussi le port où venaient charger de sel les pirogues remontant le Niger.

Aujourd'hui la ville est presque ruinée par les incursions des Touaregs ; il n'y reste pas 3,500 habitants.

Les pirogues apportaient des pagnes de Ségou, des nattes du Macina, du beurre de karité, du mil, du riz, des captifs surtout, un peu d'or du Bouré et des plumes d'autruche.

Ces plumes viennent de Douwentza, qui est dans les terres, jusqu'à Garnat, où elles sont chargées sur des pirogues, ou bien directement par chameaux, de Douwentza à Tombouctou en quatre jours.

A l'époque dont nous parlons, un percepteur du Macina se trouvait à Douwentza et donnait un bon de vente aux marchands qui ne payaient les droits qu'après la vente des plumes, quand elles avaient été échangées contre du sel ou d'autres produits. Aujourd'hui les droits sont doublés et payés à la fois à Douwentza et à Tombouctou.

La dépouille d'un mâle valait 60,000 cauris (120 francs) à Tombouctou ; maintenant on la paie 200 francs.

A Douwentza on élève les autruches comme les poules dans d'autres pays ; chaque chef de case et chaque famille en possèdent dont ils tirent profit.

Les défenses d'éléphant qui se trouvent sur le marché viennent de même par Douwentza et sont apportées par des dioulas du Duradougou ou du Kénédougou, pays de Tiéba; ce commerce est presque nul (1).

Les caravanes des Maures apportent du sel, de la

Maure de caravane.

guinée, de la soie, du calicot, du fil, de l'ambre, de la toile basin, de la laine, des caftans, du drap de diverses couleurs, des masduffs de soie (cordelières pour porter les sabres), des glaces, de l'eau de Cologne, des clous de girofle, du bois odoriférant, de l'eau de rose, du thé, des

(1) On désigne, au Soudan, sous le nom général de Dioulas, les marchands. Sur les Dioulas du Dioula-Dougou ou Duradougou (8° de longitude Ouest, et 10 à 12° de latitude Nord) voir Tautain, *Revue d'Ethnographie*, t. V, op. 395 et Hovelacque, *p. cit.*, p. 136.

plateaux de cuivre, des tasses à thé, du tabac, du sucre, des dattes et des allumettes en cire.

Une allumette en cire vaut deux cauris à Tombouctou ; la boîte de cent, deux cents cauris (1). « Ces allumettes, me dit le marchand qui ne peut en avoir vu que là, ont la tête bleue. » Les renseignements qu'il me donnait d'autre part étaient donc vrais.

Les bougies dont se servent les gens riches et qu'ils apportent pour leur usage se trouvent dans le commerce ; mais chaque bougie coûte près d'un franc.

Les caravanes vendent peu d'armes et très peu de poudre.

On fabrique de la poudre à Tombouctou et au Macina ; les armes à feu viennent de Djénné et de San ou des colonies françaises et anglaises de la côte.

Ce sont de vieux fusils démodés, à pierre.

Avant la ruine de Tombouctou, il n'était pas rare, me dit d'un air désolé mon marchand, de voir à l'escale de Koriumé cent pirogues pouvant porter, les plus grandes de vingt-cinq à trente tonnes, les plus petites de six à dix. Elles emportaient par an, au minimum, douze à quinze mille barres de sel apportées par les caravanes, et celles-ci emmenaient à travers le Sahara trois ou quatre mille captifs provenant de tous les points du Sou-

(1) Environ quarante centimes.

dan, amenés surtout par les Moshis, qui, établis sur la rive droite du fleuve, sont les gens les plus commerçants de ces pays.

Ils sont braves, courageux, ne se laissent jamais piller par les Touaregs sans défendre leurs marchandises et se font tuer plutôt que de les abandonner aux voleurs. Ils ont comme armes des arcs et des flèches dont ils se servent fort bien ; leurs flèches sont empoisonnées.

Les Touaregs en ont grand'peur et, ne pouvant trop leur nuire, ils les insultent de loin en disant que « Dieu a fait les Moshis mais qu'il ne les aime pas, qu'il ne leur a pas donné de pays, qu'ils sont comme des chiens errants ».

Les Moshis répondent : « Vous êtes les fils des ânes, venez ! nous vous attendons. Il y a des marchandises de toute sorte dans la pirogue, venez les prendre ! Si Dieu ne nous aime pas, il vous déteste, vous, à cause de votre mauvaise conduite,... etc. »

A Koriumé, les Moshis que nous avons vus montaient la garde autour de leur bien. Les factionnaires avaient leur arc, une flèche prête à être lancée et deux autres dans la main gauche. Quand ils sont attaqués, ils en prennent, paraît-il, deux en plus dans une espèce de carquois et les tiennent entre les dents pour s'en servir en cas de besoin.

Il n'y avait qu'une seule pirogue de Moshis à Koriumé

au moment où nous y étions; elle chargeait de sel et les gens qui la montaient sont venus nous dire qu'ils

Moshi sur la défensive.

n'étaient pas les alliés des Touaregs, mais au contraire de simples marchands ne demandant qu'à vivre et à commercer en paix.

Quelques patrons originaires du Macina ont fait la

même démarche. A bord, on leur dit qu'une autre canonnière française se trouvait chez eux, à Mopti ; qu'après avoir traversé le Macina en amis nous étions prêts à les protéger s'ils réclamaient notre aide ; qu'ils pouvaient être rassurés sur nos intentions, car nous ne voulions aucun mal aux gens pacifiques.

On leur demanda aussi des nouvelles d'un explorateur français, M. Camille Douls qui, disait-on, avait été tué entre Tombouctou et Tanger par des Touaregs; nous pensions que peut-être ils auraient pu fournir quelque renseignement au sujet de ce crime, ou nous raconter un bruit quelconque, relatif à la mort d'un Français au Sahara, entendu dans un palabre et apporté à Tombouctou par une caravane ayant traversé le désert (1).

Ils ne savaient rien, n'avaient appris l'arrivée chez les Surcous d'aucun Européen ; ils ont affirmé qu'aucun n'était retenu prisonnier par ces bandits.

Les Touaregs avaient fait le vide autour de nous; ils ont empêché le Rhiaia, chef de Tombouctou, de venir nous parler.

Déjà en 1887, après le départ de Caron, ils infligèrent

(1) Nous n'avions pas de mission officielle à ce sujet ; mais la nouvelle de la mort de M. Camille Douls nous était parvenue à Koulikoro par un numéro du *Temps* reçu dans les premiers jours de septembre 1889, un peu avant notre départ.

des coups de corde à ce malheureux et lui firent payer une amende de quatre-vingts captifs parce que, prétendaient-ils, il avait attiré les Français chez eux, ce qui était faux.

Mais, tout prétexte pour réclamer des cadeaux ou infliger des amendes leur est bon quand ils sont les plus forts et certains de l'impunité.

Nous avons passé à Koriumé les journées du 3 et du 4 octobre; quelques Touaregs sont venus pour nous espionner; d'autres ont offert un bœuf à acheter; nous étions donc, et l'affirmions à tous, animés des plus bienveillantes intentions, n'éprouvant de sentiments hostiles qu'à l'égard de ceux qui voulaient nous nuire.

Nous avons attendu vainement Salsibile, le chef des Touaregs Tademekett, qui se trouvait, avec sa tribu, à plusieurs journées de marche dans l'intérieur. Quant à Alimsar, le chef des Touaregs Aouelimmiden, à qui tous les autres payent des coutumes, il était campé beaucoup plus au Nord, près du Tanezrouft sur les bords de l'Oued Temanrasset.

Que faire en pareille circonstance? Marcher directement sur Tombouctou? Mais nous n'avions que douze fusils, et c'eût été plus que de la témérité de s'éloigner, à 15 kilomètres du bord, avec une dizaine d'hommes seulement, lorsque nous étions sûr de l'hostilité des Touaregs et du mauvais vouloir des habitants.

Le *Mage* faisait énormément d'eau, car, faute de brai, on avait calfaté puis bouché, avant notre arrivée à Koulikoro, les coutures de sa double coque avec un mastic fait à la chaux que l'eau et les trépidations de la machine désagrégeaient, et nous n'avions à bord qu'une petite pompe à main, incapable à elle seule d'étancher la cale; l'eau y pénétrait en telle abondance qu'elle était vidée avec des seaux.

En outre, tous les jours des vents d'Est bien établis et brûlants nous indiquaient que la période des pluies était passée, que la saison sèche arrivait à grands pas; nous devions donc nous hâter de partir à moins de vouloir rester une année loin de nos postes, sans vivres, dans un pays hostile, à bord d'un bâtiment ayant besoin de sérieuses réparations pour être en état de naviguer l'année suivante.

Le lieutenant de vaisseau Caron qui nous avait précédé dans cette expédition ne nous avait laissé, en effet, sur le régime du fleuve que des indications forcément incomplètes (1).

Le 6 octobre 1887, il était de retour à Manambougou;

---

(1) Ainsi M. Caron dit : « D'après nos renseignements, on peut remonter à Kabara fin septembre. » *Notice sur le cours du Niger*, p. 17. Nous avons vu plus haut que le 3 octobre le petit marigot conduisant à Kabara était encore à sec.

il n'avait donc pu constater ni relater à quelle époque précise le fleuve se trouvait le plus bas.

Nous, au contraire, qui nous trouvions à Tombouctou le 3 octobre 1889 et qui avions des raisons sérieuses de supposer, grâce à des renseignements personnels, que le fleuve était déjà en baisse à Koulikoro et que c'était sans doute une des raisons qui avaient dû presser son départ, nous avions hâte à notre tour, pour ne pas nous trouver en détresse, c'est-à-dire surpris par la décrue, de regagner au plus tôt notre port d'attache.

De plus les instructions qui nous permettaient d'aller jusqu'au 4° degré de longitude Ouest disaient que pour le moment nous n'avions pas d'intérêt à dépasser Tombouctou, qu'une exploration au-delà de cette ville, sur le Niger, serait extrêmement intéressante au point de vue scientifique, mais sans utilité pratique.

Enfin, nous avions à cœur de nous conformer autant que possible aux premières instructions du commandant du Soudan et d'accomplir au Macina la mission politique dont il nous avait chargé : « Connaître, en prévision de l'attaque de Ségou, les sentiments de Mounirou à l'égard des Toucouleurs. »

Il nous eut été pénible de songer que le *Mage* était immobilisé à cause de son tirant d'eau, tandis qu'au Soudan on allait faire une campagne de guerre. Pour ces raisons, parce que la saison était déjà avancée, et parce que nous n'avions que peu de combustible, nous n'usâmes pas de la faculté qui nous était laissée d'aller jusqu'au 4° degré de longitude Ouest.

Sur le fleuve, aussi loin que la vue pouvait s'étendre dans l'immensité de la plaine, on ne voyait pas trace de bois de chauffe; à peine apercevait-on, très loin à l'horizon quelques arbres, et Kura où nous pouvions être certain de trouver du bois, était à deux jours de marche de Koriumé.

Le 5 octobre, à six heures du matin, nous appareillâmes pour rentrer.

A moins de perdre toute sa vitesse, le *Mage* ne peut pas remorquer deux chalands et remonter le courant du Niger; un de ceux que nous avions à couple fut sacrifié et ses débris utilisés comme combustible.

A huit heures du matin, une brise d'Est très fraîche permit de mettre les voiles et nous conduisit jusqu'à Safay.

Nous fîmes la même route qu'à l'aller sans incident sérieux, luttant péniblement contre un courant très fort et naviguant souvent de nuit; il fallait regagner le temps perdu dans des haltes forcées pour couper du bois de chauffe.

On le faisait très vite et tout le monde y était employé; dans les longs espaces où il manquait nous utilisions le charbon emporté comme réserve.

L'excellente carte du lieutenant de vaisseau Caron nous a permis de naviguer en tout temps, très souvent la nuit et toujours en toute sécurité.

Nous avons eu à supporter comme lui, pendant ce voyage à Tombouctou, les mêmes fatigues, les mêmes ennuis et tous les désagréments obligés d'une pareille campagne; pluie, moustiques, tornades, fièvres, nuits sans sommeil, etc. Cependant, grâce aux documents qu'il avait recueillis, nous pûmes éviter les échouages et naviguer avec assez de facilité. Nous avons passé au retour sans encombre le lac Déboë et reçu, le 11 octobre, la veille de notre arrivée à Mopti, une tornade d'une violence extraordinaire.

Il était onze heures du soir; la tornade comme toujours, est venue de l'est-nord-est par la hanche de babord arrière en s'annonçant de loin par un sifflement strident, un bruit et un frémissement de l'air, confus et prolongé. Le *Mage*, bien qu'à l'abri de terre, a été fortement malmené pendant une heure.

Certains, enthousiasmés par la beauté fantastique de la tourmente, n'avaient pu retenir au début un cri d'admiration en voyant d'un côté le ciel noir, livide, zébré d'éclairs aveuglants et de l'autre le fleuve très large, blanc à perte de vue d'une écume mousseuse, sous l'effort de la tempête qui approchait.

Bientôt des lames, comme en pleine mer, battaient les roofs et balayaient le pont. Nous étions en travers au courant; l'eau embarquait des deux bords.

Malgré ses amarres solides, notre chaland était soulevé comme une plume et menaçait à chaque instant d'être jeté à bord par une lame, de se briser ou de défoncer notre double coque. Il fallut le filer derrière, à une certaine distance, pendant le grain. Mais malgré cette précaution, le *Mage*, maintenu par la brise dans une position d'équilibre, en travers au courant d'un côté et à la lame de l'autre, risquait encore de chavirer tant les roulis étaient violents. Cette nuit-là nous avons couru un danger réel et sérieux. Ajoutons à cela qu'une pluie torrentielle nous aveuglait et empêchait de distinguer le fleuve et ses rives sur lesquelles on pouvait être jeté, au milieu de populations hostiles; mais notre ancre tint bon et à minuit la tornade s'apaisa.

Lorsque cette heure critique fut passée, chacun se fit part de ses impressions; la pensée réconfortante qui vint à tous fut que le *Niger*, en cas de sinistre, aurait pu nous recueillir. Il devait, en effet, d'après nos prévisions et les ordres précis qui avaient été donnés à son commandant, attendre deux mois à Mopti le retour du *Mage*, et nous étions à peine à trente-cinq kilomètres de ce point.

Après l'orage, les membres encore transis de froid et glacés par la pluie, tout en prenant pour nous préserver de la fièvre quelques centigrammes de quinine et un breuvage chaud, nous pensions qu'il eut peut-être été possible de regagner Mopti sans armes, sans vivres, en suivant les berges du fleuve, si le *Mage* s'était perdu corps et biens. Nous songions aussi aux moyens à employer pour arriver au but.

Et, non loin de nous, les gens pratiques qui pendant la tornade s'étaient à moitié déshabillés pour gagner la rive à la nage, disaient que pour se sauver il eût fallu, en cette nuit, prendre un casque en liège de préférence à tout autre objet. Il était évident que sans cette coiffure le soleil implacable eut terrassé le lendemain la plupart d'entre nous.

Telles étaient les pensées de chacun.

Fort heureusement que tout se passa bien et que nous ne fûmes pas obligés de rallier Mopti en naufragés, car le *Niger*, que nous comptions y rencontrer, avait quitté ce poste depuis trois jours.

En passant le lac Déboë, Oumarou, le pilote, avait, suivant la coutume, jeté à la mer une noix de kola pour se rendre Allah favorable; après cette tornade, le lendemain au soleil levant, il jeta religieusement dans le fleuve une poignée de kolas, cette fois pour remercier Allah de nous avoir protégés.

Ce pilote bozzo (1) de Sansanding est un homme précieux ; chez lui, on l'appelle Oumarou le Français. On lui avait prédit qu'il ne reviendrait pas de son voyage ; il était très fier d'être revenu vite. Il nous est entièrement dévoué.

D'autant plus que maintenant il est riche et que cette richesse lui vient des blancs.

Après le retour des canonnières (on nous pardonnera cette disgression), en rendant compte de notre mission au commandant du Soudan, nous lui télégraphions : « A Sansanding, tous bozzos et gens du pays me paraissent n'avoir qu'un désir, se venger des Toucouleurs de Ségou ; mais ont été mêlés aux luttes de N'To et de Karamoko ; m'ont assuré que peuvent mettre en ligne six cents fusils. Nous ont parfaitement reçus, ont conservé pour nous du charbon en dépôt. Seraient, je crois, de bons auxiliaires le cas échéant..... Pour toute éventualité, j'ai conservé à Koulikoro un pilote bozzo de Sansanding, très dévoué,

---

(1) On nomme bozzos une race d'hommes s'occupant surtout de navigation, bien que pêcheurs quand l'occasion se présente ; tandis que les bozzos se chargent de conduire les pirogues comme patrons ou pilotes, les somonos s'adonnent exclusivement à la pêche.

Les Bozzos, bien que d'une même race que les Bambaras, ont des coutumes particulières ; quelques-uns sont musulmans ; ils vivent généralement à part, comme les Somonos.

homme sûr, qui pourrait, si vous le voulez, parler en votre nom et revenir. »

Ce pilote, c'était Oumarou, et le commandant fut si content de ses services qu'après la prise de Ségou il lui donna ou fit donner quarante-cinq captifs, hommes et femmes pris aux Toucouleurs.

Une pareille aubaine a rendu Oumarou un des habitants les plus riches de Sansanding. Aussi est-il très considéré et très respecté. Ses compatriotes disent qu'il a eu bien raison de croire en la parole des Européens. Son exemple sert notre cause. Un de nos courriers politiques envoyé plus tard au Sarro, obligé par conséquent de passer par Sansanding, nous apporta les remerciements les plus chaleureux de l'ancien pilote.

Il vivait bien, ses captifs travaillant pour lui rendre l'existence douce ; il nous faisait savoir que chaque jour il remerciait Allah de lui avoir donné la richesse et de l'avoir placé sur notre route; que jusqu'à sa mort il se souviendrait de son voyage à Tombouctou, à bord du *Mage*, etc.....

Puisse-t-il ne pas être un jour accusé d'ingratitude par ceux qui trouveraient leur intérêt à lui nuire !

CHAPITRE IX

Le *Mage* seul à Mopti. — Peuhls et gens du Macina. — Le chef Mounirou soutenu par le commandant des Sofas. — Kango Moussa. — Différents partis. — Les Foutankès. — Les Peuhls. — Les Foulbés. — Départ de Mopti. — Manque de combustible. — Obligés de brûler un chaland, une partie de la mâture et des avirons. — Arrivée à Kokry dans le Moninfabougou.

Le 12 octobre, nous arrivions à Mopti.

Depuis Tombouctou l'équipage n'avait pas eu un jour de repos; nos chauffeurs étaient exténués, le second-maître mécanicien Allain restait seul valide; dès Koulikoro, le quartier-maître mécanicien Lorgan était tombé malade et n'avait fait depuis qu'un jour ou deux de service.

Pour tous, les nuits se passaient sans sommeil à cause des moustiques, de la chaleur, du manque d'espace, et les journées souvent sans abri.

Dès que la brise fraîchissait un peu, nous étions obligés de serrer les tentes et de rester exposés au soleil.

Toutes les heures, de nuit comme de jour, il fallait vider l'eau des cales pour ne pas couler; c'était une obsession de tous les instants.

Le poste de l'équipage se trouve séparé de la machine par une cloison étanche placée très près de la chaudière avant. En marche, cette cloison surchauffée devenait rouge, à tel point qu'un jour elle mit le feu aux planches qui constituaient le parquet et qui la touchaient un peu par leur extrémité arrière.

Pour les cinq Européens il n'y avait dans ce local étroit que deux couchettes; on pouvait y installer à la rigueur deux hamacs, mais le dernier homme couchait à plat sur le pont.

Le *Mage* est si bas sur l'eau que toute la journée une réverbération très désagréable et dangereuse, dont on ne pouvait se garantir, forçait les blancs à se renfermer dans leur roof où il faisait une chaleur torride.

Toutes ces causes réunies fatiguaient l'équipage.

En outre, depuis notre départ de Koulikoro, nous n'avions pu acheter de bœufs qu'à Nyamina; il y avait plus d'un mois que notre nourriture se composait exclusivement de moutons et de rares poulets, avec lesquels les hommes faisaient de mauvais bouillon.

Nous comptions nous reposer à Mopti, y trouver des vivres frais et du bois. Grand fut notre étonnement en arrivant au mouillage; le *Niger*, ainsi que nous l'avons dit plus haut, n'y était plus.

Aussitôt, nous fîmes demander Boubakar, avec lequel nous étions entré en relation à notre premier passage en descendant le fleuve.

Les indigènes répondaient que Boubakar, accusé de trahison, avait été appelé à Bandiagara pour donner des explications sur sa conduite; qu'il avait eu beaucoup de peine à sauver sa tête et que, remplacé à Mopti par Fareba, griot de Mounirou, on l'avait envoyé à Djénné en disgrâce.

En dehors de ces explications sommaires, nous ne pûmes obtenir des indigènes aucun éclaircissement, ni sur ce qu'était devenu le *Niger*, ni sur les motifs de la disgrâce de Boubakar.

Hommes et femmes, accroupis sur la berge, nous regardaient sans prononcer un mot et opposaient à toutes nos questions le mutisme le plus obstiné; il était impossible d'en rien tirer.

En vain nous leur faisions les offres les plus séduisantes; en vain jetions-nous dans le fleuve, comme à notre premier séjour, nos bouteilles et nos boîtes de conserves vides; ils regardaient mélancoliquement ces objets précieux s'en aller en dérive, les suivant d'un œil plein de convoitise; mais les femmes elles-mêmes résistaient à l'envie de se jeter à l'eau pour aller, comme au début, les chercher très loin.

Le mot d'ordre était donné et strictement exécuté;

nous étions mis à l'interdit. Impossible de rien savoir et de rien acheter. Une pirogue de marchands allant à Farangöela nous dit enfin que la deuxième canonnière était partie depuis trois jours.

Au lieu de laisser l'équipage prendre du repos à Mopti, il fallait partir et partir vite, car nous étions sans nouvelles. Nous avions vaguement entendu parler de la concentration de trois cents pirogues de guerre à Djénné, et sans pouvoir croire qu'elles eussent osé attaquer une canonnière, le départ du *Niger* laissait le champ libre à toutes les suppositions. Aussi, quittâmes-nous Mopti le 14 octobre à 6 h. 15 du matin, avec un courant contraire de trois nœuds.

Pour arriver à Kulensa, le seul village en ruine au bord du fleuve entre Mopti et Diafarabé où il y eut du bois, nous avons brûlé, faute de combustible, tout le peu de charbon qui nous restait, puis ensuite notre chaland (celui qu'avant le départ nous avions construit en six jours), enfin une partie de notre mâture, des échelles, des panneaux, des avirons, le pétrin du boulanger et tous les menus objets du bord.

Nous étions au mouillage le soir à 11 h. 30, après dix-sept heures de marche.

Le 16 octobre, à midi, nous trouvions le *Niger* à Diafarabé.

Kulensa.

Avant de raconter ce qui s'était passé à Mopti pendant notre absence, quelques explications sont nécessaires sur le Macina.

Trois races distinctes, inégalement puissantes, les Foulbés, les Peuhls et les Foutankès, habitent ce pays.

Les Foulbés sont les premiers habitants du sol.

Les Peuhls sont des envahisseurs venus de l'Orient, de race rougeâtre et non point nigritique (1).

« Deux caractères principaux, entre bien d'autres, distinguent à première vue les Peuhls des races noires qu'ils ont pénétrées : d'abord la couleur rouge cuivre de la peau, puis la chevelure qui est droite et non laineuse et crépue (2). »

Les cheveux des Peuhls du Macina, hommes et femmes, longs d'environ 25 centimètres, sont naturellement frisés. Les femmes les portent ébouriffés par derrière et elles se forment ainsi sur le front et les tempes une coiffure exactement semblable à celle qui est connue en France sous le nom de coiffure à la *Sarah Bernhardt*.

Généralement les femmes sont soumises et obéissent sans murmurer à leurs époux ; à Mopti, elles paraissent être les maîtresses et souvent les plus fortes.

De violentes disputes s'élevaient entre les hommes

---

(1) Abel Hovelacque, *Les nègres de l'Afrique sus-équatoriale*, p. 57.
(2) Abel Hovelacque, p. 254.

et les femmes de race peuhl qui forment le village de Mopti. Elles dégénéraient souvent en rixes ; nous y avons vu pour la première fois en pays noir une femme battre son mari.

Après avoir conquis le pays et s'y être installés en maîtres, les Peuhls ont été battus et dominés à leur tour par les Toucouleurs conduits par Hadj-Omar. Les Toucouleurs, venus du Sénégal, sont eux-mêmes des Peuhls métissés de sang noir ayant les cheveux crépus, les lèvres assez épaisses ; aussi maintenant au Macina, bien que les nouveaux conquérants soient encore les maîtres, l'élément peuhl, pur d'origine, est-il très puissant, bien plus que les Foulbés, les anciens propriétaires du sol.

On trouve donc à la fois les Foulbés, originaires du Macina, les Peuhls, anciens conquérants, les Foutankès ou Toucouleurs, venus du Fouta et nominalement les maîtres du pays.

Ces derniers nous étaient hostiles, tandis que Peuhls et Foulbés, sans prendre notre parti, se montraient bien disposés en faveur des blancs.

A notre premier passage un sarrakolè parti de Kayes sur le Sénégal, nous avait demandé de le prendre à bord pour rentrer dans la ligne de nos postes ; c'était un marchand dont le chargement avait été pillé au Macina ;

il habitait le pays depuis plus d'un an et nous mit au courant mieux que tout autre des divisions et des luttes des partis. Ces partis ont leurs chefs respectifs; Mounirou s'appuie tantôt sur les uns, tantôt sur les autres, mais sa puissance est si faible que nos ennemis l'ont empêché d'envoyer des vivres au *Niger* pendant notre absence et de faire bon accueil à nos propositions amicales.

Il était soutenu par Kango Moussa, chef de Djénné, commandant des Sofas, et aussi par le chef militaire des pirogues du Macina, Boubakar.

Les Foulbés avaient pour chef Koly Mody Saada, lequel est très riche.

Les Peuhls, Mody Haoudy, peuhl lui-même, habitant entre Hamda-lillah et Djénné.

Les Foutankès et les Talibés (anciens guerriers d'El-Hadj-Omar) obéissaient à Ibrahim Abi; ils paraissaient avoir beaucoup d'or provenant de l'héritage de Tidiani, peut-être aussi d'Ahmadou, roi de Nioro, qui voulait les acheter pour s'en faire des alliés.

Un envoyé d'Ahmadou avait apporté au Macina, quinze jours à peine avant l'arrivée des canonnières, une lettre invitant les Toucouleurs à chasser Mounirou et à le tuer, s'il ne voulait pas quitter le pays.

Kango Moussa n'avait pas voulu recevoir cette lettre,

mais il ne se déclarait pas franchement notre ami, car il craignait de perdre son influence si les Français venaient s'établir dans la contrée ; et les partisans d'Ahmadou, très habiles, répandaient le bruit que nous voulions nous emparer du Macina et construire un fort que nous portions, caché dans notre cale, avec son armement et ses soldats.

Ahmadou faisait remarquer dans sa lettre aux Foutankès que l'année même de l'arrivée de son frère Mounirou au Macina les canonnières y étaient venues pour la première fois, que les Français avaient été à Bandiagara et que quinze jours après le départ des Européens, Tidiani, leur chef, était mort.

Parmi ces peuples, à l'exception de ceux du Sarro, le chef ne peut prendre une décision grave sans convoquer en palabre les notables et les griots. Dans ces assemblées on fait choix de ceux qui seront destinés à remplir le rôle d'envoyés, choix qui peut le plus souvent faire prévoir le résultat de la mission. Les Foutankès, suivant les conseils d'Ahmadou et s'efforçant de faire prévaloir leurs sentiments hostiles, avaient réussi à imposer comme envoyés près de nous par Mounirou des gens de leur parti.

Le jour même du départ du *Mage* pour Tombouctou les délégués de Bandiagara arrivaient à bord du *Niger*.

Ils étaient chargés de dire qu'ils savaient bien que

les canonnières étaient venues pour construire un poste; que le *Mage* était parti pour en chercher l'emplacement et s'entendre avec les ennemis du Macina; enfin que Mounirou ne voulait pas recevoir la mission française à Ban-

Femme toucouleure et son enfant.

diagara. Après d'assez longs pourparlers M. Hourst, enseigne de vaisseau, obtint d'eux qu'ils retourneraient près de Mounirou pour insister encore. Les envoyés revinrent quelques jours après, lui réitérèrent l'injonction de quitter Mopti et lui remirent une lettre en arabe en déclarant qu'elle contenait : « Si tu es venu avec des intentions pacifiques, donne la preuve en retournant vers commandant supérieur et surtout ne dépasse pas Mopti. »

C'est alors que Boubakar fut accusé d'avoir attiré les Français dans le pays; on lui fit le reproche d'avoir amené sa fille à bord pour la faire soigner par des blancs. Il fut obligé de rendre les quelques cadeaux que nous lui avions faits; on lui infligea une amende de quarante captifs et sa disgrâce fut complète.

Sur ces entrefaites, une pirogue venant de Bammako arrivait à Mopti; elle apportait la copie d'une dépêche adressée de Saint-Louis par le commandant supérieur du Soudan à son retour de France au commandant par intérim, à Kayes :

« ..... Suis très surpris de ce que les canonnières se proposent de faire. Je vais être fort gêné; il y a eu malentendu, le département ayant complètement approuvé mon programme établi postérieurement à la date d'envoi des instructions qui vous sont parvenues, et qui approuvaient seulement en principe ce que j'avais dit en mai en transmettant rapport Hourst. Dépêchez Bammako toute hâte plusieurs courriers échelonnés pour dire à canonnières instructions qu'avait laissées commandant supérieur doivent être considérées comme bonnes et ont été approuvées par département. Commandant supérieur de retour à Saint-Louis serait désolé de longue absence canonnières.

Elles ne doivent pas continuer à descendre le fleuve, mais revenir le plus tôt possible à Koulikoro en se rapprochant autant que possible des instructions laissées par commandant supérieur. Envoyez copie de tout ce télégramme à canonnières. »

Ce télégramme fut reçu le 9 octobre à 7 heures du soir par le commandant du *Niger;* le 10, il partait de Mopti pour Diafarabé, sans tenir compte de l'ordre que nous lui avions laissé de nous attendre deux mois et de ne quitter ce point que s'il y était obligé par la force.

Voici cet ordre :

Mopti, 25 septembre 1889.

Le *Mage* et le *Niger* vont se séparer, car votre bâtiment n'est plus en état de remplir avec toute sécurité la deuxième partie de la mission qui nous a été confiée.

Vous resterez au mouillage de Mopti en vous mouillant plus au large de terre, de crainte d'une surprise.

Vous connaissez la situation troublée du Macina ; il importe donc d'être très prudent dans vos relations avec les habitants.

Vous vous retrancherez derrière le manque d'un interprète sérieux pour éviter d'entamer tout palabre.

Il importe aussi de faire savoir que le *Mage*, pressé par la saison très avancée, se dirige sur Tombouctou pour y recueillir des nouvelles d'un Français qui y aurait été tué;

De demander si les habitants du Macina n'ont pas connaissance de ce fait;

De dire à l'envoyé de Mounirou que pour cette raison il ne m'a pas été possible de rester plus longtemps;

Que vous avez ordre de m'attendre, et tout pouvoir pour régler et préparer le voyage d'une mission officielle envoyée par le commandant supérieur, laquelle n'aura lieu qu'au retour du *Mage*.

Si, dans deux mois, le *Mage* n'était pas de retour, vous pourriez rentrer à Koulikoro, après nous avoir envoyé, si cela vous est possible, des vivres par les moyens du pays.

Si votre situation devient critique, si des menaces les gens du Macina passent aux faits, après vous être dégagé, évitez toute action ou répression des insultes ou attaques (1).

Vous vous rendriez à Sansanding d'où vous m'enverriez si vous le pouvez un messager.

Même dans ce cas, ne correspondez pas directement

---

(1) Nous faisions cette recommandation, car nos ordres particuliers disaient : Je vous recommande d'éviter à tout prix toute complication avec les populations riveraines; si vous êtes l'objet de manifestations hostiles, passez sans y répondre, si dur qu'il soit de laisser une insulte impunie. Ne tirez que si vous êtes formellement attaqué.

avec les autorités militaires ou maritimes du Sénégal et du Soudan.

Je résume ces instructions, en vous disant que si à mon retour je ne vous aperçois pas au mouillage de Mopti, la situation pour moi aura été telle que vous avez été obligé, par la force, de partir, et alors j'éviterai d'entamer toutes relations.

Nous recommandions au commandant du *Niger* de ne pas communiquer avec nos supérieurs, parce que nous savions combien il est difficile à toute autre personne qu'au chef d'une expédition de se rendre exactement compte, au point de vue politique, de la situation vraie d'une mission en cours.

Les façons de voir peuvent différer, le commandant seul possède des renseignements et connaît des détails que souvent il est obligé de taire à ceux qui l'accompagnent; officiers et marins doivent obéir passivement, à moins qu'on ne veuille courir à un désastre.

Stanley l'a si bien compris qu'il avait défendu à ses subordonnés d'écrire à leurs familles une fois en route. L'officier qui commandait son arrière-garde, après de longs mois écoulés dans une attente vaine, a eu le tort de croire aux bruits qui circulaient sur la mort de son chef et de ne pas exécuter strictement ses ordres malgré tout.

Cet officier qui ne manquait certes pas d'énergie a pris sur lui, croyant la mission exterminée, de faire rétrograder, de renvoyer à la côte ou de ne pas faire suivre tous les approvisionnements de réserve et les objets personnels de l'explorateur anglais.

Ceux qui ont l'habitude des choses de l'Afrique ont été unanimes à blâmer cette conduite.

Sans vouloir en rien nous comparer à Stanley, nous avions comme lui des raisons sérieuses pour ne pas laisser expédier à nos chefs des nouvelles plus ou moins exactes par d'autres que par nous.

Les communications venant d'eux, qui auraient pu alarmer et décourager les hommes qui nous accompagnaient, devaient aussi être tenues secrètes.

Nous pouvions craindre un soulèvement général du Soudan, puisque nos troupes allaient attaquer les Toucouleurs de Nioro et de Ségou; fallait-il, si l'annonce d'une révolte ou d'un désastre arrivait, laisser répandre parmi notre équipage composé en partie de toucouleurs le bruit que le chemin de retour était coupé?

Nous devions nous considérer comme isolés au milieu de peuplades hostiles, n'ayant de secours à attendre que de nous, ainsi qu'en mer, à bord d'un bâtiment.

En mer, si un incendie se déclare, ou si l'on découvre une voie d'eau, le devoir de tout commandant, tant qu'il n'y a pas de péril extrême, n'est-il pas de garder pour lui la fatale nouvelle?

Il est à remarquer en outre que défense de communiquer signifie, dans nos escadres, non seulement défense de donner, mais aussi interdiction de recevoir des informations.

De Diafarabé, M. l'enseigne de vaisseau Hourst, commandant du *Niger*, expédia le télégramme suivant, qui paraîtra peut-être une excuse suffisante de sa fâcheuse résolution.

N° 50. Mopti, 10 octobre, Commandant *Niger* à Commandant Supérieur.

« *Mage* parti 26 septembre pour quatrième degré. *Niger* laissé Mopti parce que tubes de chaudière avant cassent les uns après les autres et rechanges peu nombreux.

« Devant impossibilité communiquer avec *Mage* par Niger Macina ai pris connaissance de votre télégramme.

« Envoyés Mounirou arrivés 26 au soir ont voulu me faire retourner parce que ne pouvais rien terminer instructions commandant flottille prescrivant éviter palabre.

« Les ai renvoyés Mounirou. Ce dernier sans puissance, Toucouleurs partisans Ahmadou à peu près maîtres situation. Seul obstacle pour eux Kango Moussa, chef Djénné. Envoyés de retour 2 octobre me déclarent savoir bien canonnières venues pour faire un poste. *Mage* cherche la place, s'entend peut-être avec leurs ennemis ; *Niger* reste espionner. On fait croire cela à tout le pays. Me réitèrent m'en aller et finalement remettent lettre pour commandant *Mage* déclarant cette lettre contenir :

« Si tu es venu avec des intentions pacifiques, donne la preuve en retournant vers commandant supérieur et surtout dépasse pas Mopti. » M'ont mis en quarantaine, personne venu à bord depuis ; refusent faire préparer du bois de chauffe.

« Instructions M. Jaime prescrivent rester Mopti deux mois et pas communiquer Soudan avant cette date à laquelle retournerais Koulikoro si *Mage* pas retour en envoyant vivres si possible par moyens pays.

« A Mopti suis coupé du *Mage*. Vais l'être de vous. Abder-Rhamman (1) passé par surprise. Cinq pirogues (2) armées parties pour amont. Ne pourrais envoyer vivres le cas échéant que par Almany Dia et bozzos Mérou.

« Crains de plus par ma présence nuire plutôt à Mounirou, car Ahmadou (3) écrit dernièrement lettre Macina pour dire il faut tuer Mounirou qui appelle les infidèles et veut leur donner le pays.

(1) Nom du courrier porteur de la dépêche du commandant supérieur qui nous était adressée.
(2) Pirogues montées par des gens du Macina.
(3) L'ancien sultan de Nioro, dont le fils régnait à Ségou.

« Devant ces faits crois devoir prendre sur moi aller à Diafarabé d'où essayerai par plusieurs envoyés trans mettre votre télégramme au *Mage*.

« Suis de plus à portée lui envoyer secours au cas où aurait avaries ou reviendrait pas dans limites fixées. Pense pourtant pouvez être tranquille à cet égard, *Mage* étant parti dans de bonnes conditions pour accomplir voyage avec célérité.

« Commandant *Mage* m'a dit ne s'arrêterait pas Mopti si je n'y étais pas à son retour parce qu'alors aurais été contraint partir par la force. Crois inutile essayer même traiter. D'abord lettre Mounirou laisse aucun doute à cet égard ensuite si on réussissait ce serait traiter avec Toucouleurs d'Ahmadou. Vaut mieux attendre la poire soit mûre.

« Prière approuver dispositions que prends contrairement à mes instructions dans le but me mettre en communication avec vous et *Mage* exécuter vos ordres et les faire parvenir.

« Vous prie commander d'urgence soixante-douze tubes chaudières. »

C'est donc grâce à un contre-ordre émané directement de Saint-Louis que le *Mage* arrivant à Mopti presque à bout de course, après n'avoir mis cependant que quinze jours pour franchir près de 1,100 kilomètres, s'est trouvé dans la nécessité de repartir presque sur l'heure et a été sur le point de manquer de combustible.

On pourrait peut-être ajouter : que serait-il arrivé si nous avions été forcés de faire du bois en envoyant des corvées à plusieurs kilomètres du bord dans un pays hostile ?

Pour venir très vite faire savoir au commandant du Soudan que les deux canonnières étaient de retour, nous avons appareillé de Diafarabé le jour même de notre arrivée à ce point, après avoir fait du bois, et le 17 octobre nous mouillions à Kokry dans le Moninfabougou.

CHAPITRE X

Le Moninfabougou. — Le chef M'Boroba-Koulobali. — Nourriture des indigènes. — Couscous. — Produits du pays. — Manioc. — Karité ou arbre à beurre. — Gens du Sarro. — Situation politique. — Présents faits au chef. — Bon accueil fait à notre envoyé. — Carquois et flèches empoisonnées. — Empoisonnement des flèches. — Nature du poison étudié à Paris par M. le docteur Laborde, directeur des travaux physiologiques à la Faculté de médecine. — Traitement des blessures faites par ces flèches. — Départ de Kokry et arrivée à Sansanding. — Visite au chef. — Sansanding au point de vue commercial.

Le Moninfabougou, situé sur la rive gauche du Niger, est limité en amont par Sansanding, en aval par le Macina; nous y fûmes très bien reçus. M'Boroba-Koulobali, le chef du pays, vivait encore à l'époque de notre passage; il a été depuis remplacé à sa mort par son frère Tiéma-Koulobali, le signataire délégué du traité de protectorat qui lie le pays aux Français depuis 1887.

M'Boroba donna l'ordre dans ses villages de bien nous accueillir et nous fit dire, — nous étions si pressés que nous ne pûmes attendre sa visite, — combien il était heureux de s'être le premier uni à la France; en effet, au milieu de peuples légèrement hostiles au début il a été notre premier auxiliaire.

En nous le rappelant c'était, il est vrai, une façon de réclamer des cadeaux; nous savons bien qu'il ne faut pas accepter trop bénévolement le dire des nègres toujours mielleux et mendiants, mais dans cette occasion il était de bonne politique de nous attirer toutes les sympathies. Il fut enchanté de notre visite dans ses États, et surtout des glaces, du caftan en drap, et des bottes maures qu'il reçut de nous.

Dans le Moninfabougou comme partout ailleurs, nous faisions vivre, quand cela était possible, la flottille sur le pays même. Faute de place on n'avait emporté que six mois de provisions, et notre voyage d'exploration pouvait durer plus d'un an. Nous conservions précieusement le riz décortiqué renfermé dans des caisses et nous faisions, surtout à l'aller, préparer à terre avec des mets du pays les repas de nos indigènes.

En outre, à bord, la place était excessivement limitée; dans les haltes et quand on ne craignait aucune surprise, nos laptots campaient et couchaient sur la berge; c'étaient en grande partie des Toucouleurs des bords du Sénégal; la nourriture des Bambaras ne leur déplaisait pas, et comme les noirs n'aiment pas à s'occuper de la cuisine, ils étaient enchantés de cette combinaison qui convenait à tous.

Les aliments des Bambaras, des Moshis, des Toucouleurs et des Peuhls, des gens du Sarro, du Moninfabougou et du Macina sont animaux et végétaux ; la base de l'alimentation est le laitage pour les Peuhls, et pour les autres peuplades : le riz, le maïs et le mil avec lequel on fait le couscous.

Lenz donne ainsi la façon dont on le prépare :

« Le couscous se fait avec toutes sortes de farines : celle de froment, d'orge, de maïs, de blé noir et même, au Soudan, de sorgho. On mouille légèrement cette farine, et les femmes la pétrissent ensuite par un mouvement particulier du plat de la main et des doigts, en petits grains dont le volume approche du gruau ; d'ordinaire on tamise toute la masse. Ce couscous grossier est alors

Pileuses de couscous.

séché au soleil pour se durcir. Quand on veut le préparer pour l'alimentation, on ne le cuit pas, mais on le soumet à l'action de la vapeur d'eau. Pour cela on a des vases spéciaux, en terre ou en fer, qui sont remplis d'eau ; au-dessus est placé un deuxième vase, plus petit, percé de trous, puis le tout est recouvert et mis sur le feu. Il faut assez de temps pour que le couscous soit suffisamment cuit par la vapeur. » (T. I, page 242.)

Les indigènes usent encore, pour leur nourriture, de fèves, d'une espèce d'oseille sauvage, d'arachides, de manioc et d'oignons.

Le manioc se reproduit par pousses ; les peuples établis sur les bords du Niger le cultivent en assez grande quantité, car il suffit de mettre en terre une tige de manioc au moment où le fleuve baisse, sans s'occuper davantage de la plantation pour faire ensuite une récolte assez abondante.

Il y a aussi des champs mieux soignés dans lesquels le manioc est disposé en sillons pour l'écoulement des eaux.

Le mil est semé par deux hommes ; l'un tient un bâton pointu à l'aide duquel il fait des trous distants l'un de l'autre de 20 centimètres environ ; un autre indigène le suit, met dans chacun trois ou quatre grains de mil, et tout en marchant foule tantôt avec le pied gauche, tantôt avec le pied droit, le trou dans lequel les grains ont été jetés. Ils vont ainsi avec une très grande rapidité.

Les animaux dont on fait le plus de consommation sont le caïman, l'hippopotame, diverses espèces de poissons et dans les grandes occasions, car la viande est chère, le bœuf, le mouton très répandu au Macina, la chèvre dont la chair est excellente, souvent meilleure que celle du mouton.

Les hippopotames sont toujours tués depuis plusieurs jours quand on les rapporte dans les villages; il se dégage de ces amas de graisse une odeur infecte; la viande est corrompue, ce qui n'empêche pas les Bambaras de la trouver excellente.

Ils mangent de même tous les animaux morts de maladies, ainsi que des lézards, des serpents, et des souris.

Tous les naturels se nourrissent aussi de poulets, de pigeons et de canards (ces derniers sont plus nombreux au Macina que partout ailleurs), mais ils n'apprécient pas les œufs. Ils ne les enlèvent pas chaque jour du poulailler aussitôt pondus; par suite, il est très difficile de s'en procurer de frais et eux-mêmes en perdent beaucoup, car ils se gâtent n'étant qu'à moitié ou imparfaitement couvés.

Les aliments sont mangés de préférence cuits, quelquefois grillés quand le temps presse, mais surtout bouillis. Les viandes coupées en morceaux assez petits sont cuites avec le riz, ou à part si l'on mange le couscous ; alors on fait une sauce avec des goumbos ou une espèce de citrouille et de giraumont.

La graisse usitée pour la cuisine est le beurre végétal dit de karité ; cependant tous les indigènes sans exception préfèrent le beurre ordinaire qu'ils conservent dans des calebasses à moitié remplies d'eau, ou bien, pour le transporter au loin, dans des peaux non tannées de jeunes chevreaux.

En parlant de l'arbre à beurre qui croît au Soudan, Caillé dit :

« Il y croît spontanément et vient à la hauteur du poirier dont il a le port. Quand l'arbre est jeune, ses feuilles sont longues de six pouces ; elles viennent par touffes et sont supportées par un pétiole très court ; elles sont terminées en rond ; l'arbre ayant atteint une certaine vieillesse, ses feuilles deviennent plus petites... Le fruit venu à maturité est gros comme un œuf de pintade, un peu ovale et égal des deux bouts ; il est recouvert d'une pellicule de couleur vert pâle ; en ôtant cette pellicule on trouve une pulpe de trois lignes d'épaisseur, verdâtre, farineuse et très agréable au goût ; les nègres l'aiment beaucoup ; j'en mangeais aussi avec plaisir.

« Sous cette pulpe il y a une seconde pellicule très mince ;

elle couvre l'amande qui est couleur de café au lait clair. Le fruit ainsi dégagé des deux pellicules et de la pulpe est couvert d'une coque aussi mince que celle de l'œuf, l'amande seule est grosse comme un œuf de pigeon.

« On expose ce fruit au soleil pendant plusieurs jours pour le faire sécher, puis on le pile dans un mortier ; réduit en farine, il devient couleur de son de froment. Quand il est pilé on le met dans une grande calebasse, puis on y jette de l'eau tant soit peu tiède par-dessus, jusqu'à consistance d'une pâte claire que l'on pétrit avec les mains. Quand on veut connaître si elle est assez manipulée, on y jette un peu d'eau tiède ; il faut qu'il y en ait assez pour que le beurre détaché du son puisse flotter (1). »

Le beurre en question se conserve deux ans. On s'en sert, non seulement pour l'alimentation, mais encore pour le traitement des blessures sur lesquelles on l'applique comme onguent (2).

Les indigènes mangent beaucoup, gloutonnement, à l'aide de la main droite, sans ustensiles aucuns ; ils ont soin de se rincer la bouche et de se laver les mains après chaque repas. Les femmes et les enfants ne prennent pas leurs repas avec les hommes, les captifs non plus,

---

(1) Caillé, *Journal d'un voyage à Tombouctou*, t. I, p. 256.
(2) Abel Hovelacque, *Les Nègres de l'Afrique sus-équatoriale*, p. 141.

excepté dans de très rares occasions, en marche, quand les vivres sont rares. Il n'existe pas d'aliments privilégiés réservés soit aux hommes, soit aux chefs.

Les indigènes font des provisions pour l'avenir, mais seulement pour attendre la récolte suivante. Ils conservent le riz, le mil, les arachides quelquefois dans d'énormes jarres, plus souvent dans des greniers isolés du sol et élevés sur pilotis pour mettre les grains à l'abri de l'humidité et aussi des fourmis. Ces magasins qui peuvent contenir quatre à six tonnes sont recouverts d'une toiture en chaume.

Les Bambaras et les gens du Sarro usent d'un breuvage enivrant, fabriqué avec du mil, que l'on nomme dolo. Ils boivent aussi, mais moins communément, du dolo de miel, car ce dernier est plus cher. Un litre coûte 25 centimes, celui de miel 1 franc.

On ne leur apporte pas encore d'eau-de-vie de traite; ces nègres en feraient certainement un usage immodéré. Ils considèrent comme un très joli cadeau l'envoi d'une bouteille ou deux de tafia de ration; le chef du Sarro, au retour d'un premier voyage fait par un courrier politique que nous lui avions envoyé, nous fit savoir qu'il serait très sensible à l'envoi de quelques bouteilles de tafia.

Les Toucouleurs, les Peuhls et les Macinéens ne font

pas usage de boissons enivrantes ; ils sont d'ailleurs musulmans.

En passant avec les canonnières devant le Sarro, il nous fut impossible de voir le chef, car la ville Sarro, sa résidence, qui a donné son nom à tout le pays, est loin dans l'intérieur. Nous venions de faire des cadeaux à M'Boroba, chef du Moninfabougou ; nous en avions fait à notre premier passage à celui de Sansanding ; il était nécessaire, à moins de le traiter en ennemi, d'agir de même avec le chef du Sarro, d'autant plus que toujours, pendant notre voyage, nous avons cherché à nous concilier et à attirer vers nous le plus d'alliés possible, notables ou autres.

Les gens du Sarro qu'on ne doit pas confondre avec les Sarrakolès forment une petite république ; ils nomment leur chef, lui obéissent aveuglément, et ses ordres sont strictement exécutés, ce que n'obtiennent jamais des despotes comme Ahmadou.

Notre émissaire fut très bien accueilli ; il avait mission de dire que les canonnières étaient pressées, que nous ne pouvions, malgré notre vif désir, nous arrêter, et qu'il nous serait agréable de voir accepter les présents dont il était porteur.

Les habitants furent réunis dans un palabre ; les griots annoncèrent à haute voix l'arrivée d'un courrier et ce que nous faisions savoir. En présence de tous, mais sans consulter les notables, comme il est d'usage en pays noir, le chef décida qu'une lettre nous serait envoyée pour nous remercier, et surtout pour bien indiquer les bons sentiments de son peuple à notre égard.

Le même courrier nous apporta la nouvelle de la mort de M'Boroba, chef du Moninfabougou, et l'annonce de l'avènement au pouvoir de son frère Tiéma-Koulobali; pour nous prouver la vérité de son dire, Tiéma confia à notre envoyé le double du traité qu'avait signé le lieutenant de vaisseau Caron, ainsi qu'une lettre où il était dit, paraît-il (puisque nous n'avions pas de traducteur arabe), qu'il était disposé à faire bien plus que son frère en faveur des Européens; qu'heureux du protectorat de la France, il n'avait qu'un désir, continuer les bonnes relations qui existaient.

A notre retour, nous fîmes part de ce résultat au commandant du Soudan en lui signalant ce que nous avions voulu obtenir, c'est-à-dire couper, avec les gens du Sarro qui se battent bien, la route du Macina aux Toucouleurs de Ségou et séparer en deux tronçons, par une tribu alliée, cette race toujours hostile à la France.

Nous reçûmes du commandant l'ordre de renvoyer le même courrier trouver le chef du Sarro pour le remercier de ses bonnes paroles et lui faire alors en son nom des cadeaux plus importants.

Au Macina, nous n'avions pas remis les présents destinés à Mounirou qui n'avait pas voulu nous recevoir. Nous eûmes l'autorisation de prendre dans le paquet préparé à son intention un certain nombre d'objets fort prisés des noirs, un superbe sabre doré, de la toile basin, des turbans, etc...

Entre autres choses, il y avait une filière d'ambre dont les boules magnifiques étaient de la grosseur d'une belle mandarine.

L'interprète Sory Konaré nous aidait à faire un choix ; il ne put retenir une exclamation assez typique en les voyant et nous dit, en en montrant une : « Cela, commandant, ça vaut plus d'un homme. »

Quoi que nous fassions, de longtemps chez les noirs même très civilisés dont les fils vont au collège en France, et c'était le cas de Sory, le terme de comparaison pour la valeur d'un objet sera l'être humain, le captif.

Ces cadeaux faits au nom du commandant supérieur furent très appréciés ; nous y avions ajouté quelques bouteilles de tafia, du sucre et un peu de savon européen (1)

---

(1) En parlant du savon des Bambaras, Raffenel dit qu'il en existe dans le pays une sorte que préparent les indigènes « avec un mélange de cendres lavées et de pistaches de terre ». Ce savon nettoie bien, mais il sen

que le chef nous faisait demander pour le guérir d'une ophtalmie, croyant qu'à distance, sans voir les malades, nous avions le pouvoir de les soulager. Il a usé sans doute de son savon comme d'un gri-gri ; il faut traiter les noirs, quand il est nécessaire de s'en faire des amis, un peu en enfants ; avoir la patience de les subir et d'accéder à toutes leurs demandes, même les plus futiles, car ils sont très volontaires.

Le chef du Sarro fit abattre deux bœufs à l'arrivée de notre courrier ; il y eut grand palabre, remise officielle des présents que chacun se passa, pour les admirer, de main en main ; le sabre fut trouvé magnifique, le tafia excellent ; pour montrer combien notre envoyé était considéré, on lui donna l'extrémité des queues des deux animaux abattus ; il en était très fier. A son retour il les montrait avec complaisance et s'en fit un chasse-mouches ; c'était son droit, les bœufs ayant été tués en son honneur ; les chefs de village seuls jouissent de cette prérogative.

Sarro-Touman nous fit dire qu'il se mettait entièrement à notre disposition ; que nos envoyés seraient protégés par lui-même et qu'il serait heureux du voyage des canonnières l'année suivante et d'une visite de notre

---

mauvais ; l'odeur persiste même quand le linge est sec, mais les indigènes n'en paraissent pas incommodés. On le vend en boules de la grosseur d'une orange ; la livre coûte environ 50 centimes (250 cauris).

Végétation du Soudan.

part dans ses États; que tout en n'ayant pas d'armes perfectionnées comme les nôtres, leurs flèches étaient dangereuses et ses guerriers très braves.

Il nous priait d'accepter un carquois et des flèches que nous pouvions essayer, disait-il, en toute confiance; ce qui nous permettrait de juger de la véracité de ses paroles.

Les renseignements que nous avons pu réunir sur ces engins sont forcément incomplets, car les gens du Sarro seuls empoisonnent leurs flèches et ne livrent pas volontiers le secret qui fait leur force. D'ailleurs peu de gens le connaissent, car tous les ans dans leur pays il se fait une cérémonie à l'occasion de l'empoisonnement des flèches et des sagaies de guerre que les chefs distribuent une fois prêtes à leurs guerriers, en cachant à tous la manière d'obtenir le poison.

Elles servent pour la guerre et non pour la chasse, car ces gens sont cultivateurs et pêcheurs plutôt que chasseurs et le gibier est relativement peu abondant dans le Sarro où il n'y a pas de grandes forêts.

Ils ne sont pas agressifs, bien que très braves, et usent de ces armes surtout pour défendre leur territoire contre les razzias de leurs puissants ennemis du Ségou et du Macina.

Depuis la prise de Ségou nous nous trouvons les voisins

de cette tribu du Sarro et, en novembre 1890, comme nous l'espérions depuis nos premiers pourparlers, un traité liant ce pays à la France a été conclu. Nous avons donc lieu de croire que jamais nos soldats et nos marins ne seront exposés à être blessés par les flèches de ces noirs; cependant il est tout naturel de rechercher les effets du poison dont elles sont enduites sur l'organisme vivant et de connaître les moyens de sauver le serviteur blessé par l'une d'elles.

M. le docteur Laborde, directeur des travaux physiologiques à la Faculté et M. le docteur Pierre Rondeau, directeur-adjoint, ont bien voulu se charger de ce soin et nous ont remis la note suivante, résultat de leurs remarquables expériences :

I. — DESCRIPTION SOMMAIRE DES FLÈCHES ET DU CARQUOIS QUI LES CONTIENT.

Bien que d'un intérêt secondaire, le carquois dans lequel étaient placées les flèches qui vont faire le sujet de cette étude mérite cependant quelques mots de description.

Il est formé de lamelles de bois juxtaposées et réunies à quelques centimètres des deux extrémités, par un lien circulaire en corde grossière, qui fait saillie comme le feraient des nœuds de bambou sous le cuir épais dont le tout est recouvert. Ce cuir d'un seul morceau, très régulièrement cousu sur toute sa longueur avec un lacet

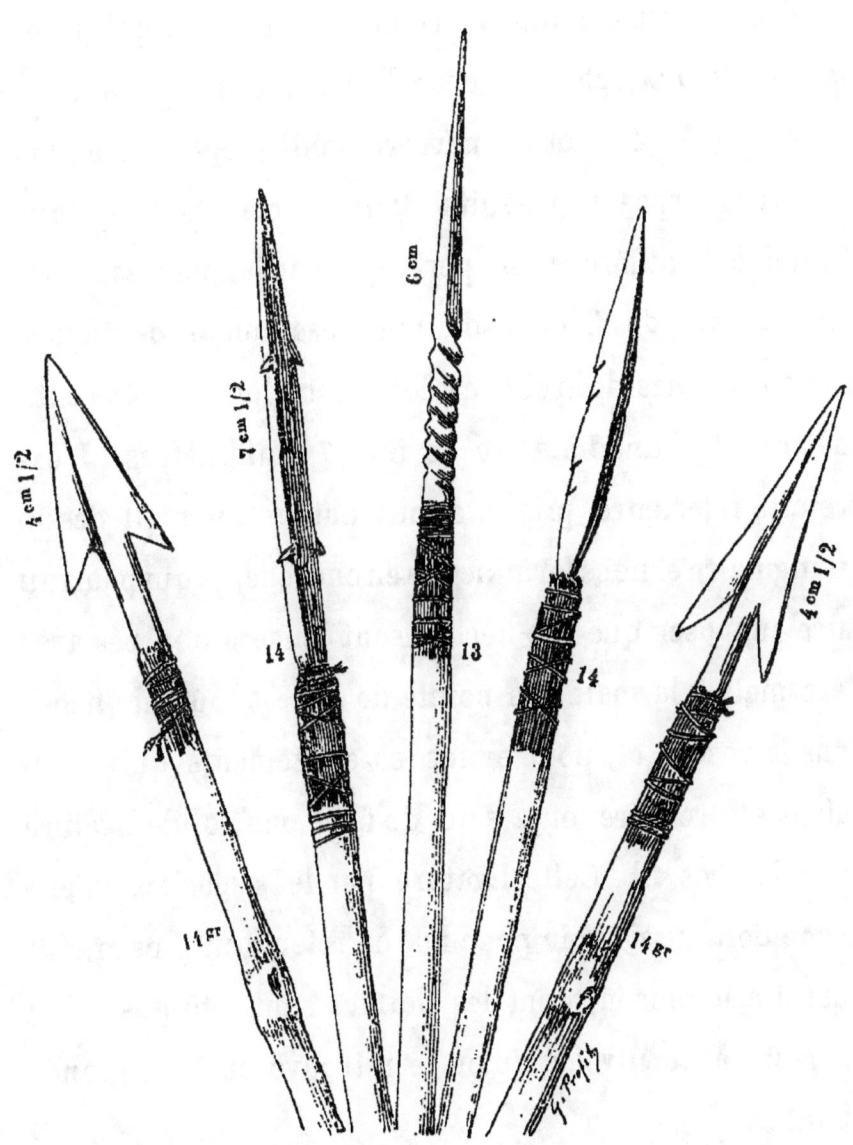

Flèches des gens du Sarro, aux trois quarts de leur grandeur réelle.

également en cuir, forme, avec la charpente de bois qu'il recouvre, un tube cylindrique fermé à l'une de ses extrémités présentant les dimensions suivantes : longueur 46 centimètres, diamètre 6 centimètres, le poids est de 380 grammes. Ce carquois est porté au moyen de bandes de vieux chiffons formant une bretelle qui prend ses points d'attache aux deux liens décrits plus haut.

Les flèches étaient au nombre de dix-sept, présentant plusieurs types reproduits dans la planche ci-jointe. Toutefois la différence ne porte que sur les pointes, et les corps mêmes des flèches sont tous absolument identiques. Ils sont formés de tronçons de roseaux longs de 45 centimètres et d'un diamètre de 5 à 7 millimètres. L'extrémité inférieure présente tout autour un petit dessin triangulaire et ne se termine pas en encoche, ce qui pourrait faire supposer que ces flèches sont lancées non pas avec l'arc mais à la main. La pointe de fer est toujours fichée dans le roseau et, pour éviter les éclatements qui pourraient se produire, on a soin de faire une solide ligature avec du gros fil. Cette ligature par les aspérités qu'elle forme doit aussi avoir pour but de retenir en plus grande quantité le poison, dont les pointes sont enduites ; c'est du reste à ce niveau qu'on le retrouve en plus grande quantité.

Quelle que soit la forme des pointes, toutes ces flèches sont sensiblement de la même longueur (de 52 à 53 centimètres) ; le poids est aussi très régulièrement égal, à moins d'un gramme près, entre flèches semblables et varie entre 13 et 14 grammes, ce qui fait un gramme d'écart dans l'ensemble. On peut juger par ces quelques détails quel soin méticuleux préside à la confection de ces armes, que nous allons maintenant étudier expérimentalement.

II. — Étude expérimentale.

Tels sont les engins dont il s'agissait de déterminer l'action nocive, au point de vue du toxique dont ils sont le véhicule.

1° *Effets de l'implantation du bout empoisonné de la flèche.* — Dans ce but, et afin de réaliser, autant que possible, les conditions dans lesquelles leurs auteurs en font usage, nous avons employé, dans nos premiers essais, la flèche elle-même, c'est-à-dire le bout empoisonné, en l'implantant dans la cuisse d'un lapin vigoureux, à travers une boutonnière de la peau.

Ce n'est qu'au bout et après l'attente de *une heure* environ, que nous avons vu l'animal être pris, tout à coup, presque sans avertissement et sans prodromes, d'accidents de nature asphyxique, suivis rapidement, en quelques secondes, de la suspension des mouvements respiratoires, et de l'arrêt du cœur, à peu près simultanés;

car il n'offrait plus de contractions à l'ouverture immédiate du thorax.

Cette première expérience d'essai révélait deux faits essentiels :

1° Une certaine lenteur dans la production des effets du poison, tel qu'il est présenté à l'absorption, avec le bout de la flèche qui le contient ;

2° La rapidité, la quasi-instantanéité de ces effets, dès qu'ils se sont déclarés ; et la forme asphyxique des accidents mortels, tenant à la suspension nettement constatée de la fonction cardio-respiratoire.

L'expérience répétée, dans les mêmes conditions, sur le même animal, le lapin, a donné exactement les mêmes résultats.

Mais il n'en fut pas tout à fait de même sur un petit chien, du poids de 10 kilogrammes, soumis à l'expérience suivante :

Le bout empoisonné d'une flèche, qui avait préalablement trempé dans l'eau, pendant vingt-quatre heures, — circonstance qu'il importe de noter — fut implanté dans la cuisse de l'animal, à travers une boutonnière de la peau. L'implantation faite doucement et lentement dans la masse musculaire ne parut pas, d'après les manifestations de l'animal, être fort douloureuse ; mais, après dix à douze minutes environ, le membre impliqué s'était allongé en une forte roideur tétanique, qui témoignait d'une vive douleur locale, également et clairement manifestée par l'attitude générale et les cris plaintifs de l'animal.

La roideur et la contracture gagnèrent bientôt le membre postérieur similaire, en sorte que l'animal, couché sur le flanc, présentait les deux membres et le train de derrière, allongés et roidis en une attitude qui semblait exprimer surtout l'appréhension d'un déplacement douloureux.

L'on sentait en même temps, — deux heures environ après le début de l'expérience, — le commencement déjà accusé d'une tuméfaction de la cuisse qui contenait le bout de flèche.

Cependant, ni au bout de ces deux heures, ni après la troisième, la quatrième, la cinquième, aucun symptôme appréciable d'intoxication générale ne s'était montré ; et, à part l'état d'impotence, d'ailleurs complet, dans lequel se trouvait l'animal par suite de la contracture provoquée par l'action locale, rien de caractéristique ne trahissait l'action générale du poison.

Laissé en cet état, à la fin de la première journée, l'animal fut trouvé le lendemain dans la même situation générale, avec cette différence toutefois, que la roideur du membre affecté était moins marquée, et qu'elle avait totalement disparu chez son congénère, ce qui avait permis au chien de se déplacer, et de se tenir dans une attitude couchée très voisine de la normale. Mais il était fort affaibli, dans une sorte de stupeur languissante, incapable de se tenir debout quand on l'y incitait et fléchissant immédiatement sur ses pattes, n'ayant pris et n'acceptant aucune nourriture; somnolent, et poussant de temps en temps de petits cris plaintifs, accompagnés d'un peu de salivation.

L'examen objectif des mouvements respiratoires ne décelait rien de caractéristique de ce côté; une palpation attentive des battements de la pointe du cœur permettait seulement de constater un ralentissement et un affaiblissement très notables de ces battements.

La pression de la cuisse ne provoquait presque plus de sensibilité douloureuse, mais montrait une augmentation appréciable, avec diffusion de la tuméfaction primitivement constatée au niveau de l'implantation de la flèche.

Afin de hâter une terminaison qui se serait probablement faite ainsi longtemps attendre, et aussi, nous l'avouons, dans l'intention d'abréger les souffrances de l'animal, nous lui injectâmes sous la peau 2 centimètres cubes de liquide dans lequel nous avions fait dissoudre, en le laissant au contact pendant vingt-quatre heures avec un bout de flèche, la substance toxique : vers la douzième minute après l'injection, l'animal est pris d'efforts violents de vomissements, à la suite desquels il rejette un liquide jaunâtre, bilieux et spumeux.

Tout à coup, dans un de ces efforts, il pousse un cri de détresse et roule à terre, comme sidéré : il était mort.

L'ouverture instantanée de la cavité thoracique montre le cœur complètement arrêté en syncope terminale : le ventricule gauche est en rétraction systolique complète tandis que le droit est flaccide, mais non dilaté, et contenant une très petite quantité de sang liquide.

Les poumons sont le siège d'une congestion généralisée, avec quelques points ecchymotiques, comme dans les asphyxies rapides.

Au point d'implantation de la flèche (cuisse droite), s'est formé un abcès considérable, avec infiltration séro-sanguine et purulente, ayant disséqué les muscles et attaqué les tissus dans une grande étendue.

Cette expérience, que nous avons tenu à relater dans tous ses détails, à cause de la double démonstration qu'elle donne relativement aux effets du poison, a présenté deux phases distinctes :

Une première, dans laquelle, consécutivement à l'implantation d'un bout de flèche, il se produit des effets généralisés peu accusés et d'une grande lenteur, tandis que les effets locaux sont très accentués et s'expriment en un large foyer de purulence gangreneuse, qui témoigne d'une forte action irritative de l'engin toxique. Nul doute qu'en dehors même de toute action primitivement généralisée, l'animal n'eût succombé sous l'influencede ce foyer septicémique. En tout cas, il se trouvait du fait même de cet accident local, auquel s'ajoutaient les effets extrêmement douloureux, réduit à une impotence absolue ; et dans ces conditions, la victime qui a reçu la flèche est certainement et fatalement au pouvoir de celui qui l'a lancée, en atteignant le but.

D'ailleurs, et bien qu'évidemment atténuée, l'action générale avait aussi une certaine part dans la faiblesse et l'espèce d'alanguissement de l'animal ; mais en raison sans doute de la réduction de la quantité du toxique par sa dissolution préalable dans le liquide où avait trempé pendant quarante-huit heures le bout empoisonné, et par suite, en raison d'une absorption insuffisante, les effets généraux caractéristiques et mortels de l'intoxication ne s'étaient pas produits.

Ce qui s'est passé dans la seconde phase de l'expérience l'a bien montré ; car, dès que nous avons introduit dans l'organisme une dose plus que suffisante du toxique, les accidents se sont déroulés avec une violence et une rapidité extrêmes, présentant les caractères tranchés, que nous allons maintenant retracer et fixer, dans les conditions expérimentales similaires.

2° Effets de l'injection sous-cutanée du liquide tenant en dissolution ou en suspension l'enduit du bout de flèche raclé ou trempé un certain temps.

Pour cette série d'expériences décisives, comme on va le voir, nous nous sommes servis du liquide dans lequel nous laissions tremper durant quarante-huit heures, au moins, le bout empoisonné de la flèche : c'était de l'eau distillée que nous réduisions à la quantité minima nécessaire pour recouvrir toute la partie enduite de substance toxique, laquelle ne tarda pas à se déposer, de façon à former une solution noirâtre suffisamment homogène pour être employée en injection hypodermique, en laissant se poser les particules en suspension. Voici ce que nous avons expérimentalement observé, dans ces conditions :

A. *Sur le lapin.* — Un centimètre cube du liquide en question décanté, étant introduit sous la peau d'un lapin vigoureux, — au bout de cinq à six minutes à peine, juste le temps d'un commencement d'absorption, l'animal est pris d'accidents asphyxiques : anhélation, efforts respiratoires suivis de tressauts convulsifs, dilatation pupillaire, collapsus et impotence motrice, mort rapide.

Le thorax étant immédiatement ouvert après la cessation des mouvements respiratoires, nous constatons l'arrêt simultané du cœur en rétraction systolique, surtout du côté du ventricule gauche, le ventricule droit restant flaccide, mais à peu près vide. L'excitation mécanique du myocarde provoque à peine quelques trémulations superficielles.

B. *Sur le cobaye.* — Les effets de l'intoxication sont typiques sur cet animal très sensible.

Si à un jeune cobaye, du poids moyen de 300 grammes, on administre en injection hypodermique 1 centigramme du même liquide, l'animal commence d'abord par pousser de petits cris plaintifs, témoignage évident de la douleur locale que lui cause le contact de la liqueur empoisonnée ; puis il s'agite et présente les signes d'une très vive excitabilité, spontanée et réflexe.

Bientôt après, il est pris de tremblement musculaire affectant surtout la tête et le cou, dans le sens latéral, et de spasmes violents, simulant les efforts du vomissement qui, chez cet animal, comme chez les herbivores, se produit difficilement et n'aboutit qu'au rejet de quelques gouttes de liquide verdâtre. En même temps surviennent des décharges convulsiformes qui projettent violemment en l'air le petit animal ; la respiration s'embarrasse, la dilatation de la pupille est extrême, l'asphyxie est imminente : subitement, en un effort spasmodique ultime, la respiration s'arrête.

Le cœur immédiatement et rapidement mis à découvert ne présente que quelques trémulations myocardi-

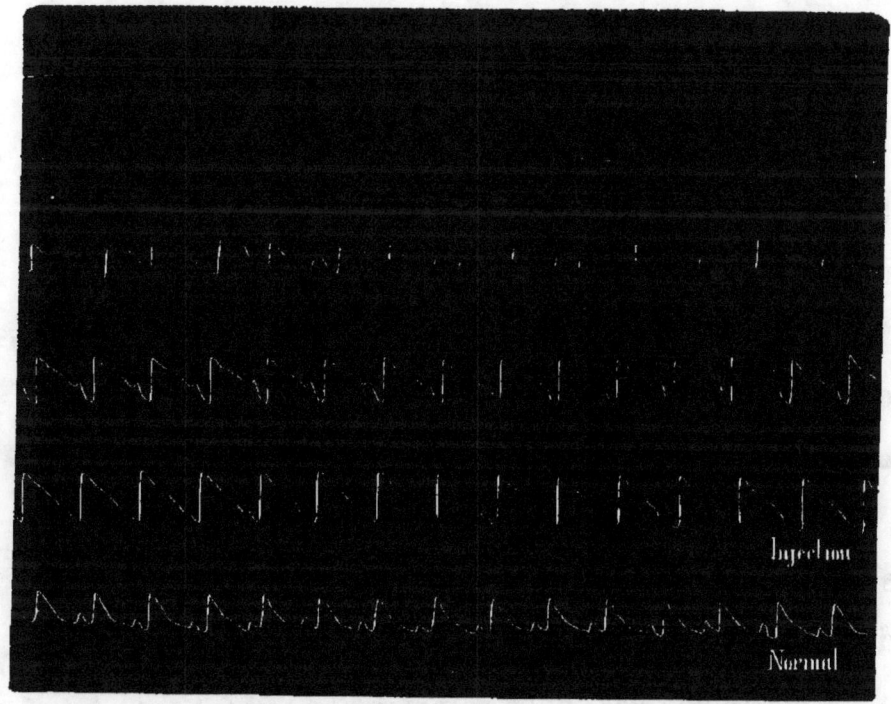

1. Tracé cardiographique de l'action du poison des flèches chez la grenouille. On y voit de bas en haut : 1° la ligne du tracé normal; 2° les effets de l'injection s'accentuant dès la troisième minute, et arrivant rapidement à la ligne droite, qui exprime l'arrêt du cœur.

ques : l'arrêt est en demi-diastole, une certaine quantité de sang liquide et noir (sang asphyxique) remplissant encore les cavités ventriculaires.

L'expérience répétée, dans les mêmes conditions, reproduit constamment, le même tableau symptomatique qui, nous le répétons, peut être considéré comme typique dans l'espèce.

C. Enfin, sur la *grenouille*, l'analyse expérimentale, avec l'aide et l'appui de la méthode graphique, nous a donné des résultats caractéristiques, relativement au mode d'action du poison.

Ces résultats sont les suivants :

Arrêt cardiaque systolique constant et rapide (après la 5° et 6° minute) clairement démontré par les tracés cardiographiques, dont voici un spécimen.

Excitabilité motrice du nerf parfaitement conservée, de même que la sensibilité réflexe. — Persistance simultanée de la contractilité musculaire.

Ces résultats, pour le dire de suite, montrent qu'il s'agit d'une substance, dont l'action est toute différente de l'action *curarique*.

Ce n'est donc pas, nous sommes pleinement autorisés à l'affirmer, à un curare que nous avons affaire.

Mais cette preuve négative ne nous donne pas la véritable nature, et l'origine du poison dont nous venons de déterminer, expérimentalement, la manière d'agir.

Est-il d'origine végétale, ou d'origine animale; ou de l'une et l'autre à la fois ?

Pour arriver autant que possible à cette détermination,

nous avons d'abord recherché, avec le plus grand soin, à l'aide du microscope, dans les particules raclées, ou en suspension liquide, la présence de cellules animales, et nous n'avons rien trouvé qui en donnât l'idée. MM. Mathias Duval et Retterer ont, avec leur compétence supérieure, confirmé le résultat de notre examen; mais ils ont, en outre, cru découvrir la présence d'éléments de nature *végétale*.

Cette dernière s'accorde avec les présomptions que nous avaient suggérées les manifestations symptomatiques constantes et typiques de l'action de la substance, présomptions qui, comme on va le voir, se sont changées, grâce à l'étude comparative, en une démonstration justifiée.

En effet, nous avions cru déjà apercevoir dans l'expression symptomatique constante de l'action du poison une frappante analogie avec les symptômes de l'intoxication par le *Strophantus* et la *Strophantine* : en répétant comparativement les mêmes expériences avec cette dernière, nous sommes arrivés à une reproduction si exacte du tableau symptomatique, observé à la suite de l'administration du poison des flèches dont il s'agit, notamment chez le cobaye, que nous avons pu nous croire autorisés à déduire la dose approximative de principe actif, qui a dû intervenir dans nos expériences d'injection sous-cutanée : soit 1/2 à 1 milligramme.

Enfin l'étude graphique des modifications du fonctionnement du cœur, arrêt caractéristique en état systolique ou de contraction terminale, sous l'influence de la strophantine, achève la démonstration.

II. Tracé cardiographique comparatif de l'action de la *strophantine* chez la grenouille. Après l'injection (2ᵉ ligne en bas) d'une dose approximativement égale, on voit l'arrêt du cœur exprimé par la ligne droite se produire à peu près dans le même temps que précédemment.

Le tracé ci-après mis en regard de celui qui précède ne saurait laisser le moindre doute, à cet égard.

C'est donc bien un extrait de *Strophantus* ou de plante de cette espèce botanique, qui semble constituer le principe toxique fondamental de l'enduit recouvrant l'extrémité des flèches en question.

La netteté des résultats fournis par l'étude comparative, rapprochés de l'examen microscopique, permet de croire que cet enduit n'est point mixte, c'est-à-dire un mélange d'un produit végétal et animal.

Pouvons-nous tirer de l'étude qui précède quelques déductions pratiques relativement au traitement des accidents toxiques, que nous venons de caractériser ?

Le temps dont nous disposions pour ne point retarder cette publication, ne nous a pas permis de compléter nos recherches expérimentales sur ce point. Mais nous pouvons, d'après l'observation de certaines particularités, et de la marche de l'intoxication, donner quelques indications qui ne seraient peut-être pas, au besoin, sans utilité.

Un point important, à ce sujet, c'est la *lenteur* de l'absorption à la suite de l'implantation du bout de flèche en nature (nous parlons des flèches déjà anciennes qui sont en notre possession), et par suite du retard relativement considérable des effets toxiques généralisés : exemple, notre chien, et nos lapins. Il en résulte qu'en essayant de retirer immédiatement, ou le plus vite possible, le bout de flèche — extraction faite, au besoin, à l'aide d'une opération adjuvante — on peut mettre la victime à l'abri de l'intoxication générale et mortelle. L'opération de l'extraction n'empêche pas, bien entendu, la précaution tutélaire qui doit toujours être mise en œuvre, en pareille circonstance, d'une ligature circulaire au-dessus de l'implantation de la flèche, surtout si elle a lieu à un membre; précaution qui risque d'être plus efficace encore dans le cas, qui est le cas actuel, de lenteur particulière d'absorption et d'action du poison.

Pour ce qui est de l'intoxication générale, il faudrait, dans l'espèce, avoir rationnellement en vue, le mécanisme cardio-respiratoire de la mort, et recourir, s'il était possible, à tous les moyens capables de raviver les contractions du cœur et la fonction respiratoire : excitants cardiaques internes et externes, et respiration artificielle simultanés; mais il y a malheureusement dans la pratique, de grandes difficultés à la réalisation de ces moyens, et c'est là que gît surtout le terrible danger de ces engins meurtriers (1).

Drs LABORDE et RONDEAU.

Partis de Kokry le 18, nous étions le 19, à dix heures

---

(1) Je tiens à exprimer ma très vive reconnaissance à MM. Laborde et Rondeau pour l'empressement qu'ils ont mis à collaborer avec moi en me donnant une étude dont l'intérêt ne peut échapper au lecteur.

du soir, à Sansanding. A l'aller nous y avions été bien reçus; les habitants étaient affables et complaisants. Ils avaient consenti à conserver en dépôt du charbon que nous réservions pour le retour; ces bons sentiments à notre égard étaient certainement motivés par leur guerre continuelle avec Ségou.

Ils craignaient d'être, un jour ou l'autre, vaincus par leurs puissants voisins et auraient voulu se placer sous notre protectorat.

Le chef, un vieillard aveugle âgé de quatre-vingts ans au moins, nous reçut entouré de son frère et des principaux notables.

Sa maison a plusieurs cours intérieures dans lesquelles on parquait les bestiaux; on y pénètre par une première pièce en contre-bas du sol. Les murs sont épais, les portes faites en bois très dur, ferment à l'aide de fortes traverses et de loquets.

Dans ce réduit, on pourrait au besoin soutenir pendant longtemps un siège, d'autant plus qu'il existe un étage, chose extrêmement rare en pays bambara, et une enceinte élevée. Son habitation est, comme toutes celles de Sansanding, couverte en terre.

Le chef, assis sur une peau de bœuf non tannée, reçut avec plaisir nos cadeaux. Après les salutations, toujours très longues, nous lui demandâmes des nouvelles de tous les siens, et suivant l'habitude, s'il était satisfait de ses récoltes et de ses troupeaux. Il nous déclara que nous étions les bienvenus et nous assura que notre charbon avait été soigneusement conservé.

Pour les noirs toujours très méfiants, déposer chez eux du charbon ou des objets quelconques équivaut presque à une prise de possession de leur ville. Ils savent combien il est aisé de faire naître des difficultés, et facile de s'implanter peu à peu dans le pays. Cependant à Sansanding, le chef et les notables avaient accepté avec joie, car ils avaient besoin de nous.

Le chef surtout était heureux de faire cause commune avec les Français et de leur rendre service.

Il savait que le Maninfabougou était placé sous notre protectorat et désirait vivement être traité par nous comme son voisin.

Il ne cachait pas ses sentiments hostiles aux Toucouleurs ; c'était encore pour nous une bonne acquisition, d'autant plus qu'il nous assurait pouvoir mettre en ligne six cents fusils ; le cas échéant ils pouvaient être d'utiles auxiliaires.

Depuis la prise de Ségou les canonnières ne nous paraissent pas devoir rester à Koulikoro où d'ailleurs le bois de construction est épuisé et la rade mauvaise ; les tornades se forment en effet toujours dans l'Est et le

Nord-Est, direction du fleuve, et rendent le mouillage très dangereux ; les bâtiments sont par ce fait toujours en danger de perdition. A Sansanding, au contraire, le fleuve fait un coude brusque vers le Sud-Est ; il y forme un petit port naturel, l'eau y est profonde ; on peut se mettre près de la berge à l'abri du vent et des lames.

La population très commerçante est en quelque sorte maritime ; nous sommes absolument certain qu'ils nous verraient arriver d'un bon œil.

De plus, tout fait supposer que si le commerce reprend son extension, Sansanding deviendra comme auparavant le centre des transactions du Soudan, le port de construction des grandes pirogues, le lieu de réunion des pilotes et des commerçants.

Seuls les pilotes de Sansanding pourraient nous fournir tous les renseignements nécessaires pour la ligne de conduite à suivre, tant à Tombouctou, où ils iraient, qu'au delà.

Ce n'est pas en un jour ou deux, passés à la hâte dans une ville, en cours de voyage, qu'il est possible de faire délier toutes les langues ; les noirs sont prudents, il leur faut du temps pour « *cracher tout ce qu'ils ont dans le ventre* » (expression indigène très fréquemment usitée dans les interrogatoires) ; cependant, les conversations que nous avons eues avec les notables et le chef nous font croire qu'ils comprennent que l'extension de notre influence servira leurs intérêts. Ils sont tout disposés à se lier entièrement et à donner les moyens de faire de Sansanding le port d'attache des canonnières, sans qu'il soit besoin d'y construire un poste militaire.

On peut objecter que Sansanding est plus loin de Kayes que Koulikoro, par conséquent plus difficile à ravitailler en vivres et matériel. Mais à l'aide de pirogues couvertes ou de chalands armés par les gens du pays, il serait aisé d'aller près de Bammako chercher le ravitaillement des canonnières apporté par les convois venant de Kayes. Et en installant le port d'attache du *Mage* et du *Niger* à Sansanding, la sécurité serait complète puisque les habitants et les peuples voisins sont amis ; en outre les canonnières se trouveraient comme toujours aux avant-postes, leur place naturelle.

CHAPITRE XI

Nyamina. — Le capitaine Mahmadou Racine, commandant de ce poste. — La captivité à Saint-Louis. — La traite au Soudan. — Grands points communs entre les esclaves au temps des Romains et les captifs des bords du Niger. — Captifs de commerce et de guerre. — Captifs de la couronne. — N'To et Karamoko Diara. — Ethnographie particulière. — Sensibilité générale et spéciale. — Esthétique. — Parure. — Sensibilité morale. — Sentiments affectifs. — Religion, vie future. — Nécessité de conserver l'état actuel des choses. — Arrivée à Koulikoro. — Vie à bord en cours de campagne. — Mort de Lorgan. — Jardinage. — Jardin potager et plantes qu'avec beaucoup de peine nous réussissons à récolter. — Moyens à employer.

Partis de Sansanding le 22 octobre, nous étions le même jour à Ségou-Sikoro et le 23 à Nyamina. Un poste y a été construit à la hâte au commencement de 1889 ; il était armé d'un canon de quatre et défendu par une vingtaine de tirailleurs commandés par le capitaine Mahmadou Racine.

Cet officier, originaire du Fouta, par conséquent toucouleur, est seul de son grade dans son corps; les indigènes, comme on le sait, ne peuvent que très exceptionnellement dépasser le grade de lieutenant ; il a été nommé capitaine et fait officier de la Légion d'honneur en récompense de très grands services rendus à notre cause depuis de longues années.

Le capitaine Mahmadou Racine est musulman; mais il se permet de boire un peu de champagne, du vin et

Le capitaine Mahmadou Racine.

de l'alcool de menthe, choses admises comme médecine par le Coran.

On le dit riche; sa fortune, peut-être exagérée, est

évaluée à 6 ou 700,000 francs, somme très considérable chez les noirs. Ses revenus s'accroissent en tous cas chaque année de tous les captifs qu'après une expédition de guerre le commandant du Soudan lui donne ainsi qu'à tous les indigènes, nos auxiliaires, à un titre quelconque.

Ces captifs lui ont permis de créer le long du chemin de fer de Kayes à Bafoulabé des villages entiers établis en certains points où l'administration a toujours besoin de bras. Ils ont de cette façon, en tout temps, du travail qui rapporte au maître et encore assez de loisirs durant la saison des pluies pour défricher d'abord et cultiver ensuite des champs qui fournissent amplement du mil ou du maïs pour les nourrir.

Quoi qu'on fasse, la question des captifs revient d'elle-même; nous n'aurions certes pas cité le cas tout particulier du capitaine Mahmadou Racine dont l'attitude est très correcte et que nous estimons beaucoup s'il ne donnait peut-être la solution du problème de la traite et de la captivité.

L'idée de la création de villages de captifs (1) a paru dans un article de *La France* du 9 décembre 1890, à la suite d'une conférence faite à la mairie du Panthéon

(1) Nous avons déjà créé, au Soudan, des villages dits de liberté, où peuvent se réfugier non pas les captifs habitant sur notre territoire, mais les fugitifs venant avec leurs familles des pays de Samory, de Tiéba et d'Ahmadou.

par l'honorable M. de Lanessan, député de la Seine, dont la compétence en matière coloniale est bien connue de tous.

« Les rois noirs renonceraient à la traite des esclaves et à leurs massacres dont on a tant parlé au sujet du Dahomey et qui n'ont lieu que lorsqu'ils ne peuvent pas vendre leurs esclaves, parce que ces derniers iraient s'établir avec leur famille naturelle sur les territoires des compagnies pour y travailler.

« Si ces compagnies garantissaient un statut personnel à leurs travailleurs noirs en assurant leur civilisation progressive, la solution indiquée par M. de Lanessan serait excellente. Les rapports entre les noirs et les blancs, entre les Africains et les Français seraient tels que nous le désirons. »

Nous n'avons pas assisté à la conférence de M. de Lanessan, et nous ne savons si l'article précédemment cité en est le résumé fidèle; il contient toutefois certaines erreurs matérielles que nous devons signaler avant d'étudier si le moyen proposé pour supprimer l'esclavage est réellement pratique.

En réalité nous n'imposons pas aux rois noirs de l'Afrique l'obligation de renoncer à la traite des esclaves qui est la principale source de leurs revenus; nous savons d'une façon trop certaine qu'ils refuseraient net d'apposer leurs signatures aux traités si nous les leur proposions avec cette clause.

Nous tolérons tacitement ce que nous sommes impuissants à empêcher et quand il y a lieu de passer avec les chefs de nouvelles conventions, si nous ne donnons pas une consécration officielle écrite à certaines de leurs revendications au sujet des captifs, du moins nous efforçons-nous de leur faire comprendre que nous userons pour eux de la même tolérance que pour les autres chefs indigènes liés avec nous par traité. Nous n'obtiendrions sans cela aucun résultat.

De plus, à Saint-Louis la captivité existe, et au Soudan la traite se fait librement. Mais, la différence est sensible. A Saint-Louis s'il y a des captifs, il n'y a aucun marché d'esclaves, tandis qu'au Soudan les indigènes ont non seulement des captifs, mais encore des marchés où ils peuvent les vendre et en acheter d'autres.

La captivité existe à Saint-Louis malgré les efforts de l'administration; on nous a affirmé que la moitié de la population indigène était la propriété de l'autre moitié composée de gens libres.

Ce chiffre est peut-être un peu exagéré, mais il est indéniable que certains individus appartiennent à d'autres.

Tous les noirs du Sénégal savent, nous le supposons du moins, qu'ils sont libres dès qu'ils mettent les pieds sur notre territoire; qu'à Saint-Louis leurs maîtres ne sont plus leurs maîtres; que là ils ont le droit de les quitter ou bien d'être payés en raison des services qu'ils leur rendent; cependant les captifs amenés par les traitants ne songent pas à reprendre leur liberté.

Où iraient-ils ? que feraient-ils ?

Des captifs marrons ne trouveraient certainement pas dans la ville l'aumône d'un plat de mil ou de riz s'ils avaient faim, ni du travail pour acheter de quoi se nourrir, car tous ceux qui peuvent les employer et qui sont en majorité des indigènes leur refuseraient impitoyablement tout secours, tenus entre eux par un lien, une solidarité étroite; eux aussi ont des captifs qui ne doivent pas s'échapper et l'exemple des noirs marrons est dangereux.

Les fonctionnaires et les traitants indigènes, lorsqu'ils achètent des captifs dans les pays où se fait la traite, choisissent de tout jeunes gens qu'ils sont obligés de déclarer libres, à moins d'une forte punition dès leur arrivée à Saint-Louis.

On dresse pour eux des certificats de liberté que les maîtres reçoivent et conservent pour les montrer à toute réquisition de l'autorité comme preuve palpable que leurs serviteurs sont libres, mais qu'ils ne donnent pas à leurs esclaves, et si quelque jour, un de ces derniers, rompt avec les traditions de sa race qui ont enraciné dans son cerveau primitif de noir qu'il est la chose de son maître, et quitte le toit où il a durement servi mais où il a été élevé depuis sa jeunesse, il se trouve déclassé et renié de tous. On lui reprochera son ingratitude et partout repoussé il aura encore contre lui sa conscience qui, s'élevant contre l'énormité de son acte, lui fera redouter l'effet de certains gris-gris, avec une terreur très vive chez ces noirs élevés dans la crainte de la sorcellerie.

Mendiant sans espoir, il se trouvera forcé de rentrer chez son maître ou de quitter la ville pour ne pas mourir de faim.

Sortir de la ville et de notre territoire l'exposerait à être pris et revendu ; s'il fuit au Soudan, il sera traqué et remis entre les mains de son propriétaire.

Une seule ressource lui reste : s'engager comme tirailleur ou comme laptot à bord d'un bâtiment de l'État, c'est-à-dire quitter complètement ceux de sa race pour venir chez les blancs. Combien sont-ils ceux qui peuvent faire ainsi ?

On nous a affirmé que les évadés, engagés comme marins ou comme soldats du gouvernement, se trouvant par suite dans une situation où les captifs marrons ne peuvent avoir de crainte pour leur liberté, demandaient tous, après avoir amassé un certain pécule, à leurs anciens maîtres par eux abandonnés, combien ils voulaient recevoir comme compensation de leur fuite et du tort qu'ils leur avaient causé. Ce n'est pas un sentiment d'honnêteté qui les fait agir ainsi, mais la crainte d'être punis à l'aide de quelques maléfices, tant ils sont convaincus d'avoir, en fuyant, commis un méfait.

Quelquefois aussi, maîtres et captifs s'engagent comme militaires ou laptots; le maître conserve alors la prime d'engagement et reçoit tous les mois de son captif la solde de ce dernier.

A bord d'un des avisos en station au Sénégal, le domestique du carré des officiers interrogé un jour par un enseigne de vaisseau qui lui demandait si chez lui il avait des esclaves, lui répondit que oui, et lui désigna comme son captif un des meilleurs laptots du bord.

Ce qu'il disait était l'exacte vérité; tous les mois cet homme lui versait scrupuleusement sa paye.

La captivité est donc un fait établi même à Saint-Louis; la traite ne s'y fait pourtant pas.

Les captifs pourraient reprendre leur liberté; ce n'est pas notre appui qui leur ferait défaut dans la capitale du Sénégal; ce qui les retient, et ce qui les retiendra longtemps encore, c'est la mise à l'interdit dont ils sont aussitôt frappés par tous ceux de leur race, maîtres et esclaves.

Au Soudan, la traite et la captivité, à plus forte raison, existent. Sur les routes les caravanes passent et repassent pour approvisionner d'esclaves le marché de Médine;

Un marché au Soudan.

hommes et femmes viennent des sources du Niger et des pays de Samory et de Tiéba.

Samory guerroie, pille et fait des razzias continuelles, puis il envoie pour être vendus sur les marchés ses captifs de guerre, sous la conduite d'hommes sûrs. Le produit de ces ventes lui a servi en 1889 à acheter des chevaux dont sa cavalerie manquait.

Quand le frère de Tiéba vint au Soudan pour entrer en relation avec le commandant supérieur à qui il apportait comme cadeaux deux ou trois cents bœufs, sa garde (1) était composée d'une cinquantaine d'hommes; et outre ses griots et ses musiciens, il menait avec lui des captifs qu'il vendait quand il avait besoin de cauris ou d'argent.

Cette troupe a traversé le Niger à Koulikoro où elle séjourna deux jours; trois captifs y furent vendus.

La traite se fait dans tous les pays sans exception que baigne le Niger, et là elle offre une grande analogie avec les coutumes de l'ancienne Rome dont Pline appelle les esclaves « *Inscripti vultus* », les visages marqués.

« Si l'esclave se faisait *marron*, s'il fuyait dans les montagnes, bientôt il y était traqué comme une bête fauve et vite reconnu à sa tête rasée, à son dos couvert de cicatrices, à ses pieds déchirés par les entraves, et aux marques tra-

(1) Parmi ces hommes de garde nous avons remarqué un albinos.

cées au fer rouge sur son front, soit le nom de celui à qui il appartenait, ou ces mots : *Je suis un fugitif, un voleur*, ou bien quelque belle sentence aimée du maître (1). (V. Duruy, *Histoire des Romains*, t. II, p. 384.) »

Au Soudan les sentences inscrites sur le front n'existent pas ; mais combien les usages établis ont de points communs avec ceux en vigueur chez les Romains; les captifs y sont marqués au visage d'un signe particulier qui est la marque du maître ; leur tête est rasée ou bien les maîtres n'y laissent qu'une touffe sur le sommet quand ils sont jeunes; quelquefois chez les Toucouleurs de Ségou et du Macina, les captifs de la couronne conservent une bande de cheveux large de 10 centimètres partant de la nuque jusqu'au front. Très rarement leur permet-on de laisser croître leur chevelure et de se coiffer comme les gens libres, suivant la mode du pays.

De même que chez les Romains on rencontre encore :

1° Les esclaves de naissance qui appartiennent au maître (2) comme une chose ; leurs petits accroissent sa for-

---

(1) Suidas, s. v. Ἀτταγᾶς; dans Pline, *Hist. nat.*, XVIII, 3, *inscriptique vultus* pour désigner des esclaves.

(2) V. Duruy, *Histoire des Romains*, t. II, p. 385. L'esclave n'avait rien, pas même un nom. Son pécule, gagné sur son repos et sa nourriture, pouvait être pris par le maître; il n'avait ni femme ni enfants, car il s'accouplait au hasard, et ses petits, comme disait Aristote, appartenaient au maître.

Les enfants appartenaient au maître de la mère, par application des

tune comme les produits d'une jument appartiennent à son propriétaire.

2° Les esclaves provenant du commerce et de la guerre.

Chez les Romains un créancier pouvait vendre son débiteur insolvable; les magistrats pouvaient vendre le citoyen qui se refusait au service militaire. Ces coutumes ne sont pas et n'ont jamais été générales sur le Haut-Niger, bien que Mungo-Park dise que souvent l'esclavage est la suite de l'insolvabilité (t. II, p. 57), mais, comme chez les Romains, le père y a le droit de vendre son fils; en fait cette coutume n'existe pas.

La guerre surtout approvisionne les marchés d'esclaves; Samory et Tiéba en sont les deux grands pourvoyeurs, et de même qu'à Rome, le prisonnier de guerre y est esclave, *ex jure gentium* (1) d'après le droit des gens.

« En temps de paix, on faisait la traite; non seulement les pirates qui couvraient les mers, mais les légions et les consuls. Popilius Lænas enleva une fois dix mille Statielles, et Cassius des milliers de montagnards.

principes sur la propriété des animaux. (Pellat, *Droit privé des Romains*, p. 151.) En droit cependant, l'esclave n'était pas une chose, mais une personne *alieni juris*.

(1) *Dig.*, 1, 5, 5, § 1. Dans une seule ville, Cicéron retira en trois jours de la vente des prisonniers 2,500,000 francs. Pompée et César se vantaient l'un et l'autre d'avoir vendu ou tué deux millions d'hommes. (V. Duruy, *Histoire des Romains*, t. II, p. 379.)

« Dans les temps modernes, grâce au moins à l'aristocratie de la peau, le nègre seul avait à craindre l'esclavage. Autrefois la possession équivalait au titre ; la violence assurait le droit.

« Des femmes, des enfants, des hommes étaient volés dans les villes et sur les grands chemins ; car l'homme était alors le principal moyen d'échange, la denrée qui rapportait le plus, parce que le débit en était assuré et l'acquisition facile (1).

« Un peu d'argent, quelques étoffes, des armes, ou les denrées dont on manquait : en Thrace et en Afrique, du sel ; en Gaule, du vin, étaient des objets d'échange. Chez les Gaulois, dit Diodore, pour la coupe on a l'échanson (2). »

Sur le Niger, Samory et Tiéba font l'office des consuls en tournée et reçoivent en échange des captifs qu'ils vendent, des armes, des étoffes, du sel ou d'autres objets comme au temps des Romains. Ces mœurs sont encore celles des Bambaras, des Toucouleurs, des gens du Sarro, du Moninfabougou, du Macina, des Moshis et des Touaregs, ces Berbers d'origine qui ont toujours été pendant l'occupation du Nord de l'Afrique, en contact avec l'ancienne Rome.

Les Maures de la Tunisie, venant aujourd'hui à travers

---

(1) V. Duruy, *Histoire des Romains*, t. II, p. 379.
(2) V. Duruy, *Ibid.*, t. II, p. 380.

le Sahara chercher leur troupeau humain à Tombouctou, font ce qu'ont fait leurs ancêtres et, sans doute grâce à eux, les coutumes de Rome ont pénétré jusqu'au Niger.

« Point de repos pour l'esclave, » disait Aristote (1); « qu'il dorme ou qu'il travaille, » ajoutait Caton. Il ne fallait pas qu'il pût penser. D'autres, pour les tenir par la faim, les nourrissaient à peine.

« Ne prends pas, disaient encore les habiles, des esclaves appartenant à une nation libre, ils sont trop à craindre; aies-en peu du même peuple, pour qu'ils ne puissent s'entendre, car autant d'esclaves, autant d'ennemis; parle-leur par monosyllabes, pour les tenir dans le respect; traite-les comme des bêtes féroces, et rends leur âme vingt fois plus esclave à force de coups d'étrivières. » On les appelait la race ferrée, *ferratile genus*.

« Le maître a sur lui droit de vie et de mort, *vitæ necisque potestatem*.

« Pour un délit léger, pour un caprice du maître,

---

(1) Ου σχολὴ δούλοις (Arist., *Pol.*, VII, 8). V. Duruy, *Histoire des Romains*, t. II, p. 383. En Italie, il n'y avait par année que dix jours de fête, c'est-à-dire de repos. C'est bien assez, dit Denys d'Halicarnasse (IV, 14) pour que de telles marques d'humanité rendent les esclaves dociles. Plus tard, Columelle (II, 12, 9) comptait quarante-cinq jours de fête ou de pluie, par conséquent de repos forcé; mais on a vu que Caton et bien d'autres savaient utiliser même les jours de fête, à plus forte raison les jours de pluie. Au commencement du troisième siècle de notre ère, Tertullien (*De Idolo*, 14) disait que les païens n'avaient pas les cinquante jours de joie (dimanche) des chrétiens. (V. Duruy.)

l'esclave expirait sous les verges, sur une croix, écrasé entre deux meules, ou abandonné sur la terre nue, les pieds, les mains, le nez et les lèvres coupés, ou suspendu en l'air par quatre crochets de fer pour être dévoré vivant par les oiseaux de proie. Si, pour venger de longs tourments, un esclave tuait son maître, en fît-il l'aveu, tous ses compagnons de servitude périssaient dans les tortures. S'ils n'étaient pas de fait ses complices, ils l'étaient d'intention, et après tout, ils étaient toujours coupables de n'avoir pas défendu leur maître. Pollion, le favori d'Auguste, faisait jeter vivants ses esclaves aux murènes. Auguste lui-même fit mettre en croix un de ses intendants qui avait tué et mangé une caille de combat. » (V. Duruy, *Histoire des Romains*, t. II, p. 384.)

Il existe cependant sur les bords du Niger un genre d'esclaves inconnu à Rome, mais qui se rapproche beaucoup des affranchis. Ce sont les esclaves dits de la couronne, appartenant nominalement au chef du pays, avec lesquels ce dernier fait la guerre et à qui il donne en récompense de leurs services une liberté entière et souvent des charges enviées.

Ces esclaves sont très fiers de leur situation ; ils peuvent obtenir la confiance du maître, commander aux gens libres du peuple, à plus forte raison aux vaincus d'un pays conquis.

Ainsi dans la province de Ségou habitaient les Talibés, les Sofas et les esclaves de la couronne venus comme les autres du Fouta à la suite d'El-Hadj, puis des Bambaras, originaires du pays.

Les Talibés étaient des Toucouleurs libres et riches qui exerçaient certains commandements militaires.

Les Sofas étaient des soldats recrutés un peu partout, hommes libres ou esclaves malinkès et bambaras fournis à la réquisition d'El-Hadj par leurs maîtres pour augmenter son armée et l'aider dans ses luttes; ses victoires grossissaient ainsi le nombre de ses partisans.

Puis enfin venaient les esclaves de la couronne, originaires du Fouta eux aussi, non plus libres comme les Talibés, mais fiers de leur rang et en quelque sorte liés à jamais à leur sultan, à qui ils étaient entièrement dévoués et dont quelques-uns avaient su à tel point gagner la confiance, qu'il leur donnait des commandements aussi importants qu'aux plus grands chefs.

Les esclaves de la couronne ne peuvent jamais prétendre à régner; c'est là une qualité précieuse pour les conquérants qui sont surtout préoccupés en Afrique de laisser leur royaume après leur mort à leur fils aîné, tandis que la loi veut que la succession appartienne à l'oncle de celui-ci, après lui à un autre frère s'il y en a un, le fils ne devant monter au pouvoir qu'après le dernier des frères. Ces despotes suppriment leurs frères, moyen radical, ou bien quelquefois, au lieu de leur donner des emplois et des richesses, ils les relèguent à l'écart et confèrent les postes importants à des captifs de la couronne en qui ils ont toute confiance et qui aideront à changer le tour de succession.

A Ségou, Mandani, fils d'Ahmadou, régnait au nom de son père ; c'était de la part d'Ahmadou un moyen politique de lui laisser le pouvoir ; les principales charges de l'État étaient données à des griots et à des esclaves dévoués à Mandani, ce qui mécontentait un de ses oncles habitant la même ville et les vieux Toucouleurs, derniers survivants d'El-Hadj-Omar. Mandani n'avait pas de puissance ; là était la cause de sa faiblesse et de notre facile victoire.

Tous les esclaves de la couronne ne sont pas riches, tous n'ont pas d'emploi, mais après une guerre heureuse on leur distribue des terres, des biens et des troupeaux ; ils se mêlent à la population conquise et ont alors moins de morgue et de hauteur que les conquérants libres ; ils servent à espionner et à tenir en respect, au début, les peuples nouvellement soumis.

A eux seuls ils forment parfois des villages entiers ; si les souverains ont le droit absolu de les vendre, de les détruire ainsi que leurs enfants, ils ne peuvent user de ce droit; ils s'appuient trop entièrement sur ces êtres dévoués qui payent tribut comme les gens libres, et ils ont un tel besoin de se les attacher qu'ils leur font de nombreux cadeaux.

Maîtres et captifs de la couronne sont donc indissolublement liés.

Les voisins de Nyamina au Nord sont des peuples bambaras, établis au bord du fleuve sur la rive gauche, ayant tous la même origine et anciens habitants du royaume de Ségou dont ils avaient été chassés par El-Hadj.

Parmi eux une scission profonde existait à notre passage. Il y avait deux chefs distincts et deux partis : celui de Karamoko Diara, descendant des anciens rois bambaras de Ségou qui n'avait pris le pouvoir qu'à l'aide d'un crime et celui de N' To, esclave de la couronne qui, fidèle à ses maîtres et voulant les venger, n'avait pas voulu reconnaître Karamoko Diara pour chef. Ces deux rivaux étaient à peu près d'égale force ; N' To, plus brave et plus vieux, avait rallié à lui presque tous les captifs de la couronne.

La conduite politique à suivre au milieu de ces luttes de personnes, surtout si nous voulons nous appuyer sur les Bambaras pour réduire les Toucouleurs, n'est pas chose aisée ; il est difficile de faire comprendre à des noirs qu'on désire rester neutre; ils n'admettent pas facilement cette position d'équilibre, que notre intérêt nous commande de conserver.

Nous avions à leur égard les instructions suivantes :

« Dans tous les cas, il importe de faire comprendre à N'To et surtout à Karamoko Diara, que nous ne pouvons prendre parti ni pour l'un ni pour l'autre ; que nous regrettons beaucoup de voir les Bambaras se faire la guerre entre eux et que, si nous nous occupons de leurs querelles, ce ne peut être que pour tâcher de les réconcilier. Il faudrait insister particulièrement là-dessus auprès de Karamoko Diara et lui dire que, si nous avons semblé parfois nous écarter de cette ligne de conduite, ç'a été par suite d'une erreur commise par des officiers qui avaient mal compris les instructions du commandant supérieur. Mais il faudrait lui déclarer bien catégoriquement que, si nous ne prenons pas, si nous sommes décidés à ne jamais prendre parti pour lui contre N'To, nous ne pouvons pas davantage nous déclarer contre ce dernier qui s'est, depuis longtemps, placé sous notre protectorat et ne nous a jamais donné aucun sujet de plainte. Vous ajouterez que le commandant supérieur sait bien toutefois que Karamoko est le représentant des anciens rois de Ségou et que le commandant supérieur agira vis-à-vis de lui en tenant compte de son titre et de ses droits. »

Cet exemple, mieux que tout autre, donne une idée de la situation exceptionnelle que se sont créée à certaines cours, les captifs de la couronne.

Peut-on dire qu'ils sont inhumainement traités? Peut-on les confondre avec les captifs vendus sur les marchés? Ils sont orgueilleux et fiers de leur situation; — que manque-t-il à N'Tó pour être libre?

Il représente, il est vrai, le type parfait de la fidélité; il n'a pas voulu reconnaître l'usurpateur, d'autres disent l'assassin, et a juré de venger son maître. Pouvons-nous cependant ne pas nous souvenir de son origine? N'étions-nous pas obligé en même temps de tenir compte à Karamoko de sa qualité de représentant des anciens rois bambaras de Ségou? Pouvons-nous agir vis-à-vis de lui en oubliant ses droits?

Karamoko est mort et remplacé, mais la situation reste la même. Les esclaves de la couronne n'ont pas tous les droits; souvent ils sont obligés, à cause des préjugés existants, de ne pas acquérir certains biens; ils ne peuvent pas se marier avec des personnes d'une famille ou d'un rang supérieur à leur origine, néanmoins ils refuseraient en majeure partie la liberté qui nivellerait toutes les situations.

Maintenant que nous avons montré l'esclavage sous ses différentes formes, captifs de naissance, de guerre et de la couronne, et avant de discuter si nous devons maintenir ou supprimer brutalement ces coutumes, il est indispensable de connaître les mœurs des habitants, leur manière de vivre et leur façon de traiter les captifs.

Vie sensitive. — Les indigènes sont peu sensibles à la douleur; ils supportent bien les maladies, surtout la fièvre; beaucoup en janvier et février sont atteints de bronchite et de pneumonie; les maladies internes les effraient plus que les blessures et les opérations chirurgicales. Ils craignent la mort, mais condamnés ils meurent avec résignation, on pourrait dire stoïquement; les captifs se font un point d'honneur de ne pas se plaindre quand ils sont châtiés.

Les déformations craniennes ne sont pas en usage; on ne pratique ni l'avulsion de certaines dents, ni l'amputation de certaines phalanges, tant pour les captifs que pour les hommes libres.

Les oreilles et la cloison sous-nasale sont perforées pour y passer des ornements; les bijoux sont portés par les captifs comme par les gens libres, sans distinction d'aucune sorte.

Les maîtres font pour leurs esclaves, aussi bien que pour leurs enfants, circoncire les garçons et exciser les jeunes filles; il n'y a pas d'eunuques ni de harems, bien que les riches aient de nombreuses femmes.

Les danses sont pratiquées par les deux sexes et elles sont libres pour tous.

Les parents aiment leurs enfants, ils les caressent et jouent avec eux; l'infanticide n'existe pas. Les marabouts s'occupent de l'éducation des enfants libres et leur apprennent à lire les versets du Coran ou plutôt à les chanter par cœur; à Koulikoro il n'y avait qu'un seul marabout sachant à peine écrire l'arabe; aucune autre personne dans le village n'était capable d'écrire.

L'instruction des enfants est rudimentaire et l'éducation finit vite; à dix ans tout au plus ils sont employés aux travaux des champs si les parents ou les maîtres sont agriculteurs, à la pêche s'ils sont somonos.

Esclave et son enfant.

Les enfants aiment leurs parents sans le leur témoigner comme chez nous, d'une façon expansive; ils ont à l'âge adulte du respect pour eux, beaucoup plus pour le père que pour la mère. Les vieillards infirmes sont bien traités et ne sont jamais mis à mort.

Si dans une famille il existe plusieurs femmes, elles doivent obéissance complète au mari, et sont soumises à la plus ancienne qui dirige toute la maison et commande en l'absence de son époux. Ce dernier est obligé, quand il donne des vêtements ou des colifichets à l'une d'elles, d'en acheter aussi pour toutes les autres. Chacune a sa case faisant face à la cour intérieure, mais le repas se prend en commun, les hommes mangeant entre eux.

Les femmes s'occupent de tous les travaux domestiques, vont chercher le bois nécessaire à la cuisine, pilent le couscous, lavent le linge et les calebasses.

Elles aident les hommes à défricher avant la saison des pluies les champs où seront plantés le mil, le riz et le maïs, récoltent l'indigo et le coton qu'elles filent et s'occupent de la fabrication du savon, du beurre de karité et de teindre les étoffes que les hommes tissent.

Une femme légitime et libre ne peut être vendue ; tout au plus le divorce est-il permis et prononcé par le marabout, si l'épouse a des torts ; la dot est alors rendue au mari ; dans le cas contraire elle est gardée par les parents.

Les femmes libres sont donc asservies, très peu indépendantes bien que respectées.

Les esclaves sont la propriété du maître qui les traite généralement bien mais qui peut s'en défaire s'il lui plaît. Cependant, si une captive conçoit des œuvres du maître, ces enfants, garçons ou filles, sont conservés dans la maison paternelle. Ils ne sont pas libres et ne peuvent élever de revendications à la succession de leur père, mais ils jouissent de certaines prérogatives. Ils peuvent acquérir des biens, leurs fils seront libres s'ils se marient avec une femme libre; ils sont traités à peu près comme les enfants de la maison et peuvent être vendus comme eux, mais les exemples sont rares. Leur mère, au contraire, la captive concubine du maître, peut être envoyée sur le marché des esclaves, cédée et séparée de ses enfants.

Dans la partie de l'Afrique qui nous occupe, l'esclave est traitée, non pas inhumainement, mais plutôt comme une bête de somme, vouée aux plus durs travaux, que l'on ménage à cause de sa valeur intrinsèque. On ne s'inquiète jamais de ses sentiments ou de ses désirs intimes.

Il est pour ainsi dire impossible de trouver chez les captives la trace de passions violentes, à plus forte raison de rechercher leur influence sur le caractère de ces infortunées dont la condition première est de ne pas avoir de volonté.

Même celles qui par un caprice du maître sont élevées

au rang de concubines, n'oublient jamais leur origine. La captivité est une tache indélébile qui les oblige à ne se montrer ni fières de leur situation nouvelle, ni arrogantes, et elles n'ignorent pas que, si elles cessent de plaire, elles peuvent du jour au lendemain être rejetées dans leur ancienne condition ou vendues, puisqu'elles ne sont pas nées libres.

Celles-là sont donc aussi très souples, et de même que les captives ordinaires, n'ont ni volonté ni individualité.

Tout au contraire, il se rencontre chez les femmes libres des sentiments personnels assez développés, et toujours ce sens particulier de la femme, qui dans tous les pays lui fait désirer de prendre dans son intérieur, sur l'homme, un ascendant et un empire, que les coutumes et les lois lui ont toujours empêché d'acquérir complètement, en pays noir.

De plus, le sentiment de l'amour se manifeste fréquemment chez les femmes libres tandis qu'il se montre fort rare chez les esclaves.

Ce n'est certes pas l'amour idéal, que nous pourrions supposer et imaginer avec toutes ses délicates tendresses et sa poésie, mais plutôt un amour sensuel, légèrement bestial, d'où naissent, comme chez nous, la jalousie et toutes les inconséquences désordonnées qui résultent d'une passion non satisfaite.

Le baiser est inconnu, cependant les mères caressent quelquefois leurs enfants en bas âge, en appliquant leur joue contre celle de leur marmot.

Le mariage est célébré par les marabouts et est indifféremment exogamique ou endogamique (1), excepté toutefois pour les griots et griotes qui ne doivent se marier qu'entre eux.

Quand une jeune fille est recherchée en mariage elle n'est jamais consultée, et elle est achetée aux parents par son futur mari, souvent quand elle est à peine nubile.

Au lendemain d'un mariage, devant la case occupée par les époux, on étend le pagne en toile blanche invariablement maculé de sang sur lequel ils ont passé la nuit.

Ainsi qu'on le voit les noirs sont très fiers d'étaler aux yeux de tous la preuve de la sagesse de leur compagne, et pour être satisfaits ils se contentent d'une preuve qui n'a souvent de la réalité que l'apparence.

Pendant la durée de la grossesse et de l'allaitement qui est fort long et se prolonge deux et trois ans, le mari n'a aucun rapport avec sa femme. En tous temps, il a le droit d'entretenir des concubines dans le domicile conjugal; la polygamie est la condition générale.

---

(1) Le mariage est dit exogamique quand on doit prendre femme dans une autre tribu ou un autre clan; il est dit endogamique dans le cas contraire.

Les femmes de mœurs légères sont ou libres ou captives. Elles sont peu estimées, bien que reçues par tous, même dans la famille des chefs, si elles font des cadeaux et possèdent quelque richesse.

Loin d'être considérées comme un honneur, les relations des femmes indigènes avec les blancs sont vues d'un très mauvais œil, et une femme qui a été leur concubine trouve difficilement à se marier.

Un grand nombre tirent profit de leurs relations avec les Européens, mais les maris ne s'entremettent jamais, comme on le prétend (1), pour faire s'établir des liens entre d'autres hommes et leurs épouses légitimes.

Quand les femmes sont jeunes le dessin du corps et de la gorge est pur, bien que les extrémités inférieures soient grêles, la démarche et l'attitude disgracieuses.

Les indigènes, sans attacher trop d'importance à la forme des seins, qui sont piriformes et plantés droits, les préfèrent légèrement tombants; la femme est alors formée.

Beaucoup sont câlines, et quand elles demandent une

---

(1) « La continence n'est pas la vertu dominante des Bambaras, des Malinkès et même des Toucouleurs. Ils s'occupent peu de sauvegarder la chasteté de leurs femmes, ou s'ils le font, c'est dans un but absolument intéressé, car ils les laissent le plus souvent libres de leurs actions, si de gros profits viennent les indemniser de leur indulgence. » Gallieni, *Voyage au Soudan français*, p. 438.

faveur, ou bien quand elles veulent se faire offrir un objet dont elles ont envie, bijou ou morceau d'étoffe, il est curieux de voir combien les manières, les façons de procéder et les gestes qui leur servent à arriver au but de leur désir ressemblent à ceux employés par les femmes blanches, dont elles ont en ces moments, non pas la grâce, mais toute la souplesse.

Il en est de même aussi quand elles se plaisent à faire souffrir en excitant la jalousie.

Chef peuhl et ses femmes.

Un proverbe noir dit que si une Peuhl entre comme femme légitime dans une maison, elle sera la maîtresse, dominera le mari et supplantera la première femme avant qu'il ne se soit écoulé une année.

Ce proverbe a souvent raison, car les femmes peuhls, de race rouge et non point nigritique, sont plus intelligentes, plus belles et plus désirables que les autres.

Elles se soignent beaucoup, vont souvent au bain, usent du massage que ne connaissent pas leurs congénères, en un mot, quoique d'un caractère très entier, elles paraissent plus raffinées, plus prévenantes pour leurs maris que les négresses des autres races.

Elles sont d'ailleurs dans leur tribu plus indépendantes et mieux considérées; elles y jouissent du droit, que n'ont pas les femmes des autres peuplades, d'exprimer leur avis dans les questions intéressant la communauté. Il n'est donc pas étonnant, qu'étant depuis leur jeunesse moins asservies, elles essayent une fois mariées de s'imposer et de supplanter leurs rivales légitimes, qu'elles considèrent comme inférieures.

Nous avons vu qu'à Mopti, dans le Macina, des femmes peuhls frappaient leur maris, chose extrordinaire en pays noir.

Religion. — *Vie future.* — Les morts sont inhumés et jamais brûlés; il existe des cimetières et des cérémonies funèbres dites par les marabouts; les tombes ne sont pas ornées de monuments funéraires; il n'y a ni sacrifices humains, ni mutilations d'aucune sorte à la suite du décès des rois.

Tous les indigènes croient à l'existence des ombres des morts; ils les vénèrent et cherchent par certaines pratiques à se les concilier. Ils se font faire par les marabouts et par crainte des diables et des ombres, des gris-gris et des amulettes.

Ils vénèrent également des fétiches, des serpents sacrés que l'on garde précieusement dans de vieux pots enfouis en terre (1) et recouverts d'un mauvais couvercle.

Ces reptiles sont inoffensifs ; ceux que nous avons vus étaient minces et longs, d'une couleur jaunâtre avec des taches noires ; leur queue peu effilée ne se termine pas brusquement comme celle du trigonocéphale. La tête est celle de la couleuvre.

Bien qu'il fît très chaud, ils paraissaient engourdis, inertes, par conséquent bien repus.

La montagne de Koulikoro est sacrée ; il règne sur elle la légende de Soumangourou, et de même qu'à Rome les temples et les statues des empereurs, elle sert de lieu d'asile à tous les fugitifs, hommes ou femmes, qui ont à se plaindre soit d'un maître (2), soit d'un époux. Pendant le temps de leur séjour au pied de cette montagne, les réfugiés sont inviolables ; ils peuvent y élever des cases

---

(1) Ces vases en terre sont enfouis dans des bois sacrés où les profanes ne peuvent pénétrer ; chaque village a son bois sacré, les morts sont généralement inhumés à proximité.

(2) V. Duruy, *Histoire des Romains*, t. V, p. 309. Antonin décida même que, si des esclaves réfugiés dans les temples ou auprès de la statue d'un empereur paraissaient au magistrat avoir été cruellement traités, le maître serait forcé de les vendre.

et cultiver pour se nourrir certains champs contigus qui leur sont expressément réservés.

On raconte que Soumangourou, roi des Bambaras, était en guerre avec un puissant voisin dont les armées étaient considérables.

Après une série de combats où la victoire fut indécise, Soumangourou battit enfin son ennemi et prit une de ses filles, Kadidja, dont il fit son épouse.

Cette femme sut si bien gagner sa confiance en le flattant et en lui disant qu'il était un grand guerrier, qu'après deux ou trois ans de mariage il lui livra le secret de ses victoires consistant en un gri-gri donné par un marabout vénéré.

Le gri-gri fut volé à Soumangourou par sa nouvelle femme et envoyé à son ennemi.

Vaincu peu après la trahison de Kadidja, il se réfugia sur le rocher de Koulikoro avec ses derniers partisans et précipita du sommet cette femme qui ne voulut jamais avouer son vol.

En même temps il lança un anathème contre les voleurs, et maintenant lorsqu'un objet est dérobé au village, le griot de Soumangourou (on nomme ainsi les griots qui vénèrent et adorent cet ancien chef à l'égal de leurs fétiches), s'avance le soir près de la montagne et adjure le coupable de rendre l'objet volé.

Il crie à trois reprises : « Que le voleur se dénonce, qu'il rende le bien volé par lui, ou, comme Kadidja, il périra !

« Celui qui connaît le voleur doit le dire ; celui qui, avec le voleur, a bénéficié du vol, doit le déclarer ou bien, comme Kadidja, il périra avant trois jours ! »

On nous a affirmé que très souvent les objets étaient rendus, que souvent aussi les griots ne faisaient pas mentir Soumangourou, et que, s'ils connaissaient le coupable, ou bien s'ils avaient intérêt à faire disparaître quelqu'un, ils l'empoisonnaient disant que justice était faite et que Soumangourou s'était révélé.

Beaucoup de personnes apportaient des aliments comme offrandes, du lait qu'elles répandaient sur le rocher, du mil et du couscous qui servait à la nourriture des réfugiés.

Les Toucouleurs aussi bien que les Peuhls musulmans, ont une confiance absolue dans la vertu des gris-gris et la puissance des sorciers.

Tous les Bambaras, y compris ceux qui affectent de faire le salam des musulmans, sont convaincus de l'influence sur leur destinée du fameux Soumangourou, ce génie du rocher de Koulikoro.

Les idoles sont considérées par les fétichistes comme des êtres ayant une personnalité, et les génies comme des êtres matériels; la crainte de les rencontrer empêche les indigènes de faire des marches de nuit.

Ils adorent certains objets naturels, les serpents sacrés par exemple, et n'ont aucune idée d'un Dieu unique, ni aucune notion panthéistique.

Les gris-gris et les fétiches ont pour eux un pouvoir déterminé; ils s'imaginent que les uns feront tuer beaucoup de gibier aux chasseurs, que d'autres feront prendre du poisson en très grande abondance aux somonos : tel gri-gri ou tel fétiche protégera contre certains dangers, tel autre sera nuisible aux ennemis. Mais, si l'effet attendu ne se produit pas, fétiches ou gris-gris sont abandonnés, sans qu'il vienne même à l'idée de ces êtres primitifs, que les griots ou les marabouts qui les leur ont vendus très cher ont abusé de leur bonne foi.

Les fétichistes n'ont pas de temples, les musulmans seuls ont des mosquées qu'ils construisent en terre. Quand le village n'est pas riche ou quand les musulmans qui l'habitent sont peu nombreux, l'emplacement de la mosquée n'est souvent indiqué que par une sorte de filet suspendu à l'aide de pieux; puis, peu à peu, les croyants élèvent les murs, chacun apportant une motte de terre quand il va prier.

Des marabouts bambaras forment le clergé des indigènes ralliés à la religion de Mahomet; mais leur situation ne les met pas à l'abri du pillage et des injustices de leurs coreligionnaires qui les ont asservis. Ainsi à Koulikoro vivaient plusieurs marabouts qui avaient été obligés de fuir Ségou à cause des exactions et des violences que les Toucouleurs, musulmans comme eux, leur faisaient subir.

Nous avions d'abord cru qu'il s'agissait d'espions que Mandani entretenait chez nous, mais les renseignements recueillis avec soin sur des gens venus avec leur famille, ne pouvaient laisser aucun doute.

Le fait pour les fétichistes d'avoir accepté la religion de Mahomet et d'en suivre les prescriptions, ne les met donc pas à l'abri des rapines de leurs vainqueurs musulmans.

Les griots sont les sorciers du pays. Ils peuvent être libres ou esclaves de guerre ou de naissance; dans les deux cas, ils sont toujours considérés par leurs maîtres non pas comme des captifs ordinaires, mais comme des invités de la famille.

Ils ne peuvent, comme ceux de leur caste, se marier qu'entre eux; leur maître, s'ils sont esclaves, leur fournira la somme nécessaire pour l'achat d'une et même de plusieurs femmes. Leurs enfants seront captifs griots; ils ne pourront pas quitter leur village ni le chef de case auquel ils appartiennent; cependant, jamais ils ne seront.

assujettis aux travaux manuels des esclaves ordinaires, leur mission unique étant de chanter les louanges de celui qui les nourrit.

Quand un chef parle dans un palabre, et en toute occasion quand il s'adresse à la foule, son griot répète les dernières syllabes du mot qui termine les phrases de son discours pour ajouter en quelque sorte, bien que captif, le poids de son autorité de sorcier aux prescriptions de son maître.

Si le chef veut communiquer des ordres, et si dans ce cas, il ne parle pas directement, le même griot prendra en son nom la parole et, à côté de lui, un griot de moindre importance remplira les fonctions de *répétiteur*.

A la cour de certains rois et chez quelques peuples, les argumentations ne parviennent aux sultans ou aux chefs qu'après avoir passé littéralement par la bouche de trois et quelquefois de quatre griots.

Le souverain, impassible, ne daigne comprendre qu'après avoir entendu la voix du chef des griots, et ses réponses n'arrivent aux intéressés que par l'intermédiaire des mêmes individus.

S'en plaindre à cause de la lenteur des palabres serait considéré comme une grave offense.

Pourquoi ces coutumes et cet usage qui font loi tant l'étiquette est stricte ? Sans doute pour empêcher les maléfices d'atteindre le souverain, mais aussi peut-être pour donner au chef, dans les discussions, le temps de réfléchir.

Pendant que les griots parlent, il peut composer son visage, son attitude, peser ses paroles et ne répondre qu'après mûre réflexion.

Ces deux explications doivent paraître également bonnes à ceux qui connaissent le caractère des noirs gens simples, croyant aveuglément au mauvais sort, aux sorciers, aux maléfices et en même temps astucieux, retors, patients et habiles.

Les heures ne comptent pas pour eux quand ils parlent des affaires du pays ou de politique.

Les longues conversations et les palabres font leur joie, tous sont très friands de ce genre d'entretien avec les Européens dont ils mettent la patience à de rudes épreuves.

Les prisonniers de guerre et les autres coupables avouant un crime commis par eux, et qui par conséquent sont certains d'être condamnés, diront tout d'abord au juge :

« Oui, j'ai mérité la mort, en me punissant tu seras juste ; mais puisque tu es juste, tu me permettras de parler. »

Coupables et prisonniers de guerre s'étendront alors

longuement sur leur généalogie; fussent-ils mendiants et misérables, ils parleront gravement de leurs ancêtres qui étaient des hommes sages et riches. Ils ne tromperont personne par leurs mensonges et eux-mêmes savent bien que rien ne pourra apitoyer leur juge et sauver leur tête. Ce n'est pas là, croyons-nous, ce qu'ils cherchent.

Ils continueront à parler longuement, non pour gagner du temps, mais afin de goûter le plaisir de parler; pour être le point de mire de tous les regards ils useront de tous les stratagèmes.

Ce serait manquer aux convenances et aux usages les plus universellement admis que de refuser à un condamné cette dernière joie (monologue fastidieux pendant lequel un homme fait son éloge et celui des siens).

On pourrait presque dire que c'est là son dernier chant.

Cette coutume est générale; elle s'étend aux plus petites choses, aux plus petits faits, et le captif qui doit subir un châtiment demande également à parler avant d'être châtié.

Son maître l'écoutera avec patience, maintiendra la punition en l'augmentant très souvent; mais elle paraîtra alors plus juste et sera supportée sans une plainte par le captif heureux d'avoir été entendu.

Ces peuples n'ont presque aucune industrie; ils considèrent les métiers comme déshonorants; tous les forgerons, les cordonniers et les tisserands sont regardés comme des êtres inférieurs à l'homme libre; la plupart sont des griots (1).

Nous avons déjà parlé des Romains et montré à propos des esclaves les nombreux points de ressemblance existant entre leurs anciennes coutumes et celles des Soudanais; il est curieux de constater chez les sauvages les mœurs des Romains qui trouvaient le travail déshonorant et ne connaissaient d'autre art que l'éloquence et d'autre occupation que la guerre.

« Le monde ancien méprisait l'industrie autant que le monde moderne l'honore. Aujourd'hui que cette lutte contre la nature a pris des proportions grandioses, qu'elle exige les plus nobles efforts de l'intelligence, l'industrie s'est pour ainsi dire spiritualisée, et, en se donnant pour but non d'accroître le luxe et les désordres de quelques-uns, mais le bien-être de tous, elle a légitimé sa puissance et heureusement ennobli le travail.

« Les anciens ne connaissaient d'autre art que l'éloquence, d'autre théâtre à leur activité que le Forum pour gagner le peuple, que le champ de bataille pour asservir

---

(1) On sait que les griots, bien que redoutés à cause de la puissance qu'on leur suppose, sont cependant méprisés; après la mort, leur corps est souvent placé dans des arbres creux au lieu d'être inhumé.

l'ennemi : en un mot, agir sur l'homme par la parole ou par les armes, mais non sur la nature physique qu'ils dédaignaient à force de frugalité ou à laquelle ils ne voulaient demander que des voluptés grossières (1). Les deux oracles de la sagesse antique, Cicéron (2) et Aristote, disaient :

« Aux esclaves revient tout ce qui exige l'emploi des forces corporelles, aux citoyens ce qui demande l'exercice de l'intelligence, excepté la guerre pour défendre la cité, et l'agriculture pour la nourrir (3).

---

(1) Ainsi ils dressaient des lions, des tigres, des cerfs, des autruches à traîner des chars dans l'arène (Montaigne, au chapitre des *Coches*); ils montrèrent des éléphants funambules dansant sur la corde raide (Cuvier, *Hist. des sc. nat.*, I, 254); ils engraissaient pour leur table le paon, la grue, le loir, même des escargots ; ils pratiquaient la pisciculture et la fécondation artificielle des poissons; mais, s'il y avait, dans tout cela, beaucoup pour leurs plaisirs, il n'y avait rien pour la commune utilité. (Isid. Geoffroy Saint-Hilaire.)

(2) Même pour Cicéron l'esclave représentait le mal, et il définissait ainsi l'autorité du maître : *Domini servos ita fatigant, ut optima pars animi, id est sapientia, (fatigat) ejusdem animi viciosas imbecillesque partes, ut libidines, ut iracundias, ut perturbationes cæteras* (S. August. *contra Julianum Pelagianum*, IV, 12, 61).

(3) Aristote écrivait : « Il est évident que les uns sont naturellement libres et les autres naturellement esclaves, et que, pour ces derniers, l'esclavage est aussi utile qu'il est juste. » (*Polit.*, 1, 1, 4.) Si Platon accepte l'esclavage comme un fait accompli, du moins il ne le justifie pas. Dans sa République idéale, il n'y a pas d'esclaves, mais, dans ses *Lois*, il est impitoyable pour eux. Sur la question des esclaves, voyez l'*Histoire de l'esclavage dans l'antiquité*, par M. Wallon. C'est l'ouvrage classique sur la matière.

« Il y a de la grandeur dans cette théorie. Malheureusement elle avilissait le travail en le séparant de l'intelligence et de la liberté ; elle jetait dans la paresse et dans les révolutions le pauvre de condition libre, et, en faisant de l'esclave un instrument, une machine à face d'homme (1), elle créait tous les dangers de la servitude (2). »

Les faits se passent exactement de même sur le Haut-Niger ; l'homme libre dédaigne le travail et l'esclave est une machine, un instrument à face d'homme.

Dans une brochure publiée récemment le capitaine Binger étudie les moyens de faire disparaître l'esclavage en Afrique et propose dans ce but de convertir tous les nègres à l'islamisme ou au christianisme.

« L'adoption de l'une ou l'autre religion par les peuples fétichistes de l'Afrique aura pour effet de faire disparaître l'esclavage.

« Affirmer que du jour où l'Afrique entière sera musulmane, l'esclavage sera supprimé, ressemble à un paradoxe assez téméraire ; cependant le fait est vrai et

---

(1) La loi Aquila ne faisait aucune distinction entre la bête et l'esclave : celui qui tue un bœuf de labour ou un esclave paye une composition égale au prix le plus élevé que la bête et l'homme ont eu dans l'année. (Gaius, III, § 210.) *Servile caput nullum jus habet* (Dig., IV, 5, 3, § 1).

(2) V. Duruy, *Histoire des Romains*, t. II, p. 377.

nous avons de puissantes raisons pour nous exprimer ainsi.

« Le musulman au Soudan ne fait pas esclave un autre croyant. En cela il respecte le § 5 du chapitre XLVII du Koran :

« Ensuite vous mettrez les prisonniers en liberté ou les « rendrez moyennant une rançon, lorsque la guerre aura « cessé (1) !... »

« Du jour où il n'y aurait plus que des croyants ils ne pourraient plus se réduire à l'esclavage les uns et les autres et forcément l'esclavage s'éteindrait faute de fétichistes (2). »

Sans rechercher si nous ne commettrions pas une faute en favorisant le développement de la religion de Mahomet en Afrique où tous les musulmans nous sont hostiles, croire que bénévolement par fanatisme et pour augmenter le nombre des croyants, les mahométans convertiront tous les nègres sans en excepter un seul, nous paraît une utopie ; ils ont trop besoin des esclaves pour les supprimer ainsi volontairement.

Quant au christianisme le capitaine Binger écrit :

« Certes l'œuvre de nos missionnaires eût été préférable à l'islamisme, car tout en rendant les noirs hon-

---

(1) Capitaine Binger, *Esclavage, islamisme et christianisme*, page 34.
(2) *Id., ibid.*; page 35.

nêtes et moraux, nos missionnaires les auraient rapprochés davantage de nous que l'islam (1). »

« Quel ne serait pas notre pouvoir à nous chrétiens, si nous nous considérions tous en Afrique comme des missionnaires et que, comme les musulmans, tout en profitant de toutes les circonstances qui s'offrent à nous pour convertir les fétichistes, nous provoquions encore les occasions!

« Il faut en convenir, nous n'avons pas encore assez de religion pour cela.

« Dans les colonies c'est tout juste si nous donnons le bon exemple aux chrétiens noirs en assistant aux offices (2). »

Écrire que le christianisme rend tous les nègres moraux est en contradiction flagrante avec les faits, et nous nous permettrons, afin de montrer combien l'idée de christianiser l'Afrique pour rendre les nègres plus moraux est peu réalisable, de renvoyer le lecteur à l'ouvrage de M. Abel Hovelacque, *Les nègres de l'Afrique sus-équatoriale.*

Les exemples multiples et probants donnés par le célèbre professeur à l'École d'anthropologie de Paris, qui lui ont été fournis par de nombreux explorateurs, quel-

---

(1) Capitaine Binger, *Esclavage, islamisme et christianisme*, page 71.
(2) *Id., ibid.*; page 75.

ques-uns même par des missionnaires, montrent que prétendre imposer *à un peuple noir la civilisation européenne est une aberration pure*, et surtout que loin de rendre les nègres plus moraux *le résultat des missions en Afrique a été nul ou exécrable*.

« Le témoignage unanime, dit M. Abel Hovelacque, pages 441 et suivantes, de tous les explorateurs qui ont écrit avec bonne foi sur la condition intellectuelle et sociale des noirs de l'Afrique sus-équatoriale, est qu'il ne faut guère se flatter de les voir arriver définitivement à une civilisation comparable à la nôtre.

« La civilisation européenne plaît au nègre, il en reconnaît la supériorité; néanmoins il ne demande pas à ce qu'on l'introduise chez lui. Bonne pour blancs, dit-il, elle est mauvaise pour noirs. Baker le dit fort justement, en essayant de devenir un homme blanc, il perd ses bonnes qualités naturelles (*op. cit.*, p. 203) et, une fois abandonné à lui-même, après avoir été initié à notre culture, il rétrograde immanquablement : « comme un cheval en liberté, il devient sauvage (p. 202). Une qualité lui reste au moins : autrefois il buvait peu d'eau-de-vie, aujourd'hui il en boit beaucoup (1). »

M. Abel Hovelacque déclare qu'en traçant son esquisse ethnographique il n'a été ni détracteur systématique,

---

(1) Laffitte, *op. cit.*, p. 103.

ni ami aveugle du frère noir, et pour conclure son ouvrage qui nous paraît contenir l'expression de l'absolue réalité il écrit : « Que par leur développement intellectuel et par leur civilisation les nègres africains soient inférieurs à la masse des populations européennes, personne évidemment n'en peut douter.

« Personne ne peut douter non plus que, sous le rapport anatomique, le noir ne soit moins avancé que le blanc en évolution (1).

« Les nègres africains sont ce qu'ils sont ; ni meilleurs, ni pires que les blancs ; ils appartiennent simplement à une autre phase de développement intellectuel et moral.

« Ces populations enfantines n'ont pu parvenir à une mentalité bien avancée, et à cette lenteur d'évolution il y a eu des causes complexes. Parmi ces causes, les unes peuvent être recherchées dans l'organisation même des races nigritiques, les autres peuvent l'être dans la nature de l'habitat où ces races sont cantonnées.

« Toutefois, ce que l'on peut assurer avec expérience acquise, c'est que prétendre imposer à un peuple noir la civilisation européenne est une aberration pure. Un noir a dit un jour à des voyageurs blancs que la civilisation

---

(1) *Précis d'anthropologie*, p. 221-353, Paris, 1887 (Bibliothèque anthropologique, t. IV).

blanche était bonne pour les blancs, mauvaise pour les noirs. Aucune parole n'est plus sensée.

« Il est impossible de le nier, là où ont pénétré les missions chrétiennes, aussi bien les missions protestantes que les catholiques, elles n'ont fait que porter l'hypocrisie et un raffinement de dépravation.

« Est-ce à dire que la destinée du noir africain doive nous laisser indifférents, et que nous ne devions pas songer à le faire bénéficier de nos progrès? En aucune façon.

« Il s'agit, tout au moins, d'épargner l'eau-de-vie de traite, les missions religieuses et les coups de fusil à un grand enfant crédule et inconstant, auquel il ne faudra de longtemps, semble-t-il, demander les qualités de l'homme fait (1). »

*
* *

Nous nous sommes beaucoup étendu sur les mœurs des indigènes; d'après ce que nous avons dit plus haut, on pourra remarquer qu'il existe entre les maîtres et les esclaves une différence bien peu sensible. En parlant des Romains V. Duruy écrit : « Un état contre nature ne se maintient que par des lois contre nature. Pour refouler

(1) Abel Hovelacque, *Les Nègres de l'Afrique sus-équatoriale.*

dans la servitude, c'est-à-dire dans la douleur, souvent dans l'infamie, l'esclave jadis libre, guerrier, même chef, que la guerre avait enchaîné, il fallait une pression d'autant plus forte, que la résistance morale était plus énergique. De là cette dureté pour l'esclave et ces lois de sang qui formaient le *code noir* de l'antiquité. » (V. Duruy, *Histoire des Romains*, t. II, p. 385.)

Sur le Niger au contraire, à l'exception des Touaregs, les maîtres usent plutôt de douceur envers leurs esclaves, douceur toute relative il est vrai, mais qui n'est pas à comparer avec les atrocités de l'ancienne Rome.

Tous ces détails sembleront peut-être à première vue s'écarter du sujet; ils s'y rattachent cependant par un lien étroit; ils sont même, à notre avis, les éléments indispensables de toute discussion sérieuse sur la question de l'esclavage.

Il ne suffit pas, en effet, d'envisager ce grave problème avec nos yeux et notre tempérament de gens civilisés; il faut également tenir compte de la force, de la puissance irrésistible des idées innées et ancrées chez les peuples barbares.

Dans un but fort louable et fort humain, nous voulons leur rendre la liberté, briser les chaînes qui les attachent à leurs maîtres. Mais eux-mêmes, dans l'état actuel des choses, tiennent-ils à cette liberté que nous considérons comme le premier et le plus précieux des droits de l'homme?

Nous sauraient-ils gré de la leur accorder?

Nous ne le croyons pas; ces peuplades n'ont jamais compris les bienfaits de la civilisation et la servitude qui nous est odieuse paraît naturelle à leurs yeux.

Nous pensons au contraire que maîtres et esclaves ne réclament aucun changement à leur situation.

Les maîtres, parce qu'elle leur assure une vie aisée et facile; les esclaves, parce qu'ils sont habitués à ce genre d'existence et qu'ils ne conçoivent pas d'autre idéal.

Si nous entreprenions de les émanciper, ils ne comprendraient pas la haute portée morale et humanitaire de la lutte que nous engagerions pour eux.

Ils ne verraient en nous que des conquérants, ne poursuivant d'autre but que de se substituer à leurs maîtres actuels.

Or, comme leurs instincts de noirs les rapprochent naturellement de leurs congénères, dans leur raisonnement d'hommes simples et primitifs, réfractaires à toute idée de progrès et de civilisation, ils préféreront toujours la domination de ces derniers à la nôtre.

Il ne faut pas non plus perdre de vue qu'en raison de leur caractère indolent et apathique, ils se contentent de la vie animale et végétative qu'ils mènent, qui leur procure la pâture journalière suffisante et dont la première qualité, à leurs yeux, est de les dispenser de toute initiative personnelle.

Ce sont là des considérations qui ne doivent pas échapper à la perspicacité des philosophes, des législateurs et des hommes d'État.

Il répugne à nos idées d'hommes libres et éclairés, d'accepter un pareil état de choses, et l'on s'explique le courant d'opinion qui s'est produit chez toutes les nations et surtout en France, en faveur de la suppression de la traite et de l'affranchissement des esclaves.

Personnellement, et nous serions désolés qu'on pût penser le contraire, nous nous rangeons à l'idée des hommes généreux qui poursuivent par tous les moyens possibles le projet de soustraire tant de milliers d'êtres à cette condition odieuse et avilissante, qui fait tache dans le monde actuel.

Et si nous avons tant insisté sur ce point, c'est pour indiquer que la solution de ce problème ne peut être obtenue qu'à la longue, au prix de nombreux et persévérants efforts, en tenant bien compte des difficultés sérieuses que les esclaves eux-mêmes ne manqueront pas de soulever.

Avant tout, il faudrait leur faire comprendre que leur

sort peut être amélioré, renverser leurs croyances stupides, leurs traditions vieilles de bien des siècles, qui veulent que l'esclavage soit la loi, jusqu'à ce que leur contact plus intime avec les blancs ait, en éclairant leur grossière ignorance, relevé quelque peu leur niveau moral. Voilà ce qui est nécessaire d'abord et le reste viendra après. Mais quand?

* *
*

Partis de Nyamina le 24 octobre nous mouillions le 25 à Koulikoro.

Notre voyage du 16 septembre au 25 octobre avait duré quarante jours; nous avions eu, tant à Sansanding qu'à Mopti et Tombouctou, six jours de repos sans allumer les feux de la machine. Le calcul des heures de chauffe, d'après notre journal de bord, donne exactement trois cent quarante heures pour les trente-quatre jours pendant lesquels nous avons marché. Pour se rendre compte du travail considérable que fournissaient nos hommes, il faut y ajouter le temps nécessaire pour nettoyer la machine et ramoner les tubes. De plus, excepté dans les rares villages où le bois nous était vendu par les indigènes, nous envoyions des corvées à terre; et elles coupaient quotidiennement, pour marcher tout le jour, six à sept stères de bois, le *Mage* en brûlant environ 3/4 de stère par heure. Nos hommes travaillaient donc en moyenne, au minimum, seize heures sur vingt-quatre, car nous n'avions qu'une seule équipe de chauffeurs et de laptots.

Le soir, à l'arrivée au mouillage, on cuisait le pain dans les chaudières; la pâte une fois prête était placée sur une plaque en tôle et mise ainsi dans les fourneaux dès que les feux étaient éteints.

La cuisine des hommes ainsi que la nôtre était faite sur de petits appareils construits par nos soins, mais pour cuire des œufs il suffisait, sur le pont, de mettre le plat sur le coffre à vapeur des chaudières.

Les chauffeurs ne descendaient devant les feux que pour alimenter ou bien décrasser et charger les fourneaux; ils avaient alors la précaution de placer le bois en travers sur les barreaux de grille; cette manière de chauffer empêche les barreaux de se brûler; nous n'avons eu de ce fait aucune avarie.

Ils remontaient ensuite sur le pont d'où ils surveillaient la machine et la chauffe, car la température était de $+78°$ d'une façon constante dans la chaufferie; c'est-à-dire insoutenable, même pour des noirs.

Notre roof arrière était divisé en deux compartiments bas et étroits dont un, attenant à la machine, était aéré par deux portes et deux petits panneaux servant de fenêtres ; c'était le logement du docteur.

Nous y avons pris la température avec un thermomètre enregistreur gêné d'ailleurs par les trépidations de la machine qui constamment faisaient osciller le stylet.

Ce thermomètre, placé peut-être un peu près du toit (chauffé par le soleil malgré nos tentes), se trouvait néanmoins à l'ombre ; le stylet se maintenait à + 55°, température de cette chambre.

Les thermomètres de la deuxième cabine arrière indiquaient à l'ombre, toutes fenêtres et portes ouvertes, + 42° et + 45°.

La passerelle, longue de 2 mètres, large de 40 centimètres, élevée à peine de 30 centimètres au-dessus des soupapes de sûreté, se trouvait entre le tuyau avant et le roof de l'équipage ; on y rôtissait littéralement.

La nuit nous étions gardés par deux factionnaires placés un à l'avant, l'autre à l'arrière ; les hommes couchaient à plat sur le pont, à l'exception de quatre qui avaient des couchettes et des hamacs ; les autres, faute de place, s'étendaient dans la chaufferie sur le parquet en tôle encore très chaud, ou bien sur les roofs et dans les chalands avant qu'ils n'aient été brûlés. Les jours de pluie ils n'avaient aucun abri. Telle était la vie à bord.

Comment s'étonner dans ces conditions que les hommes fussent malades ?

De plus, à Koulikoro, ils étaient logés, comme nous d'ailleurs, dans des cases couvertes en chaume dont les murs en terre reposaient sur le roc.

Cette terre glaise n'adhérait pas suffisamment au rocher pour empêcher l'eau coulant du haut de la montagne de pénétrer sous les murs; elle passait en abondance, après deux ou trois jours de pluie sous la base, et formait dans nos habitations de vrais marécages. La pluie filtrait aussi au travers de nos toits de paille et, grâce à cette humidité constante, les herbes et les haricots poussaient dans nos chambres.

Il eût fallu des constructions surélevées d'un mètre ou deux au-dessus du sol, sur un plan de gros blocs de rochers mal joints tout exprès entre eux pour laisser un passage libre à l'écoulement des eaux. Nous avions adopté pour nos constructions nouvelles ce dernier système qui donna de très bons résultats ; deux blockhaus et un bâtiment pour les blancs furent construits ainsi par nos soins.

En outre, pendant l'hivernage, lorsque au Soudan les soldats sont à l'abri dans les postes, nos marins reçoivent à bord toutes les tornades et sont de jour comme de nuit sur pied quand il fait mauvais temps.

Même la nuit, au mouillage, quand arrive un grain, s'ils sont à terre, couchés dans leurs cases, puisqu'à bord la place n'est pas suffisante pour tous, les valides se lèvent et vont veiller à la sécurité du bâtiment.

Telles étaient les causes de la mortalité dans la flottille, mortalité qui y était plus élevée que partout ailleurs;

Blockhaus de l'arsenal.

le déchet atteignait 57 p. 100 en moins de six mois, dit le rapport médical du médecin-major du *Mage*.

Les indigènes de l'équipage que nous avions pris à Saint-Louis avaient eux-mêmes la fièvre et étaient souvent exempts de service; quant aux Européens, malgré tout leur courage et leur constance, la terrible maladie les abattait à jour fixe, d'abord tous les mois, puis tous les vingt jours, puis tous les dix jours, les accès se rapprochant et devenant de plus en plus violents. Ces accès amenaient la cachexie ou étaient le prélude d'une atteinte de fièvre bilieuse hématurique. Il fallait alors renvoyer les malades en France.

Le lendemain de notre arrivée à Koulikoro, nous avions à déplorer la perte du quartier-maître mécanicien Lorgan, mort de cachexie palustre.

Nous étions partis de Saint-Louis au nombre de dix, le 22 février 1889; c'était la troisième victime de ces climats meurtriers.

Nous fûmes d'autant plus affectés de la mort de ce brave Lorgan, qu'il avait été durant tout le voyage un joyeux compagnon, n'ayant rien perdu de sa gaieté parisienne. Aux heures d'épreuves et aux moments les plus difficiles, il avait toujours su conserver la sérénité et l'égalité d'humeur qui faisaient le fond de son caractère. Lorsque ses compagnons de route grelottaient la fièvre et étaient abattus par la maladie, lui-même, quoique très atteint, avait toujours un mot pour rire, ce qui ne lui enlevait rien de ses qualités sérieuses de travailleur.

Les médicaments ne manquaient pas, bien qu'une machine à glace demandée depuis longtemps en France et retenue à Kayes à cause de son poids nous fît défaut. Elle nous aurait rendu les plus grands services.

Nos médecins ont certainement fait l'impossible pour

essayer de combattre les effets de la fièvre palustre dont tous les blancs sans exception ont été plus ou moins atteints.

Nous avions aussi pour les malades tous les ménagements qu'exigeait leur état de santé ; nous cherchions surtout à varier leur nourriture et à leur procurer des vivres frais pour exciter leur appétit et les soutenir.

Dans ce but, à notre retour de Koriumé, on s'occupa de jardinage; dans l'arsenal même, entre les chantiers de constructions et l'atelier, au bord du fleuve, il y avait un emplacement des plus propices. Les Somonos y cultivaient avec notre autorisation et récoltaient après l'hivernage une plante ayant avec le chanvre de très grands rapports, qui leur servait à fabriquer des cordes et des filins pour leurs engins de pêche.

En octobre leur récolte était faite ; sur le même emplacement notre jardin fut installé comme il suit :

Il était divisé en plates-bandes, longues de 4 mètres, larges de 1^m,50 à la base, formées de couches successives de paille sèche et d'herbes jusqu'à une hauteur de 50 centimètres.

Nous n'avions pas de terreau et le sol était argileux; la terre fut d'abord séchée au soleil, puis battue, passée au crible et mélangée avec un peu de sable pour la rendre légère, avec des cendres pour chasser les insectes et les empêcher de former des fourmilières dans nos plates-bandes.

On employa beaucoup de fumier que nous avions à discrétion, les habitants n'usant en général des fumures que pour la culture du tabac.

La terre ainsi préparée était déposée au-dessus des couches de paille très épaisses et couvertes d'engrais qui avaient pour objet de toujours conserver sous la plante une sorte d'humidité; l'eau de l'arrosage s'y accumulait forcément, la terre glaise du sol retenant l'eau.

Il nous manquait des arrosoirs; nos mécaniciens en fabriquèrent à l'aide de vieilles boîtes en zinc ayant servi à conserver notre farine et notre biscuit. Ils employèrent pour les poignées des bouts de tuyaux de cuivre hors de service.

Tout notre jardin fut fait par les laptots des équipages; ils étaient une vingtaine tous les jours employés à ce travail et y consacrèrent près de deux mois.

Le marais fangeux et malsain qui était à la porte de nos cases, couvert par le fleuve aux plus hautes eaux et abandonné peu à peu après les crues, se trouva ainsi changé en jardin aux allées sablées et propres.

Nous gagnions tous les jours sur le fleuve qui baissait, et nous avions tout avantage à faire nos plantations très près du bord puisqu'il fallait beaucoup d'eau.

Nos laptots arrosaient tous les jours deux fois, d'abord à l'aube, car il était nécessaire à cause du soleil d'avoir terminé de très bonne heure, pour ne pas exposer nos plantes humides d'eau à être grillées, ensuite le soir après la disparition du soleil dans l'Ouest, derrière la montagne de Koulikoro.

Nous récoltions après vingt jours de semence des radis roses et noirs. Les salades de diverses espèces, laitue, escarole, mâche, chicorée et chicorée sauvage venaient très bien; de même des choux, et des choux-raves que l'on avait transplantés.

Il fallait, pour ces légumes, faire au préalable des semis dans des caisses couvertes de 9 heures à 3 heures du soir à cause de la chaleur, et isolées du sol de crainte des insectes.

Les melons poussent bien ainsi que les pastèques; il leur faut beaucoup de soins, ils deviennent rarement plus gros que ceux d'Europe.

Nous récoltions aussi des carottes, des épinards, des haricots, des petits pois; tout poussait très vite.

Les concombres ne nous donnaient aucune peine, nous les semions au bord du fleuve quand l'eau venait de se retirer.

Nous nous servions, comme les indigènes pour le mil, mais sans bêcher ni remuer le sol, d'un simple bâton pointu à l'aide duquel on faisait des trous profonds de 2 centimètres et distants l'un de l'autre de 1 mètre.

Dans ces trous étaient placées deux ou trois graines de concombre que l'on recouvrait d'un peu de sable sans mélange de terre. Ce dernier détail est très important ; la sécheresse, en effet, en durcissant le sol, eût empêché la plante de prospérer. La tige eût été serrée comme dans un étau, tandis qu'au contraire le sable lui permettait de s'élever librement, les racines s'enfonçant dans un terrain frais et fertile.

Il tombait goutte à goutte d'un rocher placé près du fleuve un peu d'eau venant de la montagne ; on fit là une cressonnière, et l'eau de cette source ayant un jour manqué, on se servit du coffre en tôle d'une voiture comme d'un réservoir pour contenir l'eau que deux petits trous laissaient échapper en minces filets.

Chaque radis dans les postes du Soudan revient à près d'un franc, a écrit le colonel Frey, en parlant de la pauvreté du sol de ce pays brûlé par le soleil et privé d'eau !

Ce que nous fûmes obligés de faire pour préparer un terrain convenable à la culture donnera une idée du peu de fertilité et de la difficulté qu'on éprouve à récolter nos plantes potagères. On verra par là quel travail les noirs fainéants et paresseux du Haut-Niger seraient obligés de fournir pour arriver à quelques résultats, et si l'on doit compter sur eux pour avoir des légumes verts.

Cependant nous étions au bord du fleuve et nous avions l'eau à discrétion, avantage qui n'existe pas dans tous les autres postes.

Nos Européens s'occupaient tous un peu de jardinage à leurs moments perdus et les indigènes très friands de choux, de tomates et de pastèques, soignaient notre jardin pour le faire produire beaucoup.

Après un certain temps, il nous fut facile de donner des légumes à tous ceux qui contribuaient à sa prospérité.

Chacun comprendra combien fut précieuse cette ressource, quand on saura qu'au passage de la colonne qui allait attaquer Ségou, nous avons pu fournir abondamment, pendant deux jours, des légumes frais à tous les Européens, officiers et soldats, au nombre de 120, qui depuis leur départ de Kayes et même de Saint-Louis en avaient été privés.

On ne doit donc pas, dans une expédition au Soudan, oublier d'emporter des graines, car si le budget des colonies en fournit à tous les postes un certain stock, on peut être exposé à les recevoir trop tard; nous étions heureusement fort bien pourvu; nous ne reçûmes celles du Gouvernement que le 14 janvier 1890, c'est-à-dire quand notre jardin était en plein rapport depuis longtemps déjà.

Au Soudan le jardinage peut être commencé en juillet ou, dès les premières pluies, en mai, si l'on emploie le système que nous avons indiqué : faire des plates-bandes sur des couches de paille qui les élèvent ; de cette façon les plantes ne seront ni arrachées par les torrents qui coulent après une tornade ni noyées dans les flaques d'eau.

Au milieu de la journée, toutes les plantes sans exception devront être couvertes avec des sécots en paille faciles à faire, suspendus au-dessus du sol à l'aide de pieux.

CHAPITRE XII

Les canonnières à Tombouctou. — Elles sont indispensables sur le Niger. — Défauts de leur organisation. — Préparatifs de départ pour une nouvelle campagne. — Demande d'un autre équipage. — Contre-ordre. — Comment une expédition vers Saï devrait-elle être faite ? — Nécessité de confier à la marine le soin d'armer les canonnières. — Conclusion.

Nous voudrions, dans un dernier chapitre, exposer les arguments que notre voyage à Tombouctou entrepris par suite d'un malentendu nous a suggérés en faveur du maintien de la flottille du Niger, ainsi que les changements qu'il nous semblerait opportun de faire à leur organisation pour en assurer une utilisation plus complète. Enfin nous terminerons par l'étude d'un voyage vers Saï. Peut-être les idées que nous développerons, inspirées par notre expérience personnelle, ne seront-elles pas sans utilité.

La possession du Soudan peut avoir pour la France un intérêt purement commercial ou politique. Nous pouvons vouloir simplement faire revivre à notre profit l'ancien commerce de Tombouctou ou bien notre objectif est, en devenant les maîtres de la Nigritie et de la plus importante de ses cités, à cause de sa situation sur le chemin des caravanes, de protéger nos possessions dans le Sud Algérien et de favoriser notre pénétration de ce côté.

Si notre action sur les bords du Niger se borne à détourner à notre profit le commerce actuel de Tombouctou et à essayer de faire revivre son trafic autrefois considérable, la condition nécessaire de tout acte de ce genre serait d'assurer la sécurité des gens qui voudront trafiquer.

La flottille du Niger est indispensable pour obtenir ce résultat et elle peut l'obtenir seule, à moins qu'on ne veuille entreprendre la conquête du pays en agissant comme nous l'avons fait pour le Soudan français.

Mais combien faudra-t-il de temps, d'argent et d'hommes pour atteindre ce but?

Pour devenir les maîtres à Tombouctou par le Soudan, c'est-à-dire en laissant de côté l'idée du Transsaharien que nous ne pouvons essayer de discuter, il faut d'abord passer par le Macina en amis, car si les habitants sont hostiles ils empêcheront tout commerce par le fleuve, et dès lors notre objectif serait entravé ou tout au moins compromis. Dans cette hypothèse, la nécessité s'imposerait de faire la conquête du Macina ; cette difficulté vaincue, il faudrait, à moins qu'on ne les force à reconnaître notre suzeraineté, détruire ou refouler les

Touaregs et installer à Tombouctou un poste capable de leur résister, car ils seront pendant longtemps encore hostiles à notre influence et resteront nos ennemis naturels comme ils le sont déjà sur notre frontière sud de l'Algérie, où, malgré nos efforts et nos moyens d'action, ils ne cessent de nous harceler et de résister à notre pénétration par le Sud Oranais.

Nous pourrions alors faire revivre à notre profit l'ancien commerce du Soudan; faire passer sous notre protection, dans nos postes, les quatre mille esclaves venant du Haut-Niger qui étaient vendus il y a vingt-cinq ans à Tombouctou au moment de sa splendeur, et dont trois mille étaient chaque année entraînés par les caravanes.

En échange nous recevrions des barres de sel et des objets apportés à dos de chameaux de la Tripolitaine et du Maroc.

Pour arriver à ce maigre résultat, il faudra ravitailler en hommes et en vivres les forts que nous serons obligés de créer à Mopti, au confluent du Mayel-Balével et du Niger; à Youwarou, au nord du lac Déboë, là où le pays est élevé; puis enfin à Safay, à la réunion des deux Niger, ainsi qu'à Koriumé et à Tombouctou.

Mais pour créer des postes ainsi éloignés, pour les relier au Soudan et permettre leur ravitaillement continuel, la voie du fleuve est tout indiquée. L'augmentation de la flottille en résulte, et pourtant on trouve excessives déjà les dépenses d'entretien et d'armement des canonnières actuelles.

Cependant sans leur appui, des troupes ne peuvent pas opérer dans le Macina où le pays est inondé, et il est évident que si nous voulons installer un poste à Tombouctou, le Macina doit être placé sous notre protectorat ou bien conquis les armes à la main.

Au point de vue purement commercial, si nous voulons protéger les traitants de Tombouctou, il est préférable d'avoir sur le Niger des canonnières solides, résistantes et mobiles, au lieu de postes échelonnés de loin en loin.

A plus forte raison, si nous prétendons jouer un rôle politique et acquérir des possessions qui nous permettront de nous relier à l'Algérie et à la Tunisie, comme on y songe du côté du Touat.

Nous ne voulons pas aborder cette question qui n'est pas de notre compétence, mais dans le cas où le gouvernement y verrait un intérêt quelconque au point de vue de notre influence en Afrique, l'augmentation de la flottille sur le Niger serait encore plus nécessaire.

En effet Bamba, Tombouctou et Bouroum sont les points de passage des caravanes qui viennent du Touat, du Maroc, de l'Algérie et de la Tunisie.

C'est là qu'elles se ravitaillent en vivres que leur

apportent les pirogues du Macina et de Sansanding.

Le Macina et le Haut-Niger étant le grenier d'abondance des Touaregs, les canonnières peuvent, en séjournant dans le bief Safay-Tombouctou, leur couper les vivres et sinon les affamer, puisqu'il resterait à ces nomades le laitage de leurs bestiaux, du moins les empêcher de faire paître et boire leurs troupeaux près du fleuve ; les empêcher aussi de recevoir du mil, du riz et de toucher les droits du dixième qu'ils prélèvent sur les marchandises transportées par pirogues.

La nouvelle de notre action à Tombouctou se répercutera au loin avec une extrême rapidité ; et si les Touaregs se trouvent en même temps pressés par nos troupes du côté du Touat il leur faudra se soumettre, c'est-à-dire laisser le passage libre aux marchands, sans cela ils seront rejetés dans le Sahara et pris en quelque sorte entre deux feux, sans grands risques ni dépenses de notre part, du côté du Niger.

Des canonnières suffiraient pour obtenir ce résultat indéniable. Une action au Touat a donc pour corollaire une expédition maritime vers Tombouctou.

La traite serait de fait arrêtée net pour le Maroc et le Nord de l'Algérie ; et en même temps le commerce du Soudan acquerrait une vitalité inconnue depuis longtemps, car les voies de communications deviendraient sûres grâce à nos bâtiments, si les Touaregs demandaient l'aman.

Il est à remarquer que pour mettre ce projet à exécution il n'est pas besoin de troupes ni de conquérir le Macina, le pays de Tiéba, le Moshi ni même le pays de Samory.

Si au début les chefs du Macina montraient quelque hostilité, pour éviter toutes complications les canonnières passeraient par le marigot de Diaka comme faisaient les pirogues du temps des guerres de Tidiani et du père d'Abiddin pour aller jusqu'à Tombouctou et au delà.

Nous n'indiquons que les grandes lignes d'un projet pour lequel de très grandes dépenses ne sont pas nécessaires ; dans ce cas particulier la flottille ne devrait pas être supprimée mais au contraire renforcée. Il n'y aurait nul aléa à redouter et les résultats à obtenir sont visibles.

Nous avons dit au début de notre ouvrage qu'une convention récente avec l'Angleterre nous permettait d'étendre notre influence sur le Niger jusqu'à Saï. En admettant que la France voulût à un moment donné rendre effectif son protectorat sur les contrées visées par le traité franco-anglais, il est hors de doute qu'on donnerait immédiatement l'ordre à la flottille de marcher sur Saï.

Nous voyons donc que, dans tous les cas, l'utilité

de la flottille du Niger est considérable. Cette utilité deviendrait plus grande encore en apportant quelques modifications à sa composition et à l'organisation actuelle.

Nous avons déjà fait ressortir plus haut la confusion d'instructions qui motiva notre départ pour Tombouctou et nous fit entreprendre cette campagne contre le gré du commandant supérieur.

Aujourd'hui les canonnières appartiennent aux colonies et sont placées sous les ordres du commandant du Soudan qui donne la direction politique à suivre ; les officiers et les équipages sont prêtés aux colonies; tous néanmoins dépendent du commandant de la marine, à Saint-Louis, qui donne les notes.

Quant au matériel, il est fourni par le Soudan ainsi que les vivres.

Il en résulte des erreurs provenant de ce que le personnel chargé de préparer le ravitaillement des canonnières n'est pas au courant du service maritime.

Des militaires totalement étrangers aux choses de la marine ne peuvent choisir dans une longue liste de matériel les objets nécessaires sans rien omettre, et cela malgré leur bonne volonté à notre égard.

C'est ainsi qu'en décembre 1889 un convoi de ravitaillement fut formé comme tous les ans à Kayes, à destination de Koulikoro; le nombre de tonnes à transporter était limité.

On fit, sans nous demander nos besoins les plus urgents, un choix parmi le stock d'objets destinés aux canonnières qui étaient en dépôt à Kayes. Les choses les plus essentielles furent oubliées; on expédia des marmites de campement en grande quantité et des couvertures en laine, choses indispensables pour une troupe en marche dont nous pouvions cependant nous passer à bord; quant aux articles plus utiles, clous d'assemblage pour la construction des chalands, peinture pour les coques et surtout les roofs que fendillait le soleil, on les avait omis ainsi que beaucoup d'autres.

Ce triage n'avait certainement pas été fait par un marin; on nous avait traités comme des soldats et avec la meilleure volonté du monde et de très bonne foi on nous expédia ce qui paraissait le plus utile; les marmites furent choisies de préférence à d'autres objets.

Ayant reçu plus tard l'ordre de nous préparer à marcher sur Saï et voulant compléter notre matériel auquel il manquait en particulier beaucoup d'articles nécessaires à l'armement de sept chalands que nous voulions construire, pour nous les procurer, nous avons envoyé le 5 mars 1890 un long télégramme au commandant de la marine, à Saint-Louis, dans lequel nous lui demandions l'indispensable. On trouvera dans l'annexe n° 1 cette correspondance qu'il nous a paru intéressant de conserver pour montrer les besoins de la flottille.

Le commandant de la marine à Saint-Louis répondait à cette dépêche par un télégramme n° 103 ; il nous disait, et c'est là où nous semble pécher l'organisation de la flottille qui dépend exclusivement du Soudan, qu'il ne pouvait rien pour nous ; d'adresser nos demandes au chef du service administratif de Kayes, les colonies étant indépendantes de la marine et l'arsenal de Saint-Louis n'ayant en magasin que les rechanges nécessaires aux bâtiments de la station du Sénégal demandés spécialement pour chacun d'eux.

Avec cette organisation qui fait dépendre les canonnières du commandant de la marine et du chef militaire du Soudan, les malentendus ne cessent d'exister ; nous avons signalé celui qui nous permit de faire notre voyage à Tombouctou ; nous voudrions faire toucher du doigt la réelle défectuosité de ce système qui dans certains cas pourrait occasionner des accidents déplorables, tels que l'ordre télégraphique arrivé à Mopti pendant la marche en avant du *Mage*.

Les instructions pour ce second voyage ont été encore changées ; mais si cette expédition nouvelle s'était faite, l'aurions-nous entreprise dans de bonnes conditions et n'est-il pas permis de dire que toutes ces difficultés n'en auraient pas facilité le succès?

Nous savons apprécier la bonne volonté de tous au Soudan; mais il est tout naturel aussi que le *Mage* et le *Niger* soient une gêne, un gros ennui, pour des personnes dont ce n'est pas le métier d'armer des bâtiments.

Il résulte de ceci que les canonnières devraient être en principe armées complètement par la Marine et placées sous les ordres du commandant du Soudan pour toutes les opérations de guerre auxquelles elles pourraient participer. Nous croyons d'ailleurs que le commandant du Soudan est persuadé de leur peu de valeur militaire et de leur inutilité pour lui: qu'il en fait peu de cas et se soucie fort peu de leur concours, car, chose étrange et conséquence forcée des saisons, quand les troupes marchent et opèrent, les canonnières, faute d'eau, sont immobilisées; quand, en hivernage elles peuvent naviguer, la colonne du Haut-Fleuve est alors disloquée et le commandant supérieur rentre en France.

C'est une raison pour laisser à la Marine le soin de les armer et de leur donner des instructions. Les canonnières doivent être considérées comme des éclaireurs, qui bien loin au delà de Tombouctou peuvent faire flotter notre pavillon, protéger toutes les missions que l'on peut y envoyer, nous faire connaître, peu à peu détruire les idées fausses des habitants sur les Européens, et aussi les attirer à nous.

Le sol sera préparé, et si nos troupes veulent s'enfoncer de plus en plus loin sur le Niger, si, à un moment donné, il est nécessaire d'occuper Tombouctou et tous les points que nous avons précédemment cités, on n'aura plus grand'peine à les ravitailler; le commerce par le fleuve aura repris son cours. Nous pourrons imposer les pirogues faisant le va-et-vient de deux façons : en faisant payer le droit du dixième, chose que les indigènes trouveront toute naturelle, puisque c'était l'ancienne coutume, ou bien ils réserveraient dans la cale de leur pirogue la cinquième partie de la place pour y loger, sans réclamer de fret, des provisions et des vivres que les embarcations déposeraient successivement dans les postes établis par nous sur le cours du fleuve; on trouverait là toute une série d'économies.

Même ainsi modifiée dans son organisation la flottille aurait encore bien des imperfections inhérentes aux canonnières qui la composent et à la nature de leur champ d'opération.

D'abord le *Mage* et le *Niger* manquent de vitesse, pour aller seuls en toute sécurité dans la région des rapides et il leur faut remorquer des chalands pour emmagasiner des vivres et du combustible; la place fait défaut à bord pour loger du bois et chaque briquette de charbon de quatre kilos revient à près de quatre francs à Koulikoro.

En second lieu viennent les difficultés du ravitaillement entre Saint-Louis et Koulikoro, dues aux moyens de transport.

Il y a de plus l'insalubrité du pays et les mauvaises conditions d'habitation des hommes qui, tout sentiment d'humanité à part, doivent en quelque sorte être considérés comme la partie la plus délicate et la plus essentielle pour une expédition de cette nature. En effet, si les mécaniciens ne résistent pas, et il n'y en a que quatre pour les deux bâtiments, un forgeron, un ajusteur, un chaudronnier en cuivre et un chaudronnier, il est fort possible qu'on reste en route, les uns ne pouvant être qu'imparfaitement substitués aux autres pour un travail de leur spécialité. Quant aux noirs, ils sont incapables d'ajuster une pièce de machine, à plus forte raison de remplacer des mécaniciens européens.

Ce ne serait pas une bonne solution que de faire transporter sur le Niger, comme on y avait songé pour diminuer les dépenses, un canot à vapeur plus faible que le *Mage* commandé par un sous-officier.

On eût évité de la sorte l'entretien d'un assez gros effectif européen et d'officiers de vaisseau, sans réfléchir que si les canonnières sont insuffisantes à cause de leurs dimensions trop restreintes, le canot, d'un plus petit tonnage et muni d'une plus faible machine, nécessiterait des réparations plus fréquentes et serait incapable de naviguer seul en toute sécurité.

Sans parler des tornades plus à craindre pour ce canot que pour les canonnières, où logerait-on à bord les vivres et l'approvisionnement de combustible, bois ou charbon ?

Les canonnières actuellement en service sont de trop faible échantillon, mais enfin on peut les utiliser telles qu'elles existent ; les deux machines sont bonnes, il suffit de changer les tubes des chaudières du *Niger*.

Quant au *Mage*, sa double coque en bois est à refaire ainsi que son pont, ses roofs et ses aménagements. A notre retour de Koriumé, avant d'arriver à Koulikoro, une voie d'eau s'est déclarée tellement forte que trois hommes vidant l'eau ne pouvaient empêcher le niveau de monter dans la cale; après une réparation sommaire il en entrait encore chaque jour trois mille litres.

Malgré cela le *Mage* et le *Niger* peuvent rendre encore bien des services.

*
* *

En octobre 1889, aussitôt après notre retour, il avait d'abord été question de désarmer les deux bâtiments, et nous n'avions pas pu, à cause d'économies à réaliser, procéder pendant la saison sèche à la construction de cases nécessaires pour abriter les hommes au prochain hivernage. On nous avait donné l'ordre de ne faire aucune dépense, de congédier tous nos manœuvres et de porter nos efforts sur une seule canonnière ; on ne devait pas avoir besoin de l'autre cette année-là.

Le 19 février 1890 l'état de la flottille était si déplorable que nous télégraphiions :

N° 360. — Flottille à Commandant supérieur.

« .....Ai à vous signaler que case du docteur ainsi que toutes les autres et magasins sont à reconstruire. Le pont du *Mage* et celui du *Niger* sont à changer. Le *Mage* doit être échoué ou mis sur berceau, visité, réparé et calfaté entièrement. Quantité brai et étoupe expédiée par convoi du 31 décembre n'est pas suffisante. Il y en aura à peine assez pour galiote et grand chaland qui attendent depuis longtemps. Il ne restera rien pour trois petits chalands en chantier depuis trois mois et les bâtiments, rien non plus pour l'imprévu. *Ceci est l'indispensable pour flotter je ne parle pas pour naviguer........* »

Tout à coup une dépêche prescrivant de se préparer à partir aux hautes eaux arriva à Koulikoro le 2 mars 1890.

Nous venions de perdre les mois de novembre, décembre, janvier et février pendant lesquels nous étions restés à nous croiser les bras; les canonnières avaient besoin de grosses réparations et il était urgent de demander en France par câblogramme un équipage.

Des neuf hommes partis avec nous de Saint-Louis il en restait trois (1) incapables de résister à de grandes fatigues; ils étaient profondément anémiés et n'auraient pu redoubler la campagne.

Le nouvel équipage pouvait à la rigueur quitter la France le 20 mars et arriver à Koulikoro le 20 juin; avec nos quelques hommes valides nous aurions fait, pendant ces trois mois, tous les préparatifs de départ dans la direction de Saï.

Nous avons répondu par télégramme que l'expédition était possible malgré tout; que nous pensions pouvoir la mener à bien, mais que pour rendre son succès plus

---

(1) Le 7 décembre, Allain et Villegente avaient été renvoyés, le premier à cause de cachexie palustre, le second après deux atteintes de fièvre bilieuse hématurique. Le 14 janvier, Gander avait été rapatrié pour fièvre bilieuse hématurique; il est mort à Podor avant d'arriver à Saint-Louis.

certain, il était d'abord nécessaire de mettre les canonnières en état de naviguer ; qu'ensuite sept chalands couverts chargés de vivres et de bois de chauffe devaient être construits; qu'ils devaient être munis de voiles, de perches, de paillottes et de cordelles pour marcher comme ceux du Sénégal, protégés mais non remorqués par les canonnières; qu'il faudrait emporter six mois de vivres, des rechanges de toute nature, tout le charbon en magasin (à peu près quinze tonnes), et avoir pour la défense de chaque chaland, non compris un patron et deux laptots nécessaires à la manœuvre, trois tirailleurs sénégalais commandés par quelques gradés, en tout vingt et un hommes de troupe.

A l'aller on descendrait le fleuve avec la première crue du 1er au 15 juillet, lentement, sans fatiguer ni les équipages ni les machines.

Pendant les tornades, les embarcations à voiles se mettraient à l'abri dans les roseaux et ne seraient plus une gêne pour les canonnières.

Nos chalands auraient été plus solides que les pirogues qui font ces voyages; et au delà de Tombouctou, dans l'inconnu, il nous eût été possible de naviguer avec sécurité, précédés de ces mêmes chalands faciles à protéger dans un pays de plaines, contre les pillards.

Au retour, les embarcations seraient halées à la cordelle comme sur le Sénégal et utiliseraient leur voile, grâce à la brise d'est, sorte de mousson que nous connaissions et qui devait toujours régner en cette saison.

Nous ajoutions dans notre télégramme :

« Je sais maintenant les limites dans lesquelles on peut se mouvoir ; à cause de la baisse de l'eau, les bâtiments ne seraient pas surchargés ni surtout encombrés avec tout le personnel, boulanger, cuisinier, charpentier, patrons de chalands. On pourrait faire de grosses provisions de bois.

« J'estime que l'on peut compter sur deux mois d'exploration au delà de Tombouctou et rentrer cette année. Il n'est pas possible de fixer une distance, car on peut rencontrer un obstacle et la navigation peut être plus ou moins aisée (1). »

Nous demandions en même temps d'engager à Kayes (2) sept patrons et quatorze laptots pour armer les chalands que nous construirions dans l'arsenal et dont nous au-

---

(1) D'après nos prévisions nous comptions partir du 1er au 15 juillet, arriver le 15 août à Tombouctou, et en repartir le 15 octobre pour rentrer à Koulikoro où nous aurions pu être le 1er décembre. Nous aurions eu ainsi, pour explorer le Niger au delà de Tombouctou, deux mois pendant lesquels il eût été possible d'aller très loin si le courant des rapides de Tosaye, aux basses eaux, n'avait pas été supérieur à la vitesse du *Mage*, 5 nœuds 3.

(2) Il eût été impossible de trouver à Koulikoro des Somonos habitués à manier des embarcations à voiles.

rions aussi fabriqué les mâtures; les laptots et les patrons auraient apporté des voiles prises aux chalands du Sénégal, servant à faire la navette pendant la saison sèche entre Podor et le Soudan.

Les nôtres auraient été identiques et notre flottille plus vite organisée; ces patrons ayant sur le Niger à manœuvrer des embarcations semblables à celles dont ils avaient l'habitude de se servir, auraient immédiatement été au courant de la manœuvre. De là moins d'avaries.

Lors de cette seconde expédition dans la direction de Saï, nous aurions voulu emmener sous notre protection, en plus de nos chalands, beaucoup de pirogues de commerce qui, protégées par les canonnières, auraient navigué en toute sécurité.

Il suffisait de prévenir les gens de Sansanding de notre intention; ils auraient accepté avec joie; plusieurs, trop peu riches pour acheter une pirogue, se seraient cotisés pour trouver le prix nécessaire à l'achat.

Nous sommes convaincu que ces gens, commerçants jusqu'aux moelles et industrieux, nous auraient suivis partout.

Ils auraient peu retardé notre marche en avant, puisque nous eussions eu des chalands naviguant à la perche comme leurs pirogues. Leurs embarcations auraient été d'une grande utilité pour notre mission, car elles auraient porté le cinquième de leur chargement en bois ou charbon, et de suite la navigation et le commerce reprenaient sur le cours du fleuve.

Tout a été rendu inutile par un contre-ordre.

Pourtant ces résultats n'auraient-ils pas été appréciables et cette mission pacifique n'aurait-elle pas pu s'accomplir pendant l'hivernage, c'est-à-dire pendant le repos des troupes?

Puisque les canonnières peuvent naviguer librement pendant les hautes eaux alors qu'au contraire les troupes de terre restent inactives, pourquoi les laisser si souvent stationnaires? Elles ne coûtent pas plus en route qu'au mouillage. (Voir l'étude des dépenses annexe n° 2.)

*
* *

Dans quelles conditions une expédition nouvelle sera-t-elle entreprise?

Il n'y a pas à se leurrer d'un fol espoir ni à se créer de fausses illusions. En préparant très activement, dès maintenant, une nouvelle campagne ayant Saï pour objectif, on ne peut pas songer à partir de nos postes du Soudan, établis sur le Niger, avant le mois de juillet 1893.

Depuis dix-huit mois les canonnières sont restées un peu abandonnées à elles-mêmes (les marins et l'officier qui les commandait étant employés en excursions à terre); elles n'ont qu'un équipage des plus réduits : un second-maître de manœuvre, un second-maître mécanicien, européens tous les deux et des noirs.

De Koulikoro où nous les avions laissées (5 mai 1890) (1), elles furent conduites à Ségou, leur nouveau poste, l'une après l'autre, faute d'hommes pour les armer.

Nous pouvons, sans être taxé d'exagération ni de partialité, dire que l'insuffisance absolue des équipages des canonnières n'a pas dû avoir pour résultat de les mieux conserver, à plus forte raison de les réparer. Il y a donc beaucoup à faire sous ce rapport.

L'officier qui obtiendra le commandement de la flottille, en supposant qu'il soit bientôt désigné, ne peut pas partir de France avant la fin de la saison des pluies; au Sénégal, s'il partait plus tôt, il ne pourrait pas rejoindre son poste, à cause du mauvais état des routes. Il arrivera à Ségou, sur le Niger, dans le courant de janvier en marchant très vite.

Avant son départ de France, il aura eu soin d'organiser son expédition, de choisir ses officiers et son médecin; ceci est essentiel, la vie à bord à deux n'étant

(1) Après avoir demandé vainement le renouvellement de l'équipage, en novembre 89 puis en mars 90, quand il s'est agi d'entreprendre une nouvelle expédition, dans la direction de Saï.

possible que s'il y a communauté d'idées et confiance réciproque absolue.

Il rassemblera en France absolument tout ce qui lui sera nécessaire pour mettre les bâtiments en état de naviguer et ne devra pas compter sur l'arsenal de Saint-Louis.

Le matériel considérable qu'il transportera (50 ou 60 tonnes) ne lui parviendra pas à Ségou, au complet, avant la fin d'avril, en supposant les conditions les plus favorables ; c'est-à-dire organisation d'un convoi spécial pour la flottille, ce qui n'est possible qu'après le ravitaillement des postes.

Et il ne peut songer à partir la même année, en 1892, car il lui faudra réparer les canonnières et construire des chalands. Or, pour atteindre Saï, il est nécessaire de partir en juillet, avec les premières crues.

A cette époque, rien ne sera prêt.

La première année se passera donc en réparations, constructions de magasins, de logements, de chalands, etc...

En juillet 1893, il n'y aura plus qu'à appareiller.

Mais, auparavant, il aura fallu demander à temps en France le renouvellement complet des équipages ; car après dix-huit mois de travail et de séjour au Soudan, la fièvre, l'anémie les auront très réduits, et les Européens qui resteront seront incapables de continuer la campagne.

Il n'y a de notre part, dans ce que nous avançons, aucune exagération; il suffit de prendre les dates d'arrivée et de départ des officiers-mariniers ou matelots de la flottille, depuis que les canonnières existent, pour vérifier notre dire.

Aucun marin n'a pu rester plus de dix-huit mois sur les bords du Niger.

Les officiers seront-ils eux-mêmes mieux que leurs hommes en état d'entreprendre à cette époque une expédition qui peut durer deux ans? Telle est la question.

Quant à nous, nous ne le croyons pas, et nous disons que l'officier désigné pour prendre le commandement de la flottille, en octobre 1891, ne peut songer à partir en expédition.

Son rôle sera d'ailleurs considérable, et on lui devra la réussite d'une mission qu'il aura préparée.

A moins qu'on ne laisse tout en l'état, et que les canonnières ne soient abandonnées à leur sort, ce qui est encore une solution, mais quelle solution!

Des exemples nombreux se présentent à l'appui de ce que nous avançons, et de ce qui peut, à première vue, paraître invraisemblable.

En 1885, M. l'enseigne de vaisseau Froger a monté la première canonnière.

Cet officier est rentré malade après avoir eu la satisfaction d'en faire les essais; mais Davoust, qui le remplaça, put aller avec elle en mission jusqu'à l'entrée du marigot qui conduit à Djénné, dans le Macina.

La saison trop avancée ne lui permit pas d'aller plus loin; et au contraire, Caron qui le remplaça en 1886 put aller à Tombouctou, car le *Niger* était en état.

Plus tard, en 1887, Davoust fut désigné pour succéder à Caron; il dut emporter une seconde canonnière démontable, le *Mage*.

Après une année de travail opiniâtre et de fatigues excessives pour mettre en état les deux bâtiments, il mourut à la peine, sans avoir pu, à cause du manque d'eau, aller même jusqu'à Ségou, à deux jours de marche de Koulikoro.

En 1889, nous l'avons remplacé, et il est incontestable que nous avons profité dans une très large mesure du travail considérable de cet officier; nous l'avons dit au début de notre ouvrage, on ne saurait trop le répéter.

Il en sera ainsi pour la préparation de toute prochaine longue campagne.

Pour conclure, nous pouvons dire :

De même que les expéditions de Stanley, qui doivent être prises comme modèles, ne se sont pas organisées à la hâte, en quelques jours, de même devons-nous, si nous voulons atteindre Saï en 1893, nous y préparer sans retard. Car, s'il est vrai que dans toute mission maritime il existe toujours, pour tromper les prévisions les plus justes, l'aléa du bon fonctionnement de la machine, du moins cet aléa ne doit-il pas effrayer les gens qui ne sont pas du métier, surtout si les officiers qui ont charge de l'expédition répondent de sa réussite probable.

Et si le voyage dont nous parlons ne peut être comparé à la dernière marche de l'illustre explorateur à travers l'Afrique, du moins la mission qui nous occupe doit-elle être, tout autant que celle de Stanley, organisée avec un soin judicieux, bien outillée et très forte.

A un certain moment, on peut se trouver contraint de suivre à pied ou en chaland halé les bords du Niger, après avoir laissé les bâtiments retourner au Soudan, à cause d'un obstacle infranchissable pour eux.

Il faudrait alors se frayer un passage jusqu'à la mer parmi des peuplades hostiles. La preuve de cette hostilité a été faite tout dernièrement à quelques centaines de kilomètres de l'embouchure du fleuve (1).

(1) Mizon a été attaqué par des indigènes et un grand nombre de ses hommes blessés par des gens soumis à l'autorité anglaise.

L'expédition dont nous parlons servirait à relier entre eux, et au besoin à ravitailler, à Saï, MM. Crampel dont la mort n'est pas certaine et Monteil qui ont le lac Tchad ou Saï pour objectif. Elle devrait être décidée en principe.

Mais l'entreprendra-t-on?

*
* *

Avant d'examiner comment nous comprenons une mission des canonnières vers Saï il est indispensable d'étudier la navigabilité du Niger et de montrer que l'expédition sera peut-être forcée de séjourner loin des postes du Soudan au moins un an.

La partie du fleuve comprise entre Koulikoro et le lac Déboë n'est navigable que de juillet au 6 décembre environ.

On ne peut par conséquent pas partir avant juillet.

D'autre part si les canonnières n'étaient pas de retour avant décembre elles seraient arrêtées par le manque d'eau.

Ceci, posé deux cas peuvent se présenter:

Entre le lac Déboë et Saï le fleuve est navigable de juillet à décembre comme entre le lac Déboë et Koulikoro.

Alors l'expédition partie en juillet pourra être de

retour avant le mois de décembre de la même année.

Ou bien : *Il se trouve entre le lac Déboë et Saï un point où les eaux sont trop basses pour permettre le passage de juillet à décembre.*

Nous ne pouvons préciser ni ce point, ni cette époque; mais nous pouvons considérer comme à peu près certain qu'en janvier cet inconvénient ne se produira pas, car le fleuve atteint son maximum d'élévation à Tombouctou en janvier grâce à l'étranglement de Tosaye.

L'expédition pourra alors être obligée d'attendre ce mois qui correspond à l'époque des plus hautes eaux à Tombouctou, pour continuer sa route jusqu'à Saï; et si, à son retour, elle trouve le passage de nouveau fermé par suite d'une baisse rapide des eaux, il lui faudra attendre encore la crue de janvier de l'année suivante à ce point.

Comme d'ailleurs elle ne peut se présenter en amont du lac Déboë avant juillet, elle ne pourra être de retour à Koulikoro qu'au moins un an ou deux après son retour.

Pour résoudre le problème de la navigabilité du Niger, nous nous sommes adressé à M. Mascart, ingénieur des Ponts et Chaussées, à qui nous avons communiqué nos notes sur les crues du Niger.

M. Mascart a bien voulu étudier le régime absolument remarquable de ce fleuve et son travail montre qu'au delà de Tombouctou le Niger doit être plus longtemps navigable que près de Koulikoro ; c'est d'ailleurs ce qui produit à Idda et à Yéba, où le fleuve reste stationnaire jusqu'en avril.

NOTE DE M. MASCART, INGÉNIEUR DES PONTS ET CHAUSSÉES, SUR LA NAVIGABILITÉ DU NIGER EN AVAL DE TOMBOUCTOU.

Les renseignements précis sur le régime du Niger et sa navigabilité en aval de Tombouctou manquent, ce fleuve ayant seulement été traversé en quelques points par Barth et descendu en bateau par Mungo-Park dont les documents ont été détruits. Les données qu'on a pu réunir sur la partie amont du fleuve, entre Koulikoro et Tombouctou, sont les seuls éléments que l'on possède et dont nous avons cherché à tirer parti.

Le Niger à Koulikoro a un régime nettement torrentiel, comme l'indique la courbe des crues, assez bien connue en ce point. M. Caron lui donne à Nyamina un débit insignifiant à l'étiage et des débits de 1,500 mètres à la seconde, le 3 juillet, au début de la crue, et de 7,600 mètres cubes au moins en septembre, au moment de la crue maxima.

En aval de ce point se trouve une vaste région inondable, aux environs du lac Déboë, et les explorateurs sont d'accord pour trouver un changement sensible du régime à Tombouctou, situé à la sortie du bassin. La crue y commencerait en septembre ; en octobre M. Jaime vit le fleuve coulant à pleins bords au milieu d'une immense plaine plate ; Barth fixe le maximum de la crue en janvier sans baisse des eaux avant février ; enfin Caillé put remonter sur une pirogue calant 1 mètre, le 19 avril, le marigot de Kabara que M. Jaime avait trouvé à sec.

Le niveau observé par Caillé est donc de $1^m,25$ à $1^m,50$ supérieur au niveau observé par M. Jaime ; l'on peut en conclure que la crue ne se termine pas avant le mois de mai et dure par suite sept mois au moins, du 1er octobre au 1er mai. Cet allongement de la crue ne peut être attribué qu'au rôle régulateur joué par le bassin du lac Déboë, rôle que M. Jaime a exposé.

En aval de Tombouctou on ne connaît plus le fleuve et l'on sait seulement qu'à Tosaye il traverse des défilés où Barth a vu sa largeur réduite à 160 mètres, entre des rives escarpées, avec un courant très violent. Cet étranglement contribuerait, avec le bassin du Déboë, à régulariser le régime.

Au point de vue de la navigation il était intéressant de connaître à peu près le débit à l'étiage et le débit en crue à l'aval de Tosaye, ce qui caractériserait bien le régime du fleuve et permettrait de prévoir à peu près l'allure du chenal principal.

A cet effet, nous avons calculé la quantité d'eau que reçoit le lac Déboë en un an. Si l'on en déduit la quantité d'eau qui passe à Tombouctou pendant les cinq mois d'étiage, on aura le débit total de la crue. Connaissant ce débit total et la durée de la crue, on pourra facilement calculer le débit moyen du Niger à Tombouctou pendant la crue. Le fleuve ne recevant aucun affluent important entre Tombouctou et Tosaye, ces débits se conserveront à Tosaye et en aval, et seront un aperçu du régime en aval de Tosaye.

Nous avons des observations assez précises sur la hauteur des eaux à différentes époques et la vitesse du courant à Koulikoro ; connaissant en outre le profil en travers du fleuve en ce point on peut calculer le débit par la formule

$$D = 0{,}8 SV$$

S représentant la section occupée par les eaux sur le profil en travers, évaluée en mètres carrés, et V la vitesse du courant en mètres par seconde.

Ce calcul a été fait mois par mois, en prenant la valeur moyenne des divers éléments de la formule pendant le mois.

Mais outre le Niger, le lac Déboë reçoit un affluent important, le Mayel-Balével, dont M. Jaime évalue le débit à la moitié de celui du Niger.

En l'absence de toute autre donnée, nous avons adopté cette proportion, et nous avons admis que la quantité d'eau reçue par le lac était une fois et demie celle qui passe à Koulikoro. Nous avons supposé, d'après la situation des bassins du Niger et du Mayel-Balével, que les époques de leurs crues coïncidaient.

Le tableau suivant donne les résultats de ces calculs:

MOIS.	VITESSE V.	DÉBIT par seconde à Koulikoro.	DÉBIT PRÉCÉDENT multiplié par 1,5 pour tenir compte du Mayel-Balével.	DÉBIT pendant le mois (Mayel-Balével compris).
	mètres.	mètres cubes.	mètres cubes.	millions de mètres cubes.
Janvier	0.25	146	220	570
Février	0.25	146	220	570
Mars	0.25	146	220	570
Avril	0.25	146	220	570
Mai	0.25	146	220	570
Juin	0.50	400	600	1560
Juillet	1.02	1880	2820	7300
Août	1.35	5000	7500	19000
Septembre	1.53	8000	12000	31000
Octobre	1.43	6400	9600	25000
Novembre	1.20	2500	3700	10000
Décembre	0.50	400	600	1560
Total				99 milliards de mètres cubes.

Ainsi le lac Déboë recevrait en un an environ 99 milliards de mètres cubes d'eau.

Le débit à Tombouctou pendant l'étiage est plus difficile à estimer. M. Jaime a pu cependant nous donner un profil en travers du fleuve en un point où la profondeur est à peu près uniforme entre Koriétago et Koriumé et où M. Caron avait observé environ 0^m,50 au-dessus de l'étiage et M. Jaime 1^m,25 au-dessus de la cote précédente, sans débordement. Avec ces données et les observations de vitesses on peut évaluer à 1,500 mètres cubes par seconde le débit en juillet et août et à 3,500 mètres cubes le débit en septembre, ce qui fait respectivement 4 milliards et 9,3 milliards de mètres cubes par mois.

D'après l'observation de Caillé, la crue durerait en avril, et l'on aurait cinq mois d'étiage. Nous pouvons admettre que, durant ce temps, le débit du fleuve est réduit au débit de juillet, ce qui donnerait :

Mai.......	4 milliards	
Juin......	de	
Juillet....	mètres cubes	soit en tout 16 milliards.
Août......	par mois.	
Septembre................................		9.3
		25.3

Pendant la durée de la crue, du 1er octobre au 1er mai, le fleuve devrait donc écouler 99—25.3 = 73,7 milliards de mètres cubes, ce qui ferait en moyenne 4,000 mètres cubes environ par seconde.

On voit que le débit ne serait guère que trois fois le débit de l'étiage. Ce résultat concorde avec les observations de Caillé qui a constaté qu'au moment où le fleuve était très haut, le courant était peu sensible, et que par suite le débit n'était pas en proportion de la montée des eaux. Ce phénomène nous semble dû à l'étranglement de Tosaye et aux défilés qui ralentissent le cours et restreignent le débit.

Ainsi en aval de Tombouctou le Niger aurait un débit de 1,500 mètres cubes pendant cinq mois et de 4,000 mètres cubes en moyenne pendant sept mois d'octobre à mai, ce qui lui assurerait une remarquable régularité de régime.

Le fond étant en général assez fixe, il y a de grandes chances pour que le chenal soit mieux dessiné que dans le cours amont à régime torrentiel et conserve même aux basses eaux une certaine profondeur. La crue modérée et longue donnera donc un tirant d'eau suffisant aux chaloupes à vapeur, et ne devra pas produire de courants assez vifs pour gêner la navigation.

Les défilés de Tosaye sont pourtant un point où l'on doit s'attendre à trouver des courants très violents, en raison de la faible largeur du fleuve. La crue produira sans doute dans ces défilés une élévation extraordinaire du niveau, ce qui donnera de la profondeur, mais exagérera en même temps la violence du cours. Il n'y aurait rien d'étonnant à ce que la vitesse de l'eau pût atteindre 7 à 8 nœuds en temps de crue, et il serait prudent de ne tenter ce passage qu'avec des navires pouvant donner au moins ces vitesses.

Il convient d'ajouter qu'en outre de la grande crue régularisée venue d'amont, le Niger doit éprouver en aval de Tosaye une crue locale coïncidant avec l'époque des pluies; si aucun bassin régulateur ne se trouve entre Tosaye et Saï, cette crue devient de plus en plus importante à mesure qu'elle descend le cours du fleuve, et cela en raison de l'étendue des bassins affluents. La durée de la navigation aux environs de Saï pourrait être ainsi augmentée d'un mois environ, le mois de septembre.

Résumé. — En restant donc dans la limite des hypothèses permises pour l'interprétation des observations recueillies sur le Niger, il nous semble probable que ce fleuve présentera en aval de Tombouctou un régime moyen assez régulier, voisin de celui des fleuves européens, et par suite sera plus aisément navigable que dans son bassin supérieur. La navigation pourrait se faire pendant sept ou huit mois par an, ce qui est une durée très favorable.

MASCART, Ingénieur des Ponts et Chaussées.

✳

Bien que Barth n'ait pas descendu le Niger il nous apprend que de Tombouctou à Saï le fleuve traverse un pays rocheux et accidenté.

En supposant au *Mage* et au *Niger* une vitesse supérieure au courant des rapides, il sera indispensable de leur adjoindre une chaloupe à vapeur filant au moins dix nœuds pour éclairer la route.

Ce canot à vapeur devra bien évoluer et avoir une grande vitesse pour ne pas être entraîné dans une chute et roulé.

Il sera utilisé entre Tosaye et Saï seulement ; son tirant d'eau sera faible puisque ses vivres, ses munitions et ses rechanges seront à bord des canonnières ou des chalands qu'il n'est pas appelé à quitter.

On peut avoir pour 25,000 francs une chaloupe de 12 mètres filant dix nœuds, remplissant bien les conditions que nous indiquons. Mais ce n'est pas tout.

Nous avons montré que l'expédition pouvait être forcée de séjourner loin des postes du Soudan au moins un an ; d'ailleurs un voyage trop rapide ne produirait pas d'impression durable sur les populations ; ce serait une véritable course, car il faudrait parcourir en quatre mois

5,000 kilomètres dont 3,000 en pays inconnu où une grande vitesse n'est pas possible à réaliser.

Une autre raison sérieuse encore, d'ordre national, semble s'opposer au retour de la mission l'année même de son départ.

Le Comité de l'Afrique française dirige en ce moment, du Congo vers le Tchad, des explorateurs, sans leur fixer, à notre connaissance, de ligne de retour bien déterminée, les laissant libres d'agir suivant les circonstances.

Il est à remarquer que pour eux la seule route pratique une fois le Tchad atteint est celle du Niger.

Ils ne peuvent pas songer à rentrer par le Nord (Tunisie ou Algérie); ils se heurteraient aux Touaregs et au Sahara.

D'autre part le chemin de l'aller Oubanghi-Tchad peut se trouver barré par des tribus hostiles qu'ils auraient traversées en combattant; en tout cas ce chemin une fois connu offre peu d'intérêt pour la science.

Il ne reste donc que la route du Niger par Kouka, Sokoto et Saï, c'est-à-dire celle de l'Ouest.

Cet itinéraire a l'avantage de suivre la ligne fixée à notre zone d'influence par la convention franco-anglaise du 5 août 1890; ce qui nous permettrait, après y avoir été les premiers, de nous opposer aux prétentions de la Royal Niger Company sur l'Aïr, l'Adar et le Damerghou.

Par le seul fait de la présence d'une canonnière à Saï, le gouvernement prêterait un appui moral et énergique aux missions envoyées par le Comité ; et à l'occasion rien ne serait plus facile que de détacher des bâtiments dans la direction du Tchad une expédition bien outillée, qui, pendant la saison sèche, tendrait la main à des explorateurs engagés dans les terres. Nous pensons d'ailleurs que la présence des canonnières assurerait leur sécurité.

Notre influence serait établie sans conteste jusqu'au Tchad au retour de ces deux expéditions, surtout si pendant le séjour à Saï on avait le soin de se créer des partisans dans le pays.

Il faut donc de toute nécessité que les bâtiments envoyés à Saï y séjournent au moins un an.

Au point de vue technique du projet qui nous occupe, si la durée de l'expédition vers Saï doit être d'un an, il faudra que les canonnières soient accompagnées de chalands nombreux pour loger les vivres de réserve et le combustible qu'il leur est impossible d'emmagasiner à bord.

Quelques-uns de ces chalands devront être en acier zingué. Ces embarcations serviront, en effet, à faire les corvées de bois journalières ; elles devront pouvoir accoster les berges, frôler des troncs d'arbres sans trop craindre d'avaries, porter des vivres qui ne doivent à aucun prix se corrompre.

Il faut donc qu'elles soient solides et étanches. Nous connaissons par expérience tous les inconvénients qui résultent de l'usage de chalands ou bâtiments en bois : réparations fréquentes à la coque, consommation de clous, d'étoupe, de brai ou de goudron en quantité considérable que l'on ne peut pas se procurer; étanchéité mauvaise, chargements en plein air, sans abri contre la pluie ou les embruns, d'où perte de vivres, etc..., etc.

Les coques en bois doivent être rejetées.

Nous ne voulons pas dire qu'à l'occasion des chalands en bois construits dans le pays ne seraient pas utiles.

Nous songerions même à les utiliser si les moyens de transport n'étaient pas suffisants. Ils rendraient des services pour porter le combustible ou le bois, mais on n'y devra pas loger les vivres, les munitions et les objets de réserve pour un an qui craignent l'humidité.

Comme le courant de Tosaye doit être très vif pendant la crue il conviendra de ne s'y présenter au retour qu'à l'époque des plus basses eaux navigables.

A l'aller, en arrivant aux rapides en août ou septembre, quand le courant est le moins violent, si sa vitesse dépassait 5 nœuds 3, vitesse du *Mage*, l'expédition se diviserait. Elle pourrait être continuée avec le *Niger* la chaloupe à vapeur et des chalands.

Le *Mage* reviendrait à Koulikoro et se disposerait à retourner l'année suivante au même point, accompagné d'une seconde chaloupe à vapeur qu'il laisserait partir avec d'autres chalands dans la direction de Saï, si le 1ᵉʳ octobre le *Niger* n'était pas de retour.

Le projet d'aller à Saï avec le *Mage* et le *Niger* est donc réalisable, car il est peu probable qu'en toute saison, surtout au début et à la fin de la crue, le courant des rapides soit supérieur à sept nœuds ; même dans ce cas la vedette filant dix nœuds pourrait continuer sur Saï ; *mais il n'offre peut-être pas toute la sécurité désirable, car on ne doit pas s'exposer à un échec.*

Il serait préférable d'avoir sur le fleuve une canonnière plus grande, plus rapide, plus fortement armée que le *Mage* et le *Niger*. Les dépenses d'achat d'une canonnière neuve et celles d'entretien d'une expédition vers Saï ne dépasseraient pas un million pour deux ans ; ce chiffre n'a rien d'excessif si l'on regarde les résultats considérables que l'on est en droit d'attendre.

L'influence de la France serait établie sans conteste jusqu'au Tchad et le contre-coup s'en ferait certainement sentir en Algérie. Ce résultat serait d'autant plus appréciable qu'en ce moment il est question d'une opération militaire au Touat, que les nomades seront vite instruits de notre expédition vers Saï, et de notre action sur des points qu'ils considèrent comme étant hors de notre portée.

L'étude du pays au delà de Tombouctou au point de vue commercial et pratique serait faite.

On aurait des renseignements exacts sur les ressources commerciales de la contrée qui permettraient de mettre en valeur le pays et de se prononcer sur l'opportunité d'un Transsaharien.

Il y aurait enfin sur le Niger une flottille puissante, assurant de fait la liberté du commerce, et notre prépondérance, établie par des traités qui restent lettre morte tant que le pavillon français ne s'est pas montré, serait effective.

*
* *

Les dépenses en cours de voyage ne peuvent être un obstacle à la réalisation de ce plan ; elles sont insignifiantes, à l'exception bien entendu des quelques tonnes de charbon qu'il est nécessaire de brûler dans les endroits où il n'existe pas de bois de chauffe.

On peut sans inconvénient placer les canonnières sous l'autorité de la Marine ; attendu que le but qu'elles poursuivent dans leurs explorations n'ira jamais à l'encontre de la politique suivie au Soudan ; et leur mission s'exercera, d'ailleurs, dans des pays trop éloignés pour que l'on puisse songer à y entretenir des garnisons.

Si l'on croit que les canonnières sont là seulement pour défendre nos postes et pour empêcher les incursions d'ennemis sur notre territoire, on commet une erreur; car les postes se défendront certainement bien sans notre secours, et nos ennemis les attaqueront toujours quand ils pourront passer le fleuve à gué, c'est-à-dire durant la saison sèche, quand il est impossible aux canonnières de naviguer.

Au contraire, à notre avis, les canonnières doivent être considérées comme des instruments de pénétration mis à la disposition du commandant du Soudan si on le juge à propos, mais armées par la Marine, le ministre des colonies n'ayant encore ni arsenaux, ni magasins pourvus de tout le matériel indispensable.

Leur budget une fois établi, il est facile de les assimiler aux bâtiments de la station du Sénégal, de parer à leurs besoins sans effort, l'arsenal de Saint-Louis étant là, et aussi de les utiliser pour aller au loin sur le fleuve nous faire connaître les pays nouveaux que la convention passée avec l'Angleterre a laissés sous notre influence; surtout pour explorer le fleuve inconnu de Tombouctou jusqu'à Saï, et voir si les marchés qui, paraît-il, sont établis sur les bords existent réellement, toutes opérations qui n'ont que bien peu de points communs avec l'administration particulière du Soudan.

La Marine peut seule, au Sénégal, conserver en parfait état, grâce au matériel de ses magasins, ces bâtiments qui maintenant ont besoin de sérieuses réparations.

Nous avons dit que l'outillage de l'arsenal de Koulikoro eu égard aux difficultés de transport, était considérable ; un de nos mécaniciens nous affirmait que beaucoup d'ateliers en France n'étaient pas aussi bien pourvus; allons-nous après les travaux déjà faits laisser pourrir sur place et abandonner les canonnières dont le transport a coûté tant de peines et d'efforts? Si leur utilité, au point de vue militaire, n'est pas appréciée au Soudan, n'est-elle pas évidente pour les missions lointaines?

Le pays ne produit rien ou presque rien; le climat est atrocement malsain; le Soudan est, sans contredit, notre plus mauvaise colonie; cependant nous le conservons, bien qu'il nous coûte cher, dans l'espoir de trouver au delà de ses plaines improductives des régions plus riches qui nous dédommageront de nos pertes.

Nous chercherons tout naturellement ces contrées plus fertiles au bord du fleuve; nous nous servirons du Niger comme moyen de transport, et aussi pour les transactions. Pour en surveiller la navigation, et pour nous attirer la bienveillance des gens qui ont hâte de pouvoir commercer, il faut que grâce à nous cette navigation soit sûre, et elle ne peut l'être qu'à 'aide des canonnières; ce serait donc une faute de les supprimer.

Au Macina, les autorités ont refusé, à notre retour, de laisser communiquer les gens avec nous; cependant, nous avons essayé de montrer plus haut que nous avions la sympathie des Peuhls et des Foulbés, les opprimés.

Ceux-là sont plus nombreux que les envahisseurs; il faut malgré la mauvaise volonté des chefs aller souvent chez eux pour s'y montrer, même si l'on est mal accueilli; ce voyage est, pour les canonnières, un jeu, Mopti étant à cinq jours de marche de Koulikoro, et à deux jours de Sansanding. La chose sera d'autant plus utile que depuis la prise de Ségou, les Foutankès du Macina ne doivent pas être tranquilles; une révolte contre eux peut éclater depuis qu'ils n'ont plus le soutien moral d'Ahmadou de Nioro, et nous estimons qu'ils ne resteront pas longtemps les maîtres du pays; on les chassera sans qu'il soit utile de nous mêler à la lutte des partis.

Il nous faudrait alors faire nommer un chef qui ne soit pas hostile aux Français; nous le pourrons d'autant plus facilement que nos succès à Ségou auront donné confiance à nos partisans.

Il est rare que chez toutes ces peuplades on ne rencontre pas un parti favorable aux blancs, plus ou moins puissant il est vrai, mais qui n'en existe pas moins; il faut savoir découvrir les gens qui s'uniraient volontiers à nous, mais qui, dans les pays musulmans, craignent de nous montrer toute leur sympathie.

Ce sont en général les vaincus de la veille, songeant à la revanche possible avec nous dès le lendemain; les mécontents, et aussi quelquefois les chefs qui ont à redouter de trop puissants voisins.

Tels sont ceux de Sansanding, du Moninfabougou et du Sarro (1), pressés par les Toucouleurs de Ségou et de Nioro, à qui ils ont jusqu'à présent résisté, mais qu'ils craignaient singulièrement.

Notre mission est terminée. On peut voir d'après la relation de notre voyage quels sont les mœurs, les dispositions, le caractère, le tempérament, les usages, le genre de vie de peuplades chez lesquelles la civilisation n'a pas encore pénétré.

Nous devons aussi à la vérité de dire que le pays est loin de renfermer les richesses tant vantées dont il était rempli d'après certains explorateurs.

En réalité, le sol est aride, brûlé par le soleil; l'eau y

---

(1) Nous apprenons qu'un traité récent vient d'être conclu avec les peuplades du Sarro, résultat prévu dès l'année 1889 après nos premiers pourparlers.

est rare, excepté en hivernage où elle est trop abondante. A l'exception d'un peu de fer, on ne rencontre pas la moindre trace de minerais de cuivre, d'or, d'étain, ni de houille.

Quant aux indigènes, peu travailleurs, ils ne cultivent que du mil, du maïs, du manioc et un peu de riz. Au total, il faut bien le reconnaître, cette région est loin d'être riche, et nous en avons certainement parcouru la partie la plus fertile, c'est-à-dire celle qui est arrosée par le Niger.

Nous n'avons point qualité pour trancher de pareilles questions; toutefois, nous pouvons dire que si jamais la pensée venait au gouvernement d'occuper le pays pour ses richesses, ce serait une entreprise qui nous entraînerait à des dépenses que ne compenseraient vraisemblablement pas les résultats à obtenir. Mais s'il s'agissait au contraire d'un plan politique à réaliser pour compléter et assurer nos possessions de l'Algérie, de la Tunisie et du Sénégal, plan dont nous comprenons l'importance et l'économie, la question ne serait plus la même, et changerait totalement d'aspect. Plus que jamais, alors, il serait nécessaire d'impressionner fortement les habitants, de leur faire sentir non pas notre joug, mais notre autorité ferme, et pour cela nous ne pouvons conclure qu'en reproduisant les mêmes idées que nous avons émises au début de notre ouvrage, à savoir qu'il n'y a qu'une route sûre, facile, avantageuse, le Niger.

Une fois maîtres du fleuve, et en faisant chaque année avec nos bâtiments des démonstrations pacifiques dans les régions les plus éloignées de nos possessions actuelles, nous avons grand'chance d'attirer à nous les populations, de vaincre leurs dernières résistances, en un mot de nous les assimiler peu à peu, sans qu'il soit nécessaire de recourir à des moyens de répression ou à des luttes sanglantes; toutes raisons qui nous confirment de plus en plus dans cette idée que la marine est appelée à jouer un rôle prépondérant sur le Haut-Niger, et que sans son concours on ne pourra obtenir que des résultats incomplets.

ANNEXE 1

TÉLÉGRAMMES AU COMMANDANT DU SOUDAN
ET AU COMMANDANT DE LA MARINE
A SAINT-LOUIS EN VUE D'UNE NOUVELLE EXPÉDITION

***

Flottille à commandant supérieur et marine Saint-Louis, Koulikoro, 5 mars 1890, n° 381.

« Vous adresse liste des objets nécessaires à prochaine campagne qui ne se trouvent pas à Kayes à destination flottille qui pourraient monter avec remplaçants des équipages, si commandant Soudan approuve cette demande faite par télégramme, et si ce matériel peut être mis à notre disposition par arsenal Saint-Louis.

« Mèches pour fanaux-manomètres, douze cents; ancres à jet petites, quatre; grappins de 30 kilos, quatre; chaîne de 10 millimètres pour chaland, sept maillons, soit 210 mètres; berthons, deux; dames pour berthons, quatre; avirons, huit; fil à voile, 25 kilos; aiguilles à voiles, vingt-quatre; paumelles, six; ralingue de 65 millimètres, une pièce; quarantenier gros, une pièce; cosses en fer diverses, vingt-quatre; petites poulies simples, vingt-quatre; petites poulies doubles, vingt-quatre; ces poulies pour les voilures des chalands de 5 tonnes; bitord, 6 manoques; lusin, 12 manoques; merlin, 6 manoques; filin fil de fer pour gréement, de 15 millimètres ou au-dessous, cent mètres; fil à coudre pour pavillon, blanc, rouge et noir, 500 grammes: aiguilles à coudre, douze;

bougies pour fanaux de signaux, 50 kilos; verres pour lampes de deuxième grandeur, vingt-quatre; de troisième grandeur, douze; peinture noire, 100 kilos, et essence de térébenthine, 25 kilos. Il ne reste plus un gramme de peinture à la flottille; les coques souffrent beaucoup ainsi que les roofs de cette pénurie. Quatre cents cartouches à mitraille pour canon-revolver de 37 millimètres annoncées par ministre à gouverneur, dépêche du 7 mars 1889, doivent être à Saint-Louis; prière de les expédier; nos munitions sont insuffisantes et beaucoup hors de service; soixante-douze tubes de chaudière demandés en France pour *Niger;* ce matériel est le strict nécessaire et indispensable pour parer à toute éventualité. »

Flottille à Marine Saint-Louis, Koulikoro, 12 mars 1890, n° 407.

« Reçu 103 le douze; par courrier du onze vous ai adressé directement une demande de matériel que je vous signalais d'un besoin très urgent pour une prochaine campagne par mon 381; vous ai également adressé une demande pour faire confectionner dans Arsenal Saint-Louis des colliers d'excentrique et des galets de secteur.

« Je n'ignore pas que vous n'êtes pas chargé du matériel des canonnières, mais vous seul pouvez nous fournir les moyens d'être prêts en temps utile; je n'ai jamais, jusqu'à présent, adressé demande de matériel à chef service administratif Kayes, mais bien à Marine ; il est peu probable que Kayes puisse nous fournir des berthons, des mèches de fanaux-manomètres et tant d'autres objets qui sont du matériel exclusivement de la marine, surtout nous les fournir presque immédiatement, car il ne peut être question de recevoir ce matériel de France cette année ; je vous prie donc d'excuser demande faite antérieurement à votre 103, de communiquer ma demande télégraphique de matériel à nouveau commandant du *Niger* quand sera désigné ; il fera, si cela lui est possible, le nécessaire à Saint-Louis pour nous apporter ce qui nous manque ; vous prie aussi de vouloir bien me dire si l'arsenal de Saint-Louis peut nous fabriquer les colliers d'excentrique et les galets de secteur que je demande de façon à recevoir à Koulikoro ces pièces de rechange par colis postal avant fin juin ; les croquis de ces pièces sont joints aux demandes et vous parviendront le 5 avril. »

ANNEXE 2

ÉTUDE DES DÉPENSES DES CANONNIÈRES
ET TABLEAUX DES DÉPENSES
DU *MAGE* ET DU *NIGER* PENDANT NOTRE CAMPAGNE

⁂

Pendant les quarante jours qu'a duré notre expédition vers Tombouctou, les deux canonnières ont brûlé dix tonnes de charbon et il en restait encore, à Koulikoro, au 1ᵉʳ janvier 1890, exactement 3,940 briquettes de 4 kilos, soit 13 tonnes 760 ; c'est-à-dire assez pour tenter une nouvelle campagne dans la direction de Saï.

Le prix de revient de la tonne de charbon à Koulikoro est très élevé (700 ou 800 fr. à cause du transport) ; si l'on ne veut pas laisser les canonnières entreprendre tous les ans une campagne aussi longue que la nôtre, du moins, il n'est pas nécessaire, à notre avis, de les conserver au mouillage en invoquant une raison d'économie.

Pourquoi n'iraient-elles pas souvent au Macina et au delà du lac Déboë?

Pendant ces excursions elles n'ont rien à redouter des indigènes, quand bien même le pays serait troublé et les gens hostiles.

Le voyage que nous indiquons peut se faire sans brûler une demi-tonne de charbon. Nous n'en avons consommé qu'après Safay et au retour, pour marcher vite.

Si d'un autre côté on veut bien employer le moyen que nous préconisons : se faire suivre, à partir de Diafarabé (point où le bois commence à manquer), par une flottille de pirogues de 8, 10 et 15 tonnes, portant chacune le cinquième de leur chargement en bois, on peut aller beaucoup plus loin sans grande dépense et réussir très probablement, en se montrant tous les ans, à entrer en relations amicales avec les gens du pays.

Nous allons essayer de prouver que les frais en cours de campagne sont insignifiants pour les deux canonnières, si l'on excepte le charbon.

En premier lieu, il ne faut pas oublier la consommation de matières grasses, ni celle d'une dizaine de kilos d'étoupe et de coton nécessaires aux machines.

Les deux bâtiments ont dépensé, en quarante jours, 52 kilos de suif et 195 kilos d'huile d'arachide fabriquée au Soudan ; le tout, suif, huile, coton, étoupe, d'une valeur inférieure à 500 francs, frais de transport compris ; l'huile ne coûtant qu'un franc le litre à Koulikoro.

Quant aux autres dépenses du *Mage*, nous en donnons ci-après (1) le détail complet tant pour les matières d'échanges (couvertures, toile des Vosges et guinée) que pour le numéraire. Ces tableaux permettront au lecteur de se rendre compte, au jour le jour, du prix des denrées dans les différents pays que nous avons traversés et lui prouveront, sans discussion possible, que

(1) Voir à la fin du volume.

les menus frais résultant d'une campagne active sont très peu élevés.

Si l'on remarque en outre que du 16 septembre au 26 octobre 1889 les équipages (1) du *Mage* et du *Niger* ont reçu quand nous le pouvions des vivres frais, que cette dépense ne doit pas être imputée à la campagne, puisqu'elle était tout aussi bien obligée, en restant au mouillage de Koulikoro, il conviendra de défalquer du total général des dépenses, 403 fr. 50 représentant nos achats de vivres. D'autant plus que les vivres frais ne sont pas plus chers au Macina qu'au Soudan.

Il est naturel de comprendre dans les dépenses l'achat du bois de chauffe le prix du pilotage en un mot et tous les frais provenant de l'obligation où nous nous trouvions de répondre toujours à des présents par des ca-

---

(1) L'équipage du *Mage* se composait de : 1 lieutenant de vaisseau, commandant, 1 médecin de 2ᵉ classe de la marine, 5 officiers-mariniers et marins européens, 1 second-maître pilote et 1 quartier-maître pilote indigènes, 3 laptots, 2 quartiers-maîtres mécaniciens, 3 ouvriers mécaniciens, 2 mousses, 1 charpentier, 2 cuisiniers, 2 patrons de chaland, 2 pilotes du fleuve, 1 interprète. Total : 7 Européens, 20 indigènes.

Équipage du *Niger* :

1 enseigne de vaisseau, commandant, 2 officiers-mariniers et marins européens, 1 second-maître pilote indigène, 3 laptots, 1 quartier-maître mécanicien indigène, 4 ouvriers mécaniciens, 1 charpentier, 1 boulanger, 1 cuisinier, 1 infirmier-interprète, 2 patrons de chaland. Total : 3 Européens, 15 indigènes.

deaux d'égale valeur; souvent même, de faire des cadeaux importants pour nous attirer la bienveillance et la sympathie de tous.

Aucune expédition ne pourra échapper à cette coutume.

Dépenses de la flottille comme matières d'échange :

	COUVERTURES.	TOILE DES VOSGES.	GUINÉE BLEUE.
Mage......	11	687^m,50	354^m,50
Niger......	7	247 ,00	209 ,00
Total	18	934^m,50	563^m,50

Pendant la campagne, le *Mage* a dépensé en numéraire 347 fr. 50 et le *Niger* 676 francs, d'où il convient encore de défalquer environ 400 francs représentant des avances de solde faites à l'équipage.

Trois cents francs ont été donnés aux pilotes Ahmadou et Oumarou de Nyamina et de Sansanding.

Les dépenses de la flottille en numéraire ont donc été de :

Mage..............................	347 fr.	50
Niger.............................	276	00
Pilotage...........................	300	00
Total................	923 fr.	50

Nos achats ont toujours été faits de façon à contenter le plus possible les indigènes à qui nous donnions sans marchander beaucoup ce qu'ils préféraient, argent, toile ou guinée, en échange de leurs produits.

On peut donc, en consultant les tableaux de nos dépenses, conclure que :

La toile des Vosges est plus appréciée d'eux que la guinée bleue ;

Que la guinée est surtout recherchée par les Peuhls(1) ;

Qu'une expédition, pour ne pas se trouver à court, devra emporter environ deux fois plus de toile blanche que de guinée bleue.

La valeur des articles d'échange ayant été, par ordre du gouverneur du Sénégal en tenant compte des détériorations et du transport, fixée comme il suit : 8 francs la couverture ; 1 fr. 70 le mètre de toile des Vosges ; 1 fr. 30 le mètre de guinée bleue, il en résulte que pour le voyage des deux canonnières, l'une étant allée à Tombouctou, l'autre à Mopti, l'ensemble des dépenses non compris le charbon s'est élevé à :

Matières grasses (huile, étoupe, coton) ...	500 fr. 00
Numéraire.........................	923 50
Matières d'échange (couvertures, toile des Vosges, Guinée)....................	2456 20
	3879 fr. 70
A déduire pour vivres frais.............	403 fr. 50
Total des dépenses de l'expédition........	3476 fr. 20

En présence de ce chiffre si faible, nous pouvons donc dire : Puisque les canonnières existent, puisque les dé-

(1) Voir le détail des opérations à la fin du volume.

penses de leur achat, de leur montage, et d'un matériel considérable (1) qui leur est propre ont été consenties et faites, puisque tous les ans on paye et on conserve à bord pour leur entretien un équipage, la somme de 3476 fr., 20 qui leur est nécessaire pour naviguer, est insignifiante, et ne doit pas être une raison pour les maintenir au mouillage d'une façon constante.

A moins cependant qu'on ne veuille obliger les canonnières à rester inactives, de façon à avoir après quelques années une raison plausible pour les supprimer en disant : « Elles ne rendent aucun service et coûtent cher. »

Il nous serait permis, ce jour-là, de protester en faisant remarquer respectueusement que, sans doute, on ne s'est pas servi comme on le pouvait du merveilleux instrument de pénétration mis à la disposition de l'autorité ; et nous pourrions rappeler aussi que, malgré toutes les difficultés dues au transport du moindre objet et à l'éloignement, le jour même où l'ordre nous est venu de partir, nous étions absolument prêts.

Ce ne sont donc ni les officiers, ni les hommes, ni le climat, qui ont jamais arrêté la flottille.

Au contraire, en recevant notre ordre de départ, nous

---

(1) Nous possédons l'inventaire complet, qui ne comprend pas moins de cinq cents articles de toute nature, tant pour le matériel que pour les rechanges.

avons mis, ce que tout commandant de bâtiment et tout officier de marine comprendra, une certaine coquetterie à partir sans discuter, sans retard, immédiatement, malgré la saison très avancée. On nous a même fait sentir, ensuite, que nous avions appareillé un peu vite.

Avait-on intérêt à nous conserver cette année au Soudan, en prévision de l'attaque de Ségou ? Si cela était, ce serait une preuve évidente que les canonnières ne sont pas inutiles. De toute façon, il est à noter que notre expédition a eu lieu à la suite d'une confusion de dépêche et que l'intention du commandement n'était pas de nous lancer aussi loin.

Le reproche d'être parti trop vite nous eût été très sensible, si par imprévoyance pendant notre expédition il nous eût manqué des vivres, du matériel ou un objet quelconque ; ou bien, si une avarie, suite de précipitation dans le départ, nous eût arrêté. Mais il n'en a pas été ainsi.

D'autre part, le chiffre de 3476 fr. 20 est bien le chiffre réel des dépenses des canonnières; on ne saurait vouloir y ajouter le prix des réparations dont ont besoin à l'heure actuelle les bâtiments pour être en état de naviguer.

On ne peut prétendre, en effet, que ces réparations sont le résultat obligé de notre campagne, puisque jamais nous ne nous sommes échoués et n'avons subi la moindre avarie.

La coque du *Mage* était, peu après notre retour, pourrie et entièrement à réparer ; il en eût été de même, si nous étions restés au mouillage de Koulikoro au lieu d'aller jusqu'à Tombouctou, montrer notre pavillon.

Les chiffres précédents donnant l'ensemble de nos dépenses auraient pu cependant être beaucoup plus élevés ; mais des économies sérieuses ont été réalisées, grâce au concours de nos équipages que nous utilisions pour couper le bois de chauffe nécessaire aux machines.

Aussi, à notre retour, avons-nous demandé pour eux des gratifications ; d'autant plus que, dans certains cas prévus, nous y étions autorisés par le règlement.

Nous écrivions le 20 décembre 1889, de Koulikoro au commandant du Soudan, pour être transmise à M. le sous-secrétaire d'État des colonies, la lettre suivante :

« Conformément aux prescriptions d'une dépêche ministérielle du 20 août 1885 concernant la solde et l'administration des canonnières, il peut être accordé exceptionnellement, sur la proposition motivée du capitaine, des gratifications aux officiers-mariniers et marins qui se sont particulièrement distingués dans les missions extraordinaires ; sont considérées comme telles, les missions qui ont pour résultat un voyage de quinze jours, au moins, dans lequel la canonnière s'éloigne de plus de 200 kilomètres de Bammako.

« J'ai l'honneur de vous adresser un état de gratifications pour les hommes des canonnières en service sur le *Niger*. Ces bâtiments ont été en mission :

« Le *Mage* à 1,000 kilomètres de Bammako, à Koriumé, port de Tombouctou ; le *Niger* à 400 kilomètres de Bammako, à Mopti.

« Le voyage n'a duré que quarante jours pour le *Mage* ; la saison déjà avancée forçant à marcher sans repos, la nuit et très vite, pour ne pas être surpris au retour par le manque d'eau.

« La vitesse du *Mage*, 5 nœuds trois dixièmes, tombe à 3 nœuds quand il remorque des chalands ; c'était notre cas ; en quarante jours nous avons eu trois cent quarante heures de chauffe.

« Le bois a presque toujours été coupé par les hommes de l'équipage, ce qui augmentait encore leur fatigue ; tout le monde y était employé et le *Mage* brûle environ 3 stères 5 de bois par quart de quatre heures.

« Les hommes du *Niger* ayant moins navigué, moins chauffé, mais rentrant néanmoins dans les limites fixées par la dépêche ministérielle précitée, doivent recevoir, à mon sens, une gratification moins forte que ceux du *Mage*. »

. . . .

. . . .

Par une lettre du 19 mars 1890, M. le sous-secrétaire d'État des colonies nous a fait connaître que la situation du chapitre VI du budget de son département ne lui permettait pas d'accorder les gratifications demandées qui s'élevaient pour les deux équipages du *Mage* et du *Niger* à la somme bien minime de 2,500 francs.

Dans toute expédition à venir, (c'est pour cela que nous insistons sur ce point), il nous semble juste de faire entrer ce supplément de dépenses en ligne de compte. Et il est à souhaiter de même que des crédits soient ouverts en vue de certaines gratifications à accorder aux marins qui prendront part à des missions de cette nature.

Les petites sommes qui leur seront données leur serviront, pendant les mois de congé de convalescence qu'ils obtiennent après une campagne, à se procurer en France un peu de bien-être et à rétablir plus aisément leur santé qui toujours sera terriblement compromise.

De plus, il n'est pas nécessaire que les crédits soient fort élevés, car les équipages du *Mage* et du *Niger* sont rarement au complet (1) à cause des vides produits par les

---

(1) A l'heure actuelle, un officier et six officiers-mariniers ou marins européens manquent à l'effectif depuis le mois de mai 1890, et M. de Lagarde, lieutenant de vaisseau, parti de France le 20 septembre 1891 pour prendre le commandement du *Mage*, est mort à Kita le 9 novembre dernier avant d'atteindre le Niger.

maladies. Il y aura toujours, de ce fait, des économies sur le chiffre prévu au budget pour leur solde. Ne pourrait-on en disposer?

Davoust, quelque temps avant sa mort, avait obtenu et pris comme base de gratifications à demander pour son équipage l'ensemble des économies réalisées en moins d'un an, à la suite du décès, au Soudan, d'une dizaine de ses hommes.

A première vue, cette base paraîtra quelque peu macabre; elle est juste tout au moins, si l'on estime que les survivants ont fait le service des disparus.

Et si, durant l'expédition que nous avons menée à bonne fin, les équipages ont été moins éprouvés que celui de Davoust, il est cependant facile de calculer que les 2,500 francs que nous demandions pour nos hommes, à titre de gratifications, ne dépassaient pas les économies réalisées d'autre part, par le décès de plusieurs de nos compagnons.

Dépenses de matières d'échange du 16 sept. au 26 oct. 1889.

DATES.	DÉTAIL DES OPÉRATIONS.	COUVER-TURES.	TOILE des VOSGES	GUINÉE BLEUE.
			mètres.	mètres.
1889 Nyamina 17 septembre	Dépensé, pour achat de bois, une couverture............	1		
	Donné au chef des Somonos une couverture en échange de cadeaux (poissons et œufs en cadeaux)...............	1		
	Donné une couverture de cadeau, au boulanger, et deux couvertures de cadeau aux deux mousses du *Mage* qui ne possédaient pas de couvertures de campement............	3		
	Donné une couverture au pilote pris à Nyamina............	1		
	Donné au chef de Nyamina, en échange de vivres (chèvres, œufs) une pièce de toile des Vosges, soit : quinze mètres...........		15.00	
Sama 18 septembre	Dépensé, pour achat de bois, deux pièces de toile des Vosges, soit : trente mètres............		30.00	
	et deux pièces de guinée bleue ou trente mètres...........			30.00
Sansanding 19 septembre	Dépensé, pour achat de bois, trente-deux mètres cinquante de toile des Vosges...........		32.50	
	et vingt mètres de guinée bleue.			20.00
Mérou 20 septembre	Dépensé, pour achat de bois, deux pièces de guinée bleue, soit : trente mètres...........			30.00
	et vingt-quatre mètres de toile des Vosges............		24.00	
Diafarabé 21 septembre	Dépensé, pour achat de bois, quatorze mètres de guinée bleue.			14.00
Mopti 22 septembre	Dépensé, pour achat de deux moutons, six mètres cinquante de guinée bleue............			6.50
	Donné au fils du chef du village, en échange de cadeaux, sept mètres de toile des Vosges (poulets, œufs)		7.00	
23 septembre	Dépensé, pour achat de bois, quarante-cinq mètres de toile des Vosges............		45.00	
	et quinze mètres de guinée bleue.			15.00
	A reporter......	6	153.50	115.50

DATES.	DÉTAIL DES OPÉRATIONS.	COUVER-TURES.	TOILE des VOSGES	GUINÉE BLEUE.
			mètres.	mètres.
	Report..........	6	153.50	115.50
Mopti 24 septembre	Dépensé, pour achat de bois, une pièce de guinée bleue, soit : quinze mètres...............			15.00
	et trois pièces de toile des Vosges, ou quarante-cinq mètres.......		45.00	
25 septembre	Dépensé, pour achat de bois, deux pièces de toile des Vosges, soit trente mètres.............		30.00	
Campement Peuhl 27 septembre	Dépensé onze mètres de toile des Vosges, pour achat de deux moutons à des Peuhls.............		11.00	
N'ambo 28 septembre	Dépensé cinq mètres de toile des Vosges donnés au chef des Peuhls en échange de poissons et poulets pour malades (vivres d'hôpital).......................		5.00	
Campement de Peuhls près de Farangoëla 7 octobre	Dépensé deux pièces de toile des Vosges, soit trente mètres pour achat de six moutons..........		30.00	
	Dépensé une pièce de quinze mèt. de toile des Vosges............		15.00	
	et deux pièces ou trente mètres de guinée bleue pour achat de bois........................			30.00
Sortie du lac Déboë 10 octobre	A la sortie du lac Déboë, donné au pilote qui nous a conduit jusqu'à l'escale de Tombouctou, une pièce, soit quinze mètres de toile des Vosges, suivant le droit et la coutume du pays.........		15.00	
Kulensa 15 octobre	Dépensé une pièce de toile des Vosges, soit quinze mètres, pour achat de bois et d'un mouton..		15.00	
Diafarabé 16 octobre	Dépensé, pour achat de quatre moutons et vivres frais pour malades, quinze mètres de toile des Vosges et quinze mètres de guinée bleue.		15.00	15.00
Mérou 17 octobre	Dépensé deux pièces de toile des Vosges.....................		30.00	
	et deux pièces de guinée bleue pour achat de bois............			30.00
	Dépensé une pièce de toile des Vosges (quinze mètres) donnée au chef de village en échange de cadeaux (poulets, œufs)........		15.00	
	A reporter.......	6	379.50	205.50

DATES.	DÉTAIL DES OPÉRATIONS.	COUVER-TURES.	TOILE des VOSGES	GUINÉE BLEUE.
			mètres.	mètres.
	Report............	6	379.50	205.50
Kokry 17 octobre	Dépensé, pour achat de bois, de deux moutons, et de vivres frais pour malades, la quantité de trois pièces (quarante-cinq mètres) de toile des Vosges.......		45.00	
	et vingt-cinq mètres de guinée bleue................			25.00
	Donné, en échange de cadeaux, poules, poulets et œufs, deux pièces de toile des Vosges........		30.00	
	et une couverture de cadeau au chef du village de Kokry.......	1		
	Une pièce de toile des Vosges au chef du village de Keu, voisin de Kokry.		15.00	
	Une pièce de toile des Vosges....		15.00	
	et une pièce de guinée bleue au chef du village de Tokonobougou, voisin de Kokry.............			15.00
	Une pièce de toile des Vosges....		15.00	
	et une pièce de guinée bleue au chef du Moninfabougou, canton comprenant les villages désignés ci-dessus..................			15.00
Barkabougou 16 octobre	Dépensé, pour achat de bois (*Muge* et *Niger*) et d'un mouton, trente mètres de toile des Vosges.		30.00	
	et trente mètres de guinée bleue.			30.00
	Donné au chef du village de Barkabougou en échange de cadeaux (poulets, œufs) quinze mètres de toile des Vosges.............		15.00	
Sansanding 20 octobre	Donné au chef du village de Sansanding en échange de poulets et œufs donnés en cadeaux, et pour avoir conservé à la flottille du Niger du charbon et un chaland laissés en dépôt à Sansanding lors du passage des canonnières à l'aller, deux pièces (trente mèt.) de toile des Vosges.		30.00	
	et une pièce (quinze mètres) de guinée bleue................			15.00
	Dépensé, pour achat de bois, une pièce de toile des Vosges..		15.00	
	et une pièce de guinée bleue...			15.00
	A reporter......	7	589.50	320.50

DATES.	DÉTAIL DES OPÉRATIONS.	COUVER-TURES.	TOILE des VOSGES	GUINÉE BLEUE.
			mètres.	mètres.
	Report..........	7	589.50	320.50
20 octobre	Donné au 2° maître de timonerie Frémy et au quartier-maître pilote Ciré Samba, deux couvertures de cadeau en remplacement de leurs couvertures (une de campement et une de hamac) perdues toutes les deux pendant la tornade du 11 octobre (Voir procès-verbal de perte dudit)...	2		
	Porté en dépense une couverture de cadeau prêtée à un pilote, emportée par une rafale le 10 octobre (Voir procès-verbal dudit): et remplacée.................	1		
	Porté en dépense une couverture de cadeau perdue pendant la tornade du 11 octobre, couverture prêtée à un mousse (Voir procès-verbal dudit) et remplacée.....	1		
Sansanding 22 octobre	Donné une pièce de toile des Vosges au chef du village de Sama, en échange de poulets donnés comme cadeau.................		15.00	
	Dépensé, cinquante-trois mètres de toile des Vosges pour achat d'un bœuf........................		53.00	
	Dépensé, pour achat de bois, deux pièces de toile des Vosges. et deux pièces de guinée bleue.		30.00	30.00
Koulikoro 26 octobre	Dépensé quatre mètres de guinée bleue linceul du corps de Lorgan, Gustave-Louis, quartier-maître mécanicien du *Mage* décédé à Koulikoro...........			4.00
	Total............	11	687.50	354

Dépenses en numéraire du « Mage » du 16 sept. au 26 oct. 1889.

DATES.	DÉTAIL DES OPÉRATIONS.	SOMME.
1889 Nyamina 17 septembre	Dépensé, pour achat de bois, la somme de vingt-trois francs cinquante centimes...	23.50
Sansanding 19 septembre	Dépensé, pour achat de bois, la somme de dix-sept francs........................	17.00
	Donné au chef et aux notables de Sansanding en échange de deux moutons en cadeau, la somme de vingt francs.....	20.00
Mérou 20 septembre	Dépensé pour achat de bois la somme de neuf francs...........................	9.00
Diafarabé 21 septembre	Avancé au courrier qui est venu de Koulikoro à Diafarabé et retour jusqu'à Nyamina la somme de vingt francs........	20.00
	Payé aux piroguiers qui ont conduit le courrier susdit de Mérou à Diafarabé la somme de cinq francs..................	5.00
Mopti 22 septembre	Payé pour achat de bois la somme de cinquante centimes.....................	0.50
	Payé pour achat de deux moutons la somme de dix francs...........................	10.00
Mopti 24 septembre	Dépensé pour achat de cinq moutons la somme de vingt-neuf francs.............	29.00
N'ambo 28 septembre	Dépensé pour achat de lait pour malades (vivres d'hôpital) la somme de un franc.	1.00
Campement des Peuhls près de Farangoëla	Payé pour achat de poulets et de lait (vivres d'hôpital) la somme de quatre francs cinquante centimes....................	4.50
7 octobre Diafarabé 16 octobre	Dépensé pour achat de vivres frais pour malades la somme de cinq francs cinquante centimes.....................	5.50
Mérou 17 octobre	Dépensé pour achat de vivres pour malades la somme de cinquante centimes......	0.50
Barkabougou 18 octobre	Dépensé pour achat de vivres frais pour malades la somme de deux francs......	2.00
	Dépensé pour achat de bois la somme de six francs.............................	6.00
Sansanding 20 octobre	Payé pour achat d'un bœuf la somme de cent vingt-cinq francs..................	125.00
	Dépensé pour achat de savon du pays (dix kilos) pour l'usage de la machine et pour l'entretien de la peinture, cinq fr.	5.00
	Payé pour achat de bois la somme de douze francs.......................	12.00
Nyamina 23 octobre	Remboursé au capitaine Mahmadou Racine, commandant du poste de Nyamina, quinze francs avancés à un courrier de la flottille......................	15.00
	Payé pour achat de cinq moutons la somme de trente-sept francs................	37.00
	Total...............	347.50

TABLE DES GRAVURES

	Pages.
Le lieutenant de vaisseau Davoust	12
Le *Mage*	23
Vue de Podor. — Chaland de traitant	29
Femme Yolof de Sory	35
Chaland n° 4 halé	42
Le chemin de fer du Soudan	55
Femmes Kassonkèses	61
Village indigène de Kayes	65
Koulikoro	77
Jeune fille bambara	95
Chasseur bambara	107
Arsenal de Koulikoro. — Case du commandant du *Mage*	121
Griot saluant un chef	135
Danseuse et griot musicien	140
Toucouleur	154
Village Peuhl de Mopti	159
Niger et lac Déboë	169
Cavaliers Touaregs et le *Mage*	196
Attaque des Touaregs	207
Campement touareg à Koriumé	217
Maure de caravane	228
Moshi sur la défensive	231
Kulensa	247
Femme toucouleure	253
Pileuses de couscous	265

	Pages.
Végétation du Soudan	275
Flèches des gens du Sarro	279
Le capitaine Mahmadou Racine (1)	300
Un marché au Soudan	307
Esclave et son enfant	321
Chef Peuhl et ses femmes	327
Blockhaus de l'Arsenal	352

(1) Le cliché du capitaine Mahmadou Racine a été obligeamment prêté par l'*Illustration*.

FIN DE LA TABLE DES GRAVURES

TABLE DES MATIÈRES

CHAPITRE PREMIER.

INTRODUCTION... 1
Nomination au commandement du *Mage*. — Préparatifs de départ en France et à Saint-Louis. — Composition des équipages. — Le lieutenant de vaisseau Davoust. — Construction du *Mage*. — Mort de Davoust... 11

CHAPITRE II

Départ de Saint-Louis en chaland. — Vie en chaland. — Gibier des bords du Sénégal. — Pêche et pêcheurs. — Bakel. — Abdoul-Boubakar... 29

CHAPITRE III

Arrivée à Kayes. — Chemin de fer entre Kayes et Bafoulabé. — Bafoulabé. — Départ pour Koulikoro sur le Niger. — Porteurs. — Marches de nuit et de jour au Soudan. — Caravanes de captifs. — Gourbis et tentes. — Villages et habitants sur la route. — Badumbé. — Kita-Koundou. — Bammako. — Arrivée à Koulikoro après trois mois de voyage.................. 53

CHAPITRE IV

Description de Koulikoro. — Montagne sacrée. — Serpents trigonocéphales et autres. — Arsenal, blockhaus, ateliers. — Situation. — Climat, ethnographie. — Griots. — Bambaras. — Coutumes. — Vêtements. — Fard employé par les femmes. —

Tatouage. — Coiffures. — Visite du chef N'Danforo. — Construction des maisons du pays. — Meubles et richesses des habitants.. 75

CHAPITRE V

Des canonnières *Mage* et *Niger*. — Logements des officiers et des marins européens et indigènes. — Habitants de la rive droite. — Toucouleurs. — Goumi et Kiéka dépendant de Ségou. — Arrestation d'un interprète. — Exécution d'un laptot convaincu de trahison. — Mois de juin et de juillet. — Fête nationale. — Danse des indigènes. — Préparatifs de départ pour Tombouctou....... 119

CHAPITRE VI

Départ le 16 septembre pour Tombouctou. — Nyamina. — Ségou. — Le sultan Mandani. — Son père Ahmadou, roi de Nioro. — De la puissance des Toucouleurs. — Sansanding. — Peuplade du Sarro. — Chef du Sarro. — Diafarabé dans le Macina. — Arrivée à Mopti. — La canonnière *Niger* en avaries. — Départ du *Mage*. — Lac Déboë. — Sa formation. — Courant du Niger. — Retard des crues à Tombouctou. — Discussion de ce phénomène particulier. — Régime du fleuve............................ 149

CHAPITRE VII

Pays différents du Macina. — Safay. — Les Touaregs. — Quatre cavaliers viennent nous insulter. — Leurs menaces, leurs danses guerrières. — Kura. — Envoi à terre d'une corvée de bois. — Entretien amical avec les Touaregs. — Leur chef Salsibile. — Départ de Kura. — Mouillé presque aussitôt à cause du mauvais temps. — Un chaland est envoyé à l'abri dans les herbes. — Attaque de cavaliers et de fantassins Touaregs. — Nous sommes dans l'obligation de nous servir de nos canons pour dégager notre chaland. — Arrivée à Koriumé, port de Tombouctou..... 185

CHAPITRE

Koriumé. — Tombouctou ruiné par les incursions des Touaregs. —

Articles de commerce. — Les Moshis. — Départ de Koriumé. — Raisons du départ. — Une tornade sur le Niger 217

CHAPITRE IX

Le *Mage* seul à Mopti. — Peuhls et gens du Macina. — Le chef Mounirou soutenu par le commandant des Sofas. — Kango Moussa. — Différents partis. — Les Foutankès. — Les Peuhls. — Les Foulbés. — Départ de Mopti. — Manque de combustible. — Obligés de brûler un chaland, une partie de la mâture et des avirons. — Arrivée à Kokry dans le Moninfabougou............ 243

CHAPITRE X

Le Moninfabougou. — Le chef M'Boroba-Koulobali. — Nourriture des indigènes. — Couscous. — Produits du pays. — Manioc. — Karité ou arbre à beurre. — Gens du Sarro. — Situation politique. — Présents faits au chef. — Bon accueil fait à notre envoyé. — Carquois et flèches empoisonnées. — Empoisonnement des flèches. — Nature du poison étudié à Paris par M. le docteur Laborde, chef des travaux physiologiques à la Faculté de médecine. — Traitement des blessures faites par ces flèches. — Départ de Kokry et arrivée à Sansanding. — Visite au chef. — Sansanding au point de vue commercial........... 263

CHAPITRE XI

Nyamina. — Le capitaine Mahmadou Racine, commandant de ce poste. — La captivité à Saint-Louis. — La traite au Soudan. — Grands points communs entre les esclaves au temps des Romains et les captifs des bords du Niger. — Captifs de commerce et de guerre. — Captifs de la couronne. — N'To et Karamoko Diara. — Ethnographie particulière. — Sensibilité générale et spéciale. — Esthétique. — Parure. — Sensibilité morale. — Sentiments affectifs. — Religion, vie future. — Nécessité de conserver l'état actuel des choses. — Arrivée à Koulikoro. — Vie à bord en cours de campagne. — Mort de Lorgan. — Jardinage. — Jardin potager et plantes qu'avec beaucoup de peine nous réussissons à récolter. — Moyens à employer..................... 299

CHAPITRE XII

Les canonnières à Tombouctou. — Elles sont indispensables sur le *Niger*. — Défauts de leur organisation. — Préparatifs de départ pour une nouvelle campagne. — Comment une expédition vers Saï devrait-elle être faite ? — Nécessité de confier à la marine le soin d'armer les canonnières. — Conclusion.................. 361

FIN DE LA TABLE DES MATIÈRES

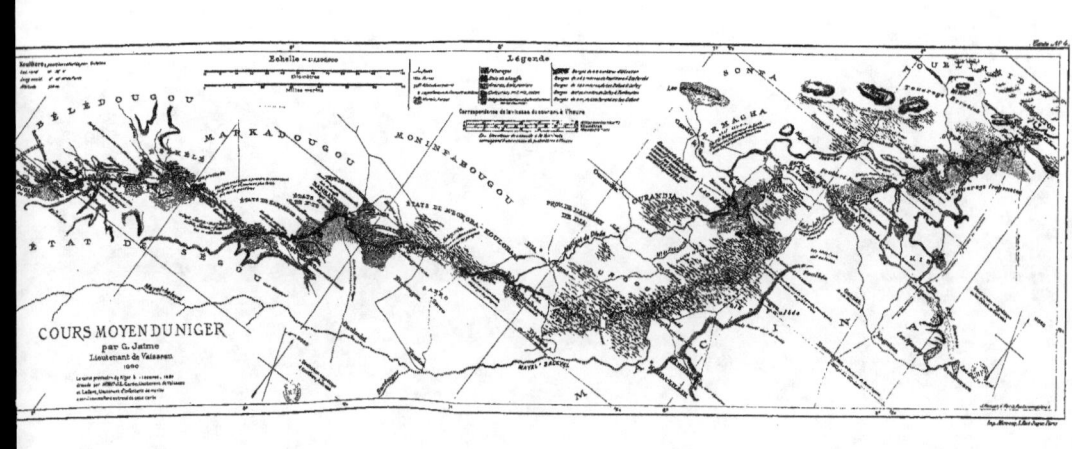

www.ingramcontent.com/pod-product-compliance
Lightning Source LLC
Chambersburg PA
CBHW071107230426
43666CB00009B/1854